软弱土运营地铁振动特性及动力响应研究

Study on Vibration Characteristics and
Dynamic Response of Subway in Soft Soil

丁 智 孙苗苗 蒋吉清 周奇辉◎著

ZHEJIANG UNIVERSITY PRESS
浙江大学出版社 │ 全国百佳图书出版单位
·杭州·

图书在版编目（ＣＩＰ）数据

软弱土运营地铁振动特性及动力响应研究／丁智，
孙苗苗，蒋吉清著 . —— 杭州：浙江大学出版社，
2022.11

ISBN 978－7－308－23250－0

Ⅰ.①软… Ⅱ.①丁… ②孙… ③蒋… Ⅲ.①地铁动
车－列车振动－动态响应－研究 Ⅳ.①U260.11

中国版本图书馆 CIP 数据核字(2022)第 213180 号

软弱土运营地铁振动特性及动力响应研究

丁 智 孙苗苗 蒋吉清 周奇辉 著

责任编辑	陈 宇 潘晶晶
责任校对	赵 伟
封面设计	黄晓意
出版发行	浙江大学出版社
	（杭州市天目山路 148 号 邮政编码 310007）
	（网址：http://www.zjupress.com）
排 版	杭州林智广告有限公司
印 刷	杭州钱江彩色印务有限公司
开 本	710mm×1000mm 1/16
印 张	13.75
字 数	210 千
版 印 次	2022 年 11 月第 1 版 2022 年 11 月第 1 次印刷
书 号	ISBN 978-7-308-23250-0
定 价	68.00 元

版权所有 翻印必究 印装差错 负责调换

浙江大学出版社市场运营中心联系方式:0571-88925591;http://zjdxcbs.tmall.com

前　言

近年来,我国城市地铁等轨道交通建设发展迅猛。据统计,截至2021年底,我国有50多座城市建成地铁并投入使用,地铁总里程已达9100多千米(不含港、澳、台数据)。随着地铁交通运输量及行驶频率的大幅增加,地铁运营引起的环境振动问题也日益突出,尤其在对振动与噪声比较敏感的区域,如居民楼、古建筑、精密仪器实验室等,地铁运营振动所产生的影响更加不容忽视。根据实测资料,青岛地铁五四广场站最大振级接近90分贝,超过我国环境振动标准值,严重影响乘客的身体健康;北京地铁大兴线穿越一个小区,运营时高层有明显震感,严重影响居民的正常生活,当列车经过时,距离地铁150米的居民楼里甚至会出现家具错位的情况;类似的过大振动还会造成隧道内部管片开裂、渗漏及道床与管片脱开等,需要地铁运营管理部门每年投入大量人力、物力进行治理。因此有必要从地铁运营振动及动力响应的研究出发,对长期循环荷载作用下软弱土动力响应进行深入研究,并结合实际工程给出相应的噪声和振动控制技术与准则,进而保障地铁隧道及邻近环境的安全。

基于此,围绕地铁运营过程中的振动危害和邻近建筑物结构损伤的影响,在浙江省重点研发计划项目"轨道交通专用装备与关键器件研发及产业化－地铁隧道保护监控系统及病害防治关键技术研发与应用"(编号:2020C01102)、浙江省自然科学基金项目"基于周期性排桩的饱和地基中地铁隧道近场屏障隔振机理研究"(编号:LY18E080024),以及杭州市重大科技计划项目"软土地铁运营振动及长期变形减灾控制关键技术与应用"(编号:20172016A06)、"光纤光栅加速度传感器制备及在地铁振动控制关键技术中的应用"(编号:20130533B28)等资助下,作者对地铁运营下的振动影响和动力响应进行了理论分析和现场实测:基于2.5维有限元算法,建立盾构隧道模型,研究不同情况下数值模拟结果的准确性;同时基于杭州地铁1号线工程实例,建立了平行双线耦合分析模型,研究地铁运营时各构件的振动特性以及各参数对动力响应的影响;进一步考虑排桩屏障对平面P波的多重散射,研究排桩各参数对隔振效果的影响;最终依托地铁轨道振动加速度实测,分析车轨系统轨道减振措施的合理性。

作者围绕地铁运营过程中轨道振动和动力响应问题,从振动影响因素、隔振减振效果、构件损伤以及排桩屏障等方面展开研究,进行隧道动力响应分析并综合论证现有措施的合理性,层层深入、逻辑清晰,旨在帮助相关从业者了解地铁运营对盾构隧道结构以及邻近建筑物影响等问题。本书共7章,主要包括2.5维有限元法及模型验证,地铁运营引起的轨道系统振动及隔振研究,列车-浮置板轨道耦合振动分析,钢弹簧损伤对车轨系统振动的影响,饱和土中任意排列的排桩屏障对平面P波的多重放射,隧道不均匀沉降影响分析及地铁轨道振动加速度实测等。

本书的撰写得到了魏新江教授、蒋吉清教授、周奇辉高级工程师和孙苗苗副教授等的指导、建议和帮助,在此表示衷心感谢! 同时,特别感谢浙江大学博士研究生张霄,浙江大学硕士研究生黄鑫和李鑫家,浙大城市学院本科生李丹薇和陈雷越,安徽理工大学硕士研究生史文超和谭照芳,绍兴文理学院硕士研究生虞建刚,武汉地铁集团有限公司王永安等在资料收集、图表绘制及理论计算等方面的辛勤劳动。同时对配合本研究的相关工程技术人员和合作单位,一并表示衷心感谢。

本书第1章和第6章由孙苗苗撰写,第2章和第3章由丁智撰写,第4章和第5章由蒋吉清撰写,第7章由周奇辉撰写。书中引用了大量的参考文献,包括各类学术期刊和专著,难免仍有疏漏之处,在此敬请谅解和表示感谢! 由于作者水平、能力及可获得的资料有限,书中难免存在不妥之处,敬请各位专家、同行和读者批评指正。

丁　智

2020年12月于浙江大学求是村

目　录

第1章

CHAPTER 1

绪　论

1.1　研究背景

　　随着城市规模的不断扩大，城市交通承受着史无前例的沉重负担，交通拥堵问题愈演愈烈。地铁交通因其迅速、方便、准时运行等特点，有效缓解了城市地面的交通压力，在世界各国快速发展。同时，地铁交通因其载运量大、占地少、污染小等特点，得到越来越多城市的青睐。建立完善的城市轨道交通系统是各城市未来发展的趋势[1]。

　　1863年，伦敦建成并运营世界上第一条地下铁路，为人口密集城市的交通发展提供了宝贵的经验，从此地下轨道交通成为交通行业的时代课题。截至2021年底，世界上已有近五分之一的国家和地区的上百个城市建立了地下铁路并投入使用。然而地铁的发展并非一帆风顺，主要经历了四个阶段。第一个阶段是19世纪60年代到20世纪30年代，其间共有20个城市建立了地铁交通线路，建设区域从欧美延伸到了亚洲。第二个阶段是20世纪30年代到20世纪50年代，由于受到两次世界大战的影响，城市地下轨道交通建设停滞不前。第三个阶段是20世纪50年代到20世纪70年代，汽车制造行业的进步和城市化建设使得交通逐渐拥堵，人们意识到地下轨道交通建设的重要性。最后一个阶段是20世纪80年代到现代化的今天，由于第三世界的发展和崛起，地铁发展的重点转移至亚洲、南美洲等经济腾飞的发展中国家和地区，而且地铁已经不光是一种交通工具，更是一个城市形象的代言[2]。

　　我国主要大城市普遍存在交通拥堵、交通秩序混乱的现象，这已成为当前我国城市发展的主要障碍之一。发展城市地下轨道交通能够很好地改善城市交通拥堵问题，进一步促进城市的发展。自1965年北京迈出修建地铁的第一步以来，截至 2021 年 12 月，我国已有超过 50 个城市建成 200 多条城轨交通线路，运营路线总计超过 9100 千米（不含港、澳、台数据）。与 2021 年相比，2022 年新增 39 条地铁运营路线，合计超过 1200 千米。以杭州市为例，截至 2022 年，开通总里程数已超过 516 千米，运营线路达 11 条。为了给杭州亚运会提供更好的支撑和保障，杭州市将会形成 11 条轨道普线加 1 条轨道快线加 2 条市域线，共计 14 条线路的城市地下轨道交通网络。随着城市化建设进一步推进，中心城市所包含的区域面积不断向周边拓展，地下轨道交通的建设迫在眉睫。我国地下轨道交通建设不仅具有世界上最大的市场规模，而且其发展速度也相当惊人。预计到 2024 年，我国还会有 10 多个城市加入地铁建设行列，全国地铁总里程数将会进一步增加，预计可在原有基础上增加 2000 多千米。

尽管城市地下轨道交通在运输方面拥有众多优势，但其在运营过程中的相关环境问题也层出不穷，与环境相关的问题已进入公众视野。这是因为城市地下轨道交通不可避免地要穿越人口和建筑密集区、风景名胜区、工业园区以及一些对振动和噪声比较敏感的区域（如居民楼、古建筑、精密仪器实验室及音乐厅等）[3]。地铁振动产生的主要原因是列车的重力加载作用和轨道的随机不平顺以及各种缺陷所引起的轮轨接触力的动态冲击作用[4]，其产生的危害如图 1-1 所示[5]。

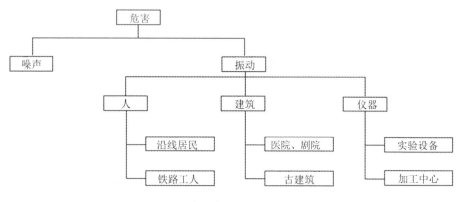

图 1-1　地下轨道交通对环境危害

随着城市发展和人们生活节奏不断加快，地铁运营所造成的环境振动问题愈加凸显，国内外学者对地铁振动产生的机理及其传播规律做了相当多的研究，并着手研究其对人体的危害及相应的控制方法。地铁运营所引起的环境振动对人体产生的伤害不会立即显现，但人们的正常生活却饱受干扰。久而久之，地铁振动会严重影响人的健康，使人感到不适和心烦，不利于工作和学习。其影响主要体现在心理和生理两个方面，人体的供血、呼吸、消化、听觉、视觉、神经等诸多方面或多或少都会受其影响[3]。当振动加速度低于65dB时，地铁振动对人的睡眠没有什么影响，一旦超过这个值，则会对睡眠造成轻微影响；当其值达69dB时，将会惊醒轻睡中的人们；当其值进一步增大到74dB时，除进入深度睡眠的人外，其他人都会被扰醒；当其值达到79dB时，所有的人都会被惊醒[6]。在北京，地铁线路附近的一座楼有户主反映，列车驶来时，室内能察觉到很强的振动，振动持续一段时间后，室内的家具已不在原来的位置上[7]。不少居民反映，地铁离小区太近，他们的生活质量无法得到保证。

地铁振动造成的沿线周边建筑物破坏现象已屡见不鲜，不严重的有墙皮掉落、墙壁出现裂纹，严重的有基底下沉或建筑物倒塌。在地铁振动影响下，地铁隧道结构也可能出现沉降变形、管片开裂、接头张开、渗透漏水等问题，如图1-2所示。捷克发生过一起地铁振动导致古教堂建筑物倒塌的事故。一开始古教堂墙壁出现裂缝但未及时得到处理，而后裂缝不断扩大，最终导致建筑倒塌。在我国，如南京、杭州等古建筑分布比较多的城市，建造的地下轨道若穿越古建筑物，势必会对古建筑物造成威胁结构安全的影响。建筑物受振动的影响主要有以下三种不同形式：第一，地铁振动直接引起建筑物损伤，主要由列车经过时的强烈振动产生的应力变化引起；第二，地铁振动加大建筑物损伤，即列车经过时的振动加深了结构物原本存在的损伤；第三，地铁振动间接引起建筑物损伤，主要由列车经过时的振动导致的较大的地基沉陷或失稳造成[5]。一些学者近期也对地铁沿线的建筑结构做了实测研究。聂晗等[8]对某地铁沿线常规区域进行调查研究，发现沿线建筑物的振动主要由竖向为主的整体振动所引起；在框架结构中，低频振动是对结构产生影响的主要能量来源。

图1-2 地铁隧道结构问题

地铁运营还会影响建筑结构内精密仪器的正常运行和精确读数，有可能造成仪器事故[9]。某些精密仪器，特别是科研所用的仪器，要求其竖向振动位移最大值为10μm，竖向振动速度最大值为0.5mm/s。上海某半导体公司的半导体生产车间距离地铁线路比较近，公司要求地铁引起的环境振动按其采用的美国评价标准不得超过3μm/s²；上海某制片公司的音像合成大厅距离地铁线路也很近，其要求地铁引起的振动不得超过本底振动，也就是列车通过时不能对其产生任何振动的影响[10]。

据统计，地铁振动所引起的公众反应仅次于工厂、企业和建筑工程[11]。随着城市地下轨道交通进一步发展，振动问题给社会环境带来的危害更加突出，严重阻碍城市地下轨道交通的发展，解决这一问题刻不容缓。

地铁振动主要依靠基础结构和周围地层将振动波传播到振动影响范围内的建筑物和人，依据振动来源、传播渠道，地铁运营系统的减振措施可以从削弱振源的激振能量、减少传递路径中的能量传播和对受振建筑物加以保护这三个方面考虑[7]。

地铁振动主要由车辆悬挂系统的相对运动、机车车轮踏面几何不圆顺不平整、轨道几何不平顺、轨下基础缺陷以及结构损伤引起。就振动来源而言，使用合理的道床和轨道结构形式，增加轨道弹性，对削弱列车、轨道和附近环境的振动具有非常明显的效果。车辆特性、轨道条件、支承结构等因素都会对因地铁运营产生的建筑结构物振动响应造成较大影响。另外，适当减轻车辆的簧下质量，避免共振的发生也可以起到非常好的减振效果。当下地铁一般采用长轨枕式整体道床、短轨枕式整体道床、埋入式轨道、普通道床高弹性扣件轨道、浮置板轨道以及弹性支承块式等轨道结构，其对减振具有良好的效果[10]。另外，需要指出的是，道床形式、扣件结构以及弹性垫层之间要正确匹配才能达到理想的减振效果。以下简单介绍浮置板轨道。

地铁钢弹簧浮置板轨道主要包括钢轨、轨下扣件、浮置板、钢弹簧、钢套筒、剪力铰、隔离层、基底、隧道壁等部分（图1-3）。主要施工流程：基底施工—铺设隔离层—铺设水沟盖板—绑扎钢筋笼—立模—安装剪力铰—浇筑混凝土及养护—隔振安装及顶升—架设钢轨。浮置板轨道隔振的基本原理是将浮置板和隔振器组成一质量-弹簧隔振系统，因为浮置板的质量较大，因此隔振系统的固有频率很低，可有效隔离衰减由列车运行所产生的高频振动，从而达到减振的目的。钢弹簧浮置板标称减振量可达12~40dB，隔振工作频率为7Hz以上[12]。

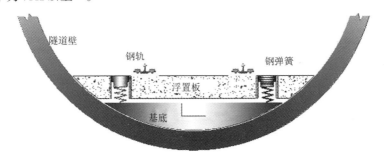

图1-3　地铁钢弹簧浮置板断面

采用浮置板轨道的路段一般是周围土性较差的土质环境，且通常伴随着地基的不均匀沉降，恶劣的土质环境将对轨道本身的正常使用寿命及乘客的乘车舒适度造成很大的影响。因此，有效模拟车-轨-地基的动力耦合作用，准确计算不均匀沉降引起的车轨振动响应十分重要。浮置板一般具有较大的质量，可使隔振系统的固有频率降低，很好地降低地铁运营产生的振动，在控制地铁运营引起的振动中，浮置板轨道已成为最佳的选择之一[13-15]。

对于传播路径的控制来说，可以隔断振动传播路径或在振动波传播的路径中减弱其振动。主要可以采用屏障隔振技术，在振动源和被保护物体之间的传播路径上设置一个隔离屏障，当振动波在传播路径上传播到隔离屏障时，隔离屏障就会使通过的振动波能量得到很大的衰减，从而减弱振动波对被保护物体的影响，达到减振的目的。按结构形式，隔离屏障可分为连续屏障和非连续屏障。其中，连续屏障主要有空沟、填充沟等，一般来说减振沟越深，隔振效果就越佳；非连续屏障有孔列、混凝土排桩等[10]。

对受振建筑物进行结构加固可起保护作用。利用主体结构加固构件的物理特性和弹塑性变形可降低振动的能量。其抗振性能主要依赖建筑结构构件的延性。近期发展迅速、应用最广的受振建筑物保护技术是通过在建筑物内部某些位置安装调整过的阻尼器、隔振器等控制装置来削弱或隔离振动能量，降低或避免振动能量向上部建筑结构传输，减弱建筑结构的水平振动作用，减轻建筑结构的振动反应，从而减轻或消除对建筑结构的振动损伤，提高建筑物的抗振能力。对受振建筑物的保护属于被动保护，不是解决振动对环境影响的最佳方式，一般为了达到减振目的，会在三种减振方式中选择效果最好、经济最佳的减振方式，对于减振要求比较高的建筑，也可以三种减振方法同时使用。

轨道结构性能可为地铁运营的安全性、乘车舒适性、方便快捷性以及减少对环境不良影响提供重要的保证。轨道结构性能的改变将直接导致其使用性能的变化。轨道结构性能出现问题将导致结构承载能力的下降以及各种问题的出现，影响轨道结构的平顺性、安全性和耐久性，进而影响行车安全以及乘车舒适性[16]。支承结构作为轨道结构重要的组成部分，其使用性能的好坏对地铁运营具有重大的影响。

地铁运营是一个持久而延续的过程，运营前期通常对建筑物没有什么影响，长期运营后，会使建筑物产生疲劳损伤，造成运营不安全性。在不断周期变化的轮轨接触力的反复冲击作用下，轨道系统支承结构的疲劳损伤、失效断裂等问题将日趋严重。相关调研发现，北京地铁2号线、4号线、6号线及南京地铁1号线等多个区段发生过比较严重的扣件失效、弹条断裂问题，对行车安全造成了不可忽视的影响，妨碍了地铁的正常运营。另外，建设施工质量问题和减振构件本身及配件质量问题等，也是造成支承结构损伤的主要原因，支承结构损伤将影响轨道减振效果、地铁运营安全及乘车舒适性。因此，对支承结构损伤情况下车轨振动的研究具有很重要的意义。

1.2　国内外研究现状

1.2.1　车轨系统耦合作用的研究现状

通过车轨系统耦合作用研究车辆、轨道系统、地基组成的整体系统的振动特性，核心是研究各子系统之间振动的耦合关系[17]。自从铁路运输出现以来，各国学者就开始研究车辆在轨道线路上运行引起的一系列力学问题。随着动力学理论的发展和对动力学问题认识的加深，轨道振动问题的研究从最初的静力分析阶段逐渐进入动力分析阶段。1867年，捷克工程师文克勒（Winkler）建立的在均匀弹性基础上的无限长弹性地基梁理论，以及日本的小野一良提出的连续弹性点支承梁理论，为轨道静力学分析奠定了基础[18]。此后相当长时间内的理论研究都是以这些理论为依据的。1926年，Timoshenko[19]利用Winkler地基梁理论，考虑了梁的剪切变形及转动惯性矩的季莫申科（Timoshenko）梁模型后，建立了轨道结构动力分析模型，从此揭开车轨运行动力分析的序幕[20]。1943年，多尔（Dorr）将车辆视为均匀恒力作用在轨道上，在Winkler地基梁的基础上对匀速荷载作用下的轨道系统进行动力响应分析。

随着地铁的提速以及轴重的增加，轨道结构疲劳损伤的问题愈发严重，轮轨之间的相互作用成了学者关注的热点。在大量研究以及实测数据基础上，轮轨接触关系由垂向线弹性关系发展到赫兹（Hertz）非线性轮轨接触关系。这一轮轨接触关系的提出为车轨动力分析的后续发展奠定了基础。尽管轨道结构分析模型越发合理，却始终无法反映轮轨接触动态作用的真实情况。于是有关学者在已有的研究成果基础上，将目光投到由车辆系统、轨道系统组成的整体车轨大系统上，两个子系统通过轮轨之间的接触关系结合在一起，为车轨耦合振动研究开启了新的篇章[20]。

1973年，Lyon[21]和Jenkins[22]建立了具有里程碑意义的二维竖向系统动力学模型，在连续弹性的欧拉（Euler）梁模型基础上，通过Hertz非线性轮轨接触关系及系统结构参数对车轨动力响应的影响进行研究。

1973年，Sato[23]提出半车-轨道模型，定性得出车轨动力响应运算结果。1978年，Ahlbeck等[24]建立了考虑道床参振质量并分析轮轨冲击引起的刚度减弱效应的集总参数模型。该模型的不同之处是进一步考虑了车辆和轨枕振动的影响，同时对系统自由度进行精简。集总参数模型对计算进行了高度简化，但其一般只能分析轨道参数均匀分布下的动力问题，而且其等效变换的过程也无法模拟实际中轮轨运动的过程，因此其简化所得到的结果误差很大。1982年，Clark等[25]采用连续弹性离散点支承梁模型对梁模型进行改进，分析了列车在波浪形磨耗钢轨上的动力响应，并对枕轨的振动进行分析，计算参数更加接近真实情况，在一定程度上考虑结构的周期性和不连续性，具有较强的分析能力。同年，Grassie[26-29]提出单层连续支承、双层弹性点支承及多层弹性点支承无限长梁模型，对车轨系统的高频振动、轨枕悬空以及轨道不平顺下的振动性能进行分析。

1992年，国内学者翟婉明[30-31]正式建立了车辆-轨道竖向耦合模型，此后，众多学者展开了车辆-轨道耦合动力学理论研究。胡用生等[32]采用Timoshenko梁理论建立车辆-轨道垂向耦合模型，并运用德比（Derby）轨道低接头试验结果进行验证。陈果等[33]分析了车轨耦合系统的随机振动，拓展了车轨耦合动力学研究的内容。王开云等[34]运用车轨耦合模型对车辆在轨道结构上的蛇行运动稳定性进行了研究，并指出将轨道视为刚性结构会对结构产生较大偏差。计算机仿真技术的飞速发展，为车辆-轨道耦合模型动力学仿真分析提供了更加丰富的技术条件，各国学者基于计算机技术建立了更加精细的模型，为车辆-轨道耦合动力学研究开拓了新的领域。1995年，李军世等[35]在动态弹性有限元基础上引入数解，对铁路路基在高速列车作用下的动态响应进行分析。该方法将列车荷载的特性参数纳入对轨下基础动态响应的影响因素。Wu等[36]采用有限元法模拟了车轨作用下的动态响应，并运用直接积分法求得响应结果。娄平等[37]采用有限元法研究了板式轨道在车辆荷载作用下的动态响应。Drozdziel等[38]运用计算机模拟技术研究了道路分岔区车轨耦合动力问题，重点讨论了轨道系统的几何误差，如轨道不平顺、踏面磨损等问题对系统轮轨动力作用的影响。张昀青[39]运用有限元中的ANSYS软件建立了车辆-轨道-浮置板垂直耦合动力解析模型，对车轨系统的动力特性进行了研究。王娅娜[40]利用动力学分析软件ADAMS建立列车-浮置板轨道的动力耦合三维模型，系统地分析了浮置板轨道的振动性能及其减振效果。计算方法逐渐形成了时域法、频域法、波数域法及其相互结合的多种计算方法；道床形式也由普通整体式轨道发展到弹性减振块式轨道、橡胶减振垫浮置板轨道及现在研究较多的钢弹簧浮置板轨道等多种形式。

1.2.2 浮置板轨道结构研究现状

浮置板轨道研究的关键之处为浮置板轨道连续体的模型建立与求解，在理论研究尚不够成熟的早期阶段（20世纪60年代至20世纪90年代），研究成果都是建立在现场实测的基础之上的。21世纪后，随着计算机技术的运用推广，出现了许多新的理论模拟方式。浮置板轨道部分的振动可以简化为两层连续体的模型，基于达朗贝尔（d'alembert）原理可以得到结构的基本运动平衡方程，即关于空间和时间的偏微分方程。对于此偏微分方程，一般需要将其简化为常微分方程进行求解。一般有以下几种研究方式：①对振动方程做空间-波数域和时间-频率域转化，变换的方式通常有傅里叶变化及拉普拉斯变化，可以得到轨道在频率域的一些振动规律；②三维空间可在上述基础上，对一个空间轴和时间进行变换，然后再对另外两个空间维度进行有限元划分求解，即2.5维方法；③对振动方程进行模态分解，消除空间轴的偏导，得到关于时间的常微分方程；④对振动模型进行空间有限元划分，也可消除振动方程对空间的偏导，得到关于时间的常微分方程，此方法可实现精细化建模，但缺点是计算量大、耗时长。

国外关于浮置板轨道的研究起步很早。Eisenmann[41]于20世纪60年代设计了两种浮置板轨道，后分别被用于苏黎世和慕尼黑的电车轨道、法兰克福地铁。Grootenhuis[42]于1962年基于德国科隆地铁的浮置板轨道，通过实测对比发现浮置板确实有减振降噪的性能，并提出浮置板减振频率范围为15～

200Hz。Wilson 等[43]在 1983 年对前十几年关于列车运营引发的噪声和振动等问题进行思考，提出了应用浮置板轨道和完善转向架结构设计两种减振方式，证明了前者的有效性，后者方法虽不成熟，但可以减少轮轨接触力，显著降低地表振动和噪声。Nelson[44]对多伦多、亚特兰大和洛杉矶等地的轨道系统进行了实地考察，对轨道各部分结构的减振效果展开评价，着重分析了弹性扣件整体轨道、有砟轨道、浮置板轨道的减振性能，并对连续型和离散型两种浮置板轨道系统的安装及减振效果进行对比，发现浮置板轨道的减振效果最佳，离散型浮置板轨道较连续型浮置板轨道施工安装更为方便。

以上均是早期阶段基于实测数据的研究成果。21 世纪后，计算机技术推进了关于浮置板轨道的理论研究。2000 年，Cui 等[45]以新加坡快轨为背景，把钢轨简化为无限长 Timoshenko 梁，将浮置板以质量块代替，采用拉普拉斯变换，从频域分析的角度对简谐荷载下浮置板轨道和普通整体轨道的减振效果进行对比分析后得出，浮置板轨道减振效果优于整体式道床，并且新加坡浮置板轨道对频率高于 15Hz 的振动激励减振效果明显。Crockeet 等[46]使用 ANSYS 有限元分析软件对九广铁路某高架段进行模拟仿真，对比分析了浮置板轨道和普通整体式道床的减振效果，并与实测进行对比后得出，浮置板轨道能显著降低高架结构的振动。2006 年，Lombaert 等[47]建立车-轨道-土体三维数值模拟系统，研究轨道对大地自由场的减振效果，重点分析了轨道与土体的动力相互作用，结果表明，轨道振动传递效果与浮置板特性和下卧土体十分相关，高于浮置板自振频率的振动激励会被浮置板隔振而消散，软土中弯曲波速度较高，硬土中弯曲波速度较低，软土相较于硬土更难将振动波辐射出去。

Hussein 等[48-50]对连续型和离散型浮置板轨道进行研究，对连续型轨道采用两层弹性基础上的 Euler 梁结构进行模拟，利用傅里叶变化得到频率-波数域，计算简谐荷载下模型位移响应后得到结构的截止频率和荷载移动临界速度，通过弥散方程得到系统共振频率，结果表明，忽略轨道不平顺时，移动荷载不会引起轨道响应，且在地铁典型参数下，静力解和动力解没有区别。对于离散型轨道，其分别采用傅里叶循环单元法、周围傅里叶法及修正相位法来模拟轨道所受简谐荷载的响应，结果表明，移动荷载通过离散轨道时会有振动响应；模拟离散轨道时，在地铁典型速度下可忽略速度效应，轨道系统的位移响应可由计算系统在静止简谐荷载下的位移和力得出；随着浮置板长度增大，轨道在荷载作用下的静刚度也会增大，同时地表会诱发更多共振和反共振频率，因此实际工程中应合理选择浮置板长。之后，他们将移动荷载改成两个自由度的列车进行模拟计算，发现当轮轨接触主频与列车的共振频率匹配时，轮轨接触力会大大增加，当轮轨接触力主频与轨道系统的共振频率匹配时，轮轨接触力也会增加。2009年，Hussein等[51]建立了一个可以分析隧道中离散型浮置板轨道的新模型，模型包括两层Euler梁结构，钢轨为连续的，浮置板为若干离散Euler梁，采用无限半空间管状体模拟隧道壁，土体利用无限半空间进行处理，结果表明，离散轨道在浮置板共振频率下会有更多振动，且可通过计算两端自由梁的固有频率得到。2010年，Galvin等[52]采用2.5维计算法，计算并比较了法国TGVA高铁运营导致的环境振动问题，并对简单梁模型和2.5维有限元法的联系和区别进行了介绍说明。

国内对于浮置板轨道的研究起步较晚，下面就前述频域分析法、模态分解法、2.5维方法及有限元法四种方法进行分类介绍。

（1）频域分析法。吴天行等[53-57]简化钢轨和浮置板为两端自由的Euler梁，研究浮置板参数变化对激励振动形成机理和隔振性能的影响，结果表明，轨道激励振动主要受轨道刚度周期性变化影响，振频主要为车轮通过浮置板的频率；随后他们修正模型，把钢轨考虑为无限长Euler梁，浮置板考虑为自由边界的基尔霍夫（Kirchhoff）板，将对振动方程变换至频域内，求解力的传递率，得到浮置板的隔振有效频率为自振频率的1.5倍以上，短型浮置板比长型浮置板的固有频率高，弯曲振动模态数前者少于后者；之后，吴天行等[58]还在频域内构建车轨相对位移激励模型，分析钢轨垫片-弹性支撑块和轨道减振器-浮置板轨道结构的隔振性能。结果表明，轨道减振器-浮置板轨道结构可以在中频范围内进行隔振，并且对中、高频的隔振效果更好。吴川等[59-61]基于传递率方法研究短型浮置板轨道的隔振性能，定义质量比、阻尼比、刚度比三个无量纲参数反映系统特性。视钢轨为Euler梁，浮置板为弹性质量块，通过时域向频域的转换得到弥散曲线和传递函数，通过改变参数，研究弥散曲线变化和传递率的变化，进而分析参数改变对浮置板轨道隔振性能的影响。袁俊等[62-63]把钢轨和浮置板简化为Euler梁，建立浮置板轨道在动荷载下的耦合动力学模型，基于双重傅里叶变化得到波数-频率域方程，求得弥散曲线，再利用围道积分对方程进行傅里叶逆变换，求得传递到基础的力，进而分析浮置板的隔振性能。结果表明，荷载移速越大，浮置板轨道振动响应越大，达到临界速度时，浮置板会处在失稳状态。马龙祥等[64-65]将无限长浮置板轨道所受移动谐振荷载转化至一块浮置板中，并在频域内对钢轨和浮置板进行耦合，得到轨道的动力响应，后又将解转化至频域范围内，得到在移动荷载激振频率周围，浮置板位移达到峰值；浮置板固有频率域谐振荷载频率一致时，会发生共振；移动谐振荷载为中低速时，钢轨位移频率谱峰值在荷载频率附近，随荷载速度增大，频率谱峰值变小，峰值靠近轨道固有频率；轨道结构有多个临界速度，提高弹簧刚度可以提高轨道的最小临界速度；阻尼的作用可以明显减小轨道的振动。

（2）模态分解法。Kuo等[66]建立列车和短型浮置板轨道系统振动模型，列车为10个自由度多刚体模型，钢轨和浮置板均考虑为Euler梁模型，钢轨两端简支，浮置板为弹性支撑的质量块。经模态分解后采用龙格-库塔（Runge-Kutta）法求解得到轨道振动响应。其对轨道结构的参数进行减振分析后得出，在特定车速下，扣件刚度越大，轨道变形和轮轨接触力越大；钢弹簧刚度减小、浮置板轨道增大，浮置板的振动将减小，轨道变形及轮轨接触力反而增大；浮置板对于减小轨道损伤、提高乘车舒适性及控制周围环境振动都有很好的效果。宋欢平[67]构建了列车-板式轨道-路基耦合振动模型，并结合京津城际客运专线实测数据，系统分析列车运行时轨道结构的振动传播特性，并对轨道型式、行车速度、路基沉降、轨道表面不平顺等因素进行研究后得出，与无砟轨道振动相比，有砟轨道振动要小；行车速度越大，轨道振动响应也会相应增大；轨道无不平顺时，轮轨接触力响应主要由轨道板长度引起，有不平顺时，行车速度增大，轮轨接触力响应也会显著增大。李钢[68]采用自主推导的明德林（Mindlin）板梁理论构建地铁列车-钢弹簧浮置板轨道耦合系统模型，该理论是在Timoshenko梁理论基础上考虑宽度效应而推演得到的，并给出该理论的使用范围为宽高比大于0.1且小于5，其中浮置板采用Mindlin板梁模拟，铁轨采用Euler梁理论，车体部分为10个自由度多刚体结构,对浮置板法关键性参数进行分析研究后得出,采用长型浮置板、低刚度钢弹簧并在常规车速条件下,车轨系统动力响应较为稳定;浮置板轨道系统对中高频率隔振效果好,对低频隔振效果不显著。

(3)2.5维方法。Yang等[69]采用2.5维有限元法计算移动荷载在半无限空间中的稳态响应,边界采用无限元法,考虑波的向外传播,采用平面应变的网格划分方法。基于该有限元模型,其对列车车速、土体剪切波速、土体深度进行振动传播的影响分析后发现,列车车速大于土体瑞利(Rayleigh)波速时,轨道路基振动响应剧烈放大。边学成等[70-71]基于2.5维有限元法,对层状半无限空间地基及梁结构轨道系统建模,计算移动荷载下轨道的动力响应,其边界采用与频率相关的黏壳单元模拟,结果表明,高速列车车速较易临近并到达临界车速,促使路基土体和轨道结构共振,从而影响行车安全并加剧铁路轨道的行车条件恶化。金皖锋[72]运用2.5维有限元法,构建地铁列车-轨道-隧道壁-地基系统模型,其中钢轨及浮置板均考虑Euler梁,并将边界设为多层阻尼边界,就轨道平顺条件、隧道壁厚、埋深、轨道及土体参数等对振动响应的影响进行分析。结果表明,单个轮对模型的振动响应比整车模型大;短波不平顺对轨道振动响应的影响比长波更显著;地表位移主要由准静态轮轴荷载引起,地表振动则主要由轨道不平顺引起;土体剪切波速增大,隧道埋深越大,地标中心处的振动强度会相应减弱。程翀[73]建立2.5维轨道-路堤-地基系统有限元模型,对分层地基在荷载移速接近或者超过地基土体临界速度时的马赫效应进行分析,并对线路周边地基产生剧烈振动并广域传播的现象进行解释。

(4)有限元法。孙晓静等[74-75]采用有限元软件ANSYS构建钢弹簧浮置板轨道模型系统,重点分析浮置板本身特性及钢弹簧浮置板轨道不同形式的隔振效果,结果表明,浮置板轨道对9~15Hz频率荷载减振作用明显,浮置板质量和厚度增大,隔振效果增强;浮置板厚度和混凝土质量增大,隔振效果增强;钢弹簧纵向间距越大、支承刚度越强,隔振效果也越好。吴磊[76]建立了较为完整的地铁车辆-钢弹簧浮置板轨道动力学数值分析模型,将车辆模型简化为37个自由度模型,采用Timoshenko梁模拟钢轨,浮置板用三维有限元法进行建模,板端用连接铰连接。他基于此模型对钢轨及浮置板参数变化对行车平稳及安全性能进行研究，并对轨道板接缝处动态行为进行分析。结果表明，得到短型浮置板引发的振动响应大于长型浮置板，板长大于12.5m后，板长引起的振动增大效应减小；浮置板板厚对车辆轨道系统动力响应有一定影响，板越厚，车体和构架振动响应越小；接缝处不采取任何连接措施时，板端差异变形较大，板端扣件力大于其他扣件，设置剪力铰可有效提高板端平顺，减小板端扣件力，设置接缝弹簧也可有效减小板端差异变形，但增大了板端扣件力，故不建议采用接缝弹簧的办法。蒋崇达等[77]应用ANSYS有限元软件建立地铁钢弹簧浮置板轨道模型，基于模态分析和定点谐响应分析技术，对内置式钢弹簧浮置板轨道的隔振效果及系统参数对隔振的影响进行了分析研究，从时域的角度分析列车经过钢弹簧浮置板的动力过程，确定其隔振效果，并对板端剪力铰的动力学作用进行分析，得到如下结论：增大浮置板质量或降低钢弹簧刚度可以降低浮置板的一阶固有频率；长型浮置板可更有效地保证轨道的平顺性，且低频域内隔振效果优于短型浮置板；同时耦合板端竖向位移和板端弯曲变形，离散型浮置板能达到和连续型浮置板一样的减振效果。

1.2.3　轨下支承失效研究现状

国内扣件系统的发展与轨下支承结构的发展密不可分。根据轨下支承结构的不同，扣件可以分为有砟轨道扣件和无砟轨道扣件，有砟轨道扣件支承于轨枕，无砟轨道扣件支承于混凝土道床。我国广泛采用弹条式扣件，其损伤主要表现为弹条损伤、锚固件损伤、弹性垫板损伤三种形式。针对损伤的原因，在受力特点上，弹条受力分析可以分为静力分析和动力分析两类。静力分析主要是建立扣件系统的精细化有限元模型，对安装状态下弹条的受力进行分析；动力分析主要采用车轨耦合系统动力学模型，先计算各种不平顺条件下钢轨与轨道板之间的相对位移时程，然后导入扣件精细化模型计算弹条的动力响应。

Nielsen等[78]建立了一个转向架在钢轨上运行的车轨耦合模型，分析了枕轨吊空时相邻轨枕的弯曲应力受车速的影响情况。结果表明，枕轨吊空车轨响应随车速变化而发生较大变化，速度越高，应力变化越明显，同时钢轨的寿命会大大缩短，对行车不利。赵坪锐等[79]对双块式无砟轨道支承层开裂情况下结构抗弯刚度的变化规律进行研究，讨论了开裂间距对支承层弹性模量的影响。肖新标等[80]建立了以Timoshenko梁为基础的车轨耦合模型，分析了轨下支承失效对系统振动响应的影响。他们通过新型显式积分法求解车轨耦合动力学方程，得到不同轨下支承失效状态下的车轨振动响应，结果表明，轨下支承失效对钢轨位移和系统加速度都有非常明显的影响，随着失效数量的增多，轮轨作用力、车轨系统的位移和加速度都急剧增加，这会加快车轨系统在区间上的恶化。朱剑月[81]通过建立连续弹性离散点支承上的Timoshenko梁钢轨模型，模拟计算了轨下支承失效状态下车轨系统动力响应，从时域与频域角度分析验证了列车行驶速度与扣件失效数量变化对轨道结构振动响应的影响。

余关仁等[82]基于ANSYS有限元软件建立钢弹簧浮置板轨道有限元模型，研究扣件和浮置板下弹簧失效对车轨系统的动力响应影响。结果表明，当列车行驶到扣件或钢弹簧失效位置时，钢轨位移、钢轨加速度和扣件反力都发生显著变化，且随着失效数量的增加，这种变化更加明显。失效扣件和失效钢弹簧位置发生在浮置板端部比发生在浮置板中部影响更大。吴磊[5]在考虑车辆垂向和横向运动后，建立了较为完整的车辆-弹簧浮置板轨道动力学分析模型，分别研究扣件和钢弹簧失效对车轨系统振动特性的影响。结果表明，个别扣件失效对车轨动态响应影响不大，只有连续多个扣件失效才会影响行车安全；少数钢弹簧失效只会增大轨道板垂向变形位移，对行车安全性影响不大。张重王[83]系统分析了板下砂浆脱空、胶垫老化以及扣件异常对车轨振动性能的影响，得出较大的板下脱空将增大轮重减载率，不利于行车安全。Ling和Shang[84-85]针对扣件断裂现象，运用车轨耦合动力学理论建立了有限元模型，并结合现场试验对扣件的振动响应分析扣件发生疲劳断裂的原因。朱胜阳[86]基于车轨耦合动力学理论，运用仿真软件CVTDYNA分析了考虑扣件非线性及轨道结构开裂情况下的车轨耦合振动响应。

1.2.4 非连续屏障研究现状

屏障是缓解由建筑施工、铁路与公路交通、工业和爆破等人类活动引起的振动强度的主要措施，屏障可以分为连续屏障和非连续屏障两种形式。目前，关于开口沟渠和混凝土墙等形式的连续屏障的理论和试验研究已经比较成熟。尽管连续屏障的隔振效果比较理想，但是对于低频人工振源和软土、高地下水位地区，连续屏障的施工和维护费用都很高，而柱腔列或排桩等形式的非连续屏障受深度和地区的限制较低，具有施工方便、造价低和应用范围广等优点。国内外众多学者也进行了大量关于非连续屏障的研究。

陆建飞等[87]基于毕奥（Biot）波动理论，采用复变函数法研究了饱和土中任意形状孔洞对弹性波的散射，并求解饱和土中弹性波散射的瞬态问题。徐平[88~90]分别运用复变函数保角映射法和波函数展开法对多排桩腔、蜂窝状空腔屏障对平面P波和SH波的隔振效果进行研究。研究显示，柱腔或空腔的排数增多，隔振效果越好，排数达到三排时最合理；对界面透水和不透水进行分析得到，不透水柱腔的隔振效果比透水柱腔的好。谢伟平等[91]研究了地下连续墙对轻轨产生振动的隔振效果，结果表明，连续墙很深时才能有效地隔离波长较长的波。

研究瑞利波入射下圆孔屏障隔振的效果，可为圆孔屏障作为隔振设计提供依据。Tsai等[92]采用边界元法分析了均质土体介质中单排管桩的隔振理论，分析了桩长、桩间距、距离振源距离三个参数对隔振效果的影响，结果表明，排桩长度的影响最大。随后，Massarsch等[93]对水泥石灰桩的隔振效果进行了现场试验。徐平[90]研究了在均质土体中平面P波和SH波入射下，弹性圆柱桩屏障的隔振效果。

Twersky[94]首次研究了声波和电磁波在无限均质弹性介质中对圆柱体、球体的多重散射。丁光亚[95]采用波函数展开法，利用圆柱坐标系统、加法转换定理以及三角函数的线性无关，研究了饱和土中单排弹性桩对平面波隔离的二维分析。邱畅[96]根据波的散射原理，研究了排桩屏障隔振的隔振效果。Cai等[97~98]对弹性介质中单排柱孔屏障对入射SV波的隔离进行了详细分析，随后Cai[99]又对饱和土中单排桩屏障对快纵波的散射进行研究。夏唐代等[100−101]基于声波、电磁波多重散射机理，求解得到了弹性介质中多排屏障的多重散射一般解。

1.3　研究内容

本书针对国内外已有研究的不足，对软弱土地区运营地铁振动及动力响应特征开展了以下研究工作。

（1）明确了2.5维有限元法研究列车振动问题时的研究思路，用ANSYS有限元软件建立分析模型并导出模型数据，改进已有2.5维有限元计算程序，参考已有解析模型和数值分析模型，在MATLAB软件中实现2.5维有限元计算分析。

（2）基于2.5维有限元法，构建双线地铁列车荷载-轨道系统-地基耦合分析模型。其中，用含材料参数的有限元模型模拟实际钢轨，沿轨道方向进行傅里叶变换，将三维空间动力学问题转化为平面应变问题。以杭州地铁1号线为例，分析地铁列车运营时周围地基和轨道系统的动力响应情况及隔振沟的减振特性。研究比较空沟、填充沟两种不同隔振措施的隔振效果，分析探讨隔振沟的减振特性，并对填充沟的隔振影响因素进行参数分析，对实际工程地铁运营减振隔振提出一定的建议。研究技术路线如图1-4所示。

（3）系统地构建列车-轨道-隧道-地基二维耦合动力分析模型，并基于该模型，计算列车经过时车轨系统的振动响应，得到钢轨、浮置板、隧道壁位移及加速度时程曲线，并将时程曲线转换成频谱图，从频域及时域两个角度分析车轨振动规律。分析轨道结构参数及外界影响两方面因素对车轨系统振动的影响。其中，轨道结构参数主要包括扣件刚度及阻尼、钢弹簧刚度及阻尼、剪力铰抗弯和抗剪刚度、隧道刚度折减率等。对轨道结构参数进行优化分析。外界影响因素包括轨道随机不平顺、地基反力参数等。

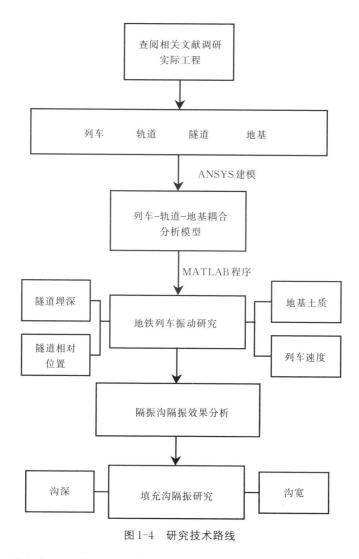

图1-4 研究技术路线

（4）研究支承元件发生损伤或失效时，车轨耦合系统振动响应的变化。主要分析钢弹簧损伤位置，研究损伤数量以及损伤程度对系统振动响应产生的影响，以及扣件失效的数量及位置对系统振动响应的影响。研究在支承元件损伤或失效情况下，不同行车速度对系统振动响应的影响。

（5）对杭州地铁1号线的西湖文化广场—打铁关段进行现场振动实测，将实测轨道加速度时程图及频谱图与理论计算结果进行对比分析。基于列车–轨道–隧道–地基二维耦合动力分析模型，计算分析地铁不均匀沉降下车轨系统振动响应变化规律，结合《地铁设计规范》（GB 50157—2013）中的相关规定，对各种不均匀沉降工况下地铁列车运行状态进行安全性及乘坐舒适度判别。

（6）基于声学、电磁学、Biot波动理论、波函数展开法，分析饱和土中任意排列、任意半径的排桩屏障对弹性波的散射。将土体假定为饱和土体介质，考虑饱和土空隙介质中的渗流作用，分析固、液两相介质中排桩屏障对P波散射的隔振效果研究。建立任意排列、任意半径圆柱体的分析模型，研究影响隔振效果的主要参数，如桩土剪切模量、桩间距、排间距、布置方式等，确定其取值范围，为排桩设计提供参考。

（7）采用通用软件开发工具Delphi，编辑可视化软件"地铁列车运营振动与噪声预测系统"，可以较为方便地预测地铁运行产生的噪声与振动，为杭州地铁轨道和隧道结构的设计、施工提供参考，有效减少地铁建设费用，为运用降噪措施、有效控制软土地铁运营噪声污染问题、实现杭州地铁良好运营生态环境的可持续性提供重要依据。

2.5维有限元法及模型验证

车轮移动位置的变化与车体自振是列车运行过程中产生振动的主要原因。此类振动问题的研究属动力学范畴。传统解析法可以求得精确解，但公式冗多且解析计算过程复杂，此外，三维数值分析法的模型数据较大，计算所需存储空间大且时间长，于是2.5维有限元法应运而生，其假定列车在行车方向上的轨道系统和地基截面形状、材料等是连续不变的，沿列车轨道方向首先进行波数离散，对时间域方程进行傅里叶变换、时域-波数域转换和数值计算，最终通过傅里叶逆变换回到时间域获得振动响应解，将三维有限元模型转化为二维有限元模型，极大减少了计算所需的单元数，节省计算时间，在列车速度较大时还能正确地考虑波在三维空间中传播产生的马赫辐射效应，快速、高效、准确，优势明显。

2.5维有限元法首先由 Hwang 等[102]在研究地震波对地下结构的振动响应问题时提出，其高效的计算方法吸引了有关学者，并逐渐被引入地下轨道交通荷载引起的环境振动研究。

马胜龙[103]认为有必要研究列车振动荷载作用下地裂缝场地动力响应和长期沉降问题，并利用 ANSYS 软件对此进行研究。高广运等[104]开发了一种非饱和地基2.5维有限单元法来研究高速列车荷载引起的地面振动，结合边界条件和伽辽金（Galerkin）法推导控制方程2.5维有限元格式。冯青松等[105]完善了高速铁路列车2.5维有限元-边界元耦合模型，将车辆-轨道耦合振动的影响也考虑在内。边学成和陈云敏[106]将列车轨道简化为 Euler 梁，利用2.5维有限元法分析移动点荷载、单轮轴荷载以及多轮重荷载作用下轨道结构-地基的振动响应。刘维宁等[107]建立了地层模型有限元模型，其可以研究纵向不同相位的列车振动效果。

在工程应用方面，赵晗竹等[108]参考苏州地铁 2 号线穿越区域的典型土体类型和隧道条件，应用 ANSYS 软件建立周围土体和上部结构模型，对地铁波引起的振动响应进行了剖析。马晓磊等[109]建立轨道-隧道-地基-建筑物模型，对比了各种建筑结构在不同列车速度和隧道埋深工况下的振动反应规律。Lopes 等[110]采用 2.5 维有限元耦合模型，将地铁隧道及附加地基土用 2.5 维有限元单元模拟，计算分析了地铁列车运行对相邻建筑物的影响。

在针对软土地区的饱和地基研究方面，袁宗浩等[111]、袁万等[112]、巴振宁等[113]建立了 2.5 维有限元分析模型，计算分析地铁列车荷载作用下轨道系统及饱和土体动力响应问题。在此基础上，曹志刚等[114]建立了饱和土地基上隔振沟解析分析模型，分析隔振沟对列车引起的地基振动的隔振效果。

在对盾构隧道的轨道简化方面，金皖锋[115]运用已有的 2.5 维有限元法，引入多层阻尼边界，考虑轨道的不平顺性，将列车车体和轨道进行耦合；陈功奇等[116]将轨道简化为 Euler 梁，将填充沟视为地基中的异质体，推导内含异质体弹性半空间的 2.5 维有限元法表达式，分析列车在低速和高速运行下填充沟对不平顺列车动荷载作用下地基振动的隔振效果。

目前 2.5 维有限元法关于列车振动及隔振的研究大多建立在单相弹性土地基、饱和土地基两类地基上，两者的计算流程如图 2-1 所示。本章以现有研究工作为基础，就 2.5 维有限元法分析列车振动及隔振问题进行系统总结，探讨存在的问题和进一步研究的方向。

2.5 维有限元法在国内仍属新兴研究方向，主要研究成果来自浙江大学（边学成等）、同济大学（高广运等）等高校，尚有许多问题亟待解决。

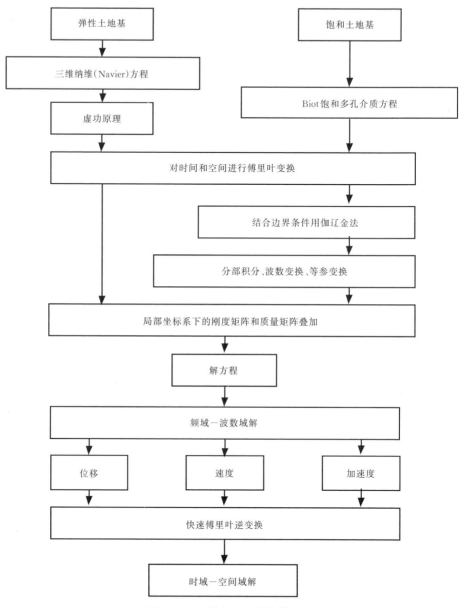

图2-1 2.5维有限元法计算流程

（1）地基模型。弹性土地基模型运算较为简单，目前，国内外普遍采用弹性土地基模型分析列车动力响应问题。就我国而言，已建和在建的高速铁路、城市隧道大多集中在沿海等有深厚软黏土地基的区域；再者，高铁的运行速度已接近或达到软土地基表面的瑞利波速，这将引起较大变形和振动，对列车安全运营、旅客乘坐舒适性、周边环境的影响较大。饱和土地基上的列车振动及隔振研究更具迫切性和现实指导意义。2.5维有限元法相比解析法、三维有限元法等，更加适用于计算复杂、运算量大的饱和土地基动力学分析。部分学者已运用2.5维有限元法进行了饱和土地基上的列车振动及隔振分析，但与相应弹性土地基上的研究相比仍较为缺乏，针对非饱和土地基的研究更是处于起步阶段，有待进一步改进和完善。

（2）研究对象。目前正值国内城市地铁建设热潮，列车振动及隔振研究的成果主要集中在铁路列车方面，地铁列车较少。地铁后期运营普遍缺乏理论指导，2.5维有限元法在简化三维运算的同时又符合计算准确性，不失为解决这一问题的有效方法。此外，地铁列车隔振分析仅局限在浮置板轨道隔振，并未涉及考虑其他隔振屏障对地铁列车隔振的有效性分析；同时，已有研究大多仅考虑单个列车振动响应，较少有关于列车运行对邻近建筑物影响的分析，未出现邻近地铁振动及隔振研究，故2.5维有限元法的应用具有极大的研究前景。

（3）研究方法。已有学者将2.5维有限元法与无限元、边界元及部分解析方法结合进行列车振动及隔振研究，但现有研究大多针对列车振动影响因素分析，尚未出现不同研究方法间的比较分析，计算方法的多样化、有效性、适用性，将是深入探究的一大方向。

（4）仿真与计算。国内外学者在研究中建立的模型不尽相同，得出的结果各有差异。为使理论分析更高效准确，已有学者将列车轨道不平顺因素考虑在内，并对计算过程提出改进，如轨道耦合模型/车体荷载模型的优化、有限元网格的有效划分、计算边界条件选用、无网格技术的引入等，但现有研究相比工程实际仍存在较大差距。今后可进一步改进和完善2.5维有限元计算过程以提高运算效率，同时通过减少模型简化、增加列车运行实际环境因素以增加理论分析的可信度。

2.1 弹性土地基中的 2.5 维有限元法原理

2.1.1 弹性土地基中的列车振动研究

Yang 和 Hung[117~118]采用 2.5 维有限元-无限元相结合的方法，建立如图 2-2（a）所示的模型，分析了铁路列车在不同速度运行时振动波在土中传播产生的弹性土地基动力响应问题，以高于层状土的瑞利波速模拟亚临界状态、低于层状土的瑞利波速模拟超临界状态，详细研究了土层厚度、阻尼比、剪切波速、荷载自振频率对地基振动响应的影响。采用相同方法建立地铁列车隧道模型[119]，如图 2-2（b）所示，分析了地铁列车运行时的速度、土体剪切波速对周围地基的振动响应影响，并进一步探讨有限元模拟区域大小及网格质量对计算精度的影响，但尚未涉及 2.5 维有限元法在不同边界条件下的计算精度研究。

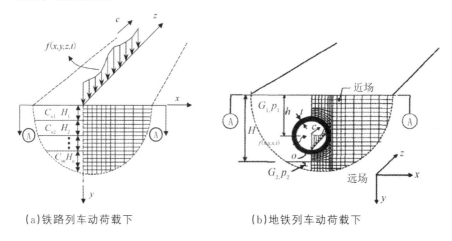

(a)铁路列车动荷载下　　　　　　　　(b)地铁列车动荷载下

图 2-2　列车荷载下 2.5 维有限元地基模型

周彪等[120]就文献[117]中的有限元法计算过程，对 2.5 维有限元法的计算精度进行了研究探讨。其分别针对黏滞阻尼边界和无限元边界条件，分析了 2.5 维有限元计算中网格划分区域及网格单元大小对计算列车动力响应问题精度的影响。结果表明，用 2.5 维有限元法模拟地基振动时，有限元模型网格大小对计算精度影响不大，并且无限元边界较黏滞边界更为适用，前者所需计算区域较小，能有效减少运算量。

边学成等[121−122]将列车轨道简化为 Euler 梁，将地基土单元用 2.5 维四边形等参单元模拟，边界设置频率相关黏壶单元，利用 2.5 维有限元法分析了移动点荷载、单一轮轴荷载作用下列车轨道结构−地基的振动响应。研究表明，低速列车的振动影响范围局限在轨道附近，主要使轨道产生静态弯曲变形；当速度超过或接近临界速度时，振动影响范围急增，且地基中产生明显的波动传播。其在后续研究中，以四分之一车体模型模拟轮轨接触力代替点荷载模型，加入垂直轨道不平顺因素，并通过实测数据证明了计算模型的可靠性[123−124]。研究发现，较小波长的轨道不平顺，能诱发更高的振动频率和显著的轨道−地基动力响应，但其振动传播范围却明显小于较大波长的情况；在板式无碴轨道−地基系统中，当列车速度低于临界速度时，地面振动由轨道不平顺因素主导，列车速度超过临界速度时，地面振动由列车荷载重量主导。以上研究的计算地基均采用 2.5 维有限元−薄层单元耦合模型，如图 2-3 所示。

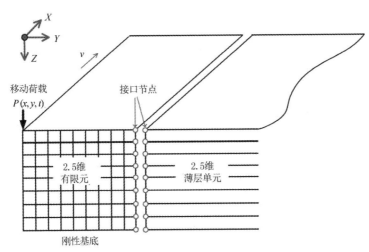

图 2-3　2.5 维有限元−薄层单元耦合模型

李佳等[125]用 2.5 维有限元−无限元结合的方法，在文献[121−122]的基础上，通过伽辽金法（虚功原理）推导出横观各向同性 2.5 维有限元波动方程在频域波数域内的积分方程，表达式如下：

$$\int_u \delta \bar{u} \left(C_{11} \frac{\partial \bar{u}}{\partial x} \frac{\partial \delta \bar{u}}{\partial x} + C_{66} \frac{\partial \bar{u}}{\partial y} \frac{\partial \delta \bar{u}}{\partial y} + C_{44} \frac{\partial \bar{u}}{\partial z} \frac{\partial \delta \bar{u}}{\partial z} + \right.$$

$$C_{66} \frac{\partial \bar{v}}{\partial x} \frac{\partial \delta \bar{u}}{\partial y} + C_{12} \frac{\partial \bar{v}}{\partial y} \frac{\partial \delta \bar{u}}{\partial x} + C_{13} \frac{\partial \bar{w}}{\partial z} \frac{\partial \delta \bar{u}}{\partial x} +$$

$$\left. C_{44} \frac{\partial \bar{w}}{\partial x} \frac{\partial \delta \bar{u}}{\partial z} + \rho \omega^2 \bar{u} \right) \mathrm{d}u + \int_s \delta \bar{u} \overline{f_x} \mathrm{d}s = 0$$

$$\int_v \delta \bar{v} \left(C_{66} \frac{\partial \bar{u}}{\partial y} \frac{\partial \delta \bar{v}}{\partial x} + C_{12} \frac{\partial \bar{u}}{\partial x} \frac{\partial \delta \bar{v}}{\partial y} + C_{66} \frac{\partial \bar{v}}{\partial x} \frac{\partial \delta v}{\partial x} + \right.$$

$$C_{11} \frac{\partial \bar{v}}{\partial y} \frac{\partial \delta \bar{v}}{\partial y} + C_{44} \frac{\partial \bar{v}}{\partial z} \frac{\partial \delta \bar{v}}{\partial z} + C_{13} \frac{\partial \bar{w}}{\partial z} \frac{\partial \delta \bar{v}}{\partial y} + \tag{2-1}$$

$$\left. C_{44} \frac{\partial \bar{w}}{\partial y} \frac{\partial \delta \bar{v}}{\partial z} + \rho \omega^2 \bar{v} \right) \mathrm{d}v + \int_s \delta \bar{u} \overline{f_y} \mathrm{d}s = 0$$

$$\int_w \delta \bar{w} \left(C_{13} \frac{\partial \bar{u}}{\partial x} \frac{\partial \delta \bar{w}}{\partial z} + C_{44} \frac{\partial \bar{u}}{\partial z} \frac{\partial \delta \bar{w}}{\partial x} + C_{44} \frac{\partial \bar{v}}{\partial z} \frac{\partial \delta \bar{w}}{\partial y} + \right.$$

$$C_{13} \frac{\partial \bar{v}}{\partial y} \frac{\partial \delta \bar{w}}{\partial z} + C_{44} \frac{\partial \bar{w}}{\partial x} \frac{\partial \delta \bar{w}}{\partial x} + C_{44} \frac{\partial \bar{w}}{\partial y} \frac{\partial \delta \bar{w}}{\partial y} +$$

$$\left. C_{33} \frac{\partial \bar{w}}{\partial z} \frac{\partial \delta \bar{w}}{\partial z} + \rho \omega^2 \bar{w} \right) \mathrm{d}w + \int_s \delta \bar{w} \overline{f_z} \mathrm{d}s = 0$$

其中，$\delta \bar{u}$、$\delta \bar{u}$、$\delta \bar{w}$分别是x、y、z方向的虚位移。

采用八节点等参单元离散，可得到矩阵形式频域波数域内的离散方程：

$$(\bar{K} - \omega \bar{M}) \bar{U} = \bar{F} \tag{2-2}$$

其中，$\bar{K}$、$\bar{M}$和$\bar{F}$分别为刚度矩阵、质量矩阵和外力矢量。

通过分析北京和上海两地列车运行时的地基振动响应情况，探究应力波在硬土层和软土层中传播的区别，分析了横观各向土体的滤波作用，指出应力波在软土层中传播消耗的能量大于硬土层，且列车运行引起的地面振动会出现反弹增大现象。

曾二贤[126]在边学成研究模型[122]的基础上，分别建立了铁路列车动荷载下轨道-路堤-地基模型、浅埋地铁列车动荷载作用下的轨道-隧道结构-地基模型，利用2.5维有限元法，计算分析了应力波在地表和地基内部的传播规律和动应力分布规律，对铁路列车和地铁列车运行产生的软土地基长期沉降规律进行了分析预测。结果表明，列车高速运行时，路堤刚度增加能有效减小周围地基动应力，从而降低地基长期沉降；列车低速运行时，路堤刚度对地基长期沉降的影响不明显。

François等[127]建立了2.5维有限元-边界元结合模型，将路基结构用2.5维有限元模拟，以无限半空间的边界元模拟周围土体格林函数的规则化边界积分方程，通过接触面上力的平衡模拟有限元-边界元的接触面，如图2-4所示。而后使用此模型计算分析了铁路列车和地铁列车运行时的地基动力响应问题[128]。

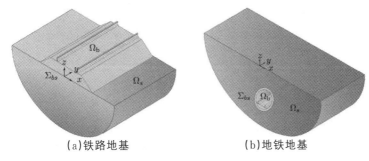

(a)铁路地基　　　　　(b)地铁地基

图2-4　2.5维有限元-边界元耦合模型

冯青松等[129]利用车辆-轨道-路基-地基耦合系统垂向振动解析模型，完善了铁路列车2.5维有限元-边界元耦合模型，将车辆-轨道耦合振动的影响考虑在内，有效模拟了铁路列车运行时钢轨、轨枕、路基、扣件、道砟和地基等系统各部分的动力响应，另外结合不平顺功率谱密度，提出地基振动功率谱的计算方法，推导出地基振动的垂向位移功率谱$P_w(x,y,z,f)$、振动速度功率谱$P_{\dot w}(x,y,z,f)$、振动加速度功率谱$P_{\ddot w}(x,y,z,f)$，分别如下：

$$P_w(x,y,z,f) = \frac{1}{c^2}\left| S_p(f;0) \right|^2 \left| \tilde w\left(-\frac{2\pi f}{c},y,z\right) \right|^2$$
$$+ \frac{1}{2\pi c^2}\sum_{k=1}^{\infty}\left[\left| S_p(f;\Omega_k)\right|^2 \left| \tilde w\left(\beta_k-\frac{2\pi f}{c},y,z\right)\right|^2\right.$$
$$\left. + \left| S_p(f;-\Omega_k)\right|^2 \left| \tilde w\left(-\beta_k-\frac{2\pi f}{c},y,z\right)\right|^2\right]P_z(\beta_k)\Delta\beta \tag{2-3}$$

$$P_{\dot w}(x,y,z,f) = (2\pi f)^2 P_w(x,y,z,f)$$
$$P_{\ddot w}(x,y,z,f) = (2\pi f)^4 P_w(x,y,z,f)$$

他们仅提出了计算方法并证实了方法的可靠合理性，并未深入探究不平顺条件对铁路地基动力响应的具体影响。

陈功奇等[130]推导了列车荷载简化解析表达式，采用2.5维有限元法分析了轨道不平顺因素对列车振动的影响，并计算分析了不同列车运行速度下不平顺幅值和波长对层状地基的影响。研究发现，考虑不平顺条件后的计算响应值与解析解符合较好，轨道不平顺条件对列车振动响应影响较大。陈功奇[131]还改进完善了此方法，结合实测数据的时频分析，推导了不平顺条件下铁路列车运行引起的荷载解析表达，研究了不平顺幅值、波长以及车速对动态轮轨力的影响，使之更加符合列车运行实际情况，提供了良好的列车振动响应理论预测方法。结果表明，不平顺条件一定时，列车速度与动态轮轨力呈线性增长关系；列车速度一定时，不平顺幅值和波长的增大均能引起轮轨作用力和地基振动加速度增大，增大地基振动响应。

列车运行对邻近建筑物的影响分析更复杂、运算量更大，现有研究较为缺乏，2.5维有限元法的兴起与工程运用为较好地解决这一问题提供了有效快捷的方法。Lopes等[132]采用2.5维有限元复合模型，将地铁隧道及附加地基土用2.5维有限元单元模拟，利用2.5维完全匹配层单元模拟边界条件，较好地模拟了地铁列车运行对邻近建筑物的影响，模型如图2-5所示。Paulo等[133]将基本解法与2.5维有限元法结合，引入无网格技术计算地铁列车振动响应问题，大大提高了计算速度与准确率，其结果与半解析解及Lopes等[132]的计算值符合良好。

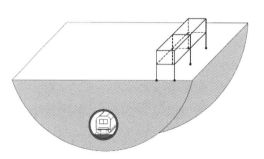

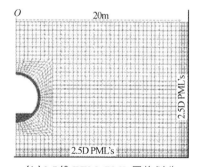

(a)隧道邻近建筑物几何模型　　　　(b)2.5维FEM-PML网格划分

图2-5　隧道邻近建筑物的2.5维FEM-PML计算模型

以上关于2.5维有限元法在弹性土地基中的列车运营动力响应研究，主要集中在铁路列车方面，而对应的地铁列车动力响应问题则相对缺乏。已有研究大多仅考虑单个列车振动响应，较少有关于列车运行对邻近建筑物影响的分析，并未出现邻近地铁振动及隔振研究。此外，目前大部分研究对列车荷载做了较大简化，并未考虑轨道不平顺的影响，与实际列车运行情况还有一定差距。

2.1.2 弹性土地基中的列车隔振研究

轨道交通引发的振动响应问题日渐被关注，不少学者开展了列车隔振研究，为隔振屏障设计及工程项目实施提供理论指导。2.5维有限元法由于快速简单，在复杂的列车隔振研究方面得到了应用，极大地提高了计算效率。国内外学者在弹性土地基中的列车隔振研究主要如下。

Sheng等[134]专门针对列车运行引起的动力响应问题开发了一种2.5维有限元-边界元结合模型，分别计算模拟了三种不同类型的工程实例：①铁路列车运行引起的环境振动；②隔振栏的隔振效果；③地铁列车运行引起的环境振动。书中对隔振栏宽度与隔振效果的影响进行了分析计算，其2.5维有限元-边界元模型如图2-6所示。研究表明，隔振栏宽度越大，整体隔振效果越好，但这并未考虑隔振栏深度对隔振效果的影响。Thompson等[134]基于上述研究方法改进研究对象，主要考虑两种隔振栏设置方式：路基补强形式（将隔振栏直接设置在轨道下方），如图2-7（a）所示；将隔振栏设置在列车轨道下方一定深度处，如图2-7（b）所示。比较两者隔振效果后得出，影响隔振栏隔振效果的主要因素在于地基下卧层的软土层深度，与隔振栏设置位置无关。同时，Thompson等[134]对地基下卧第一层软土层深度、隔振栏厚度对隔振影响效果进行了计算分析。研究表明，第一层软土层深度越大，隔振栏隔振效果越明显，而对于轨道地基下卧第一层为硬土的地基，隔振栏隔振效果几乎为零；隔振栏厚度越大，隔振效果越好。

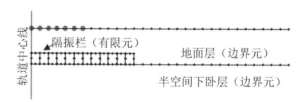

图 2-6 隔振栏的2.5维有限元–边界元模型

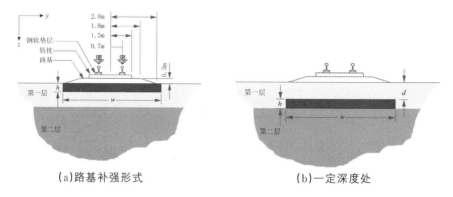

(a)路基补强形式   (b)一定深度处

图2-7 隔振栏设置示意

Huang 等[135]在文献[117—118]的基础上，给图 2-2（a）模型加入隔振措施，利用2.5维有限元–无限元法计算分析铁路列车在亚临界和临界速度时，瑞利波在地基中的传播对隔振效果的影响。分别对空沟、填充沟、隔振栏三种隔振措施的隔振效果进行对比，如图 2-8 所示。结果表明，移动荷载以超临界车速运行时，三种隔振措施的隔振效果均比亚临界车速运行时效果好；列车高速运行时，空沟的隔振效果比填充沟隔振效果更优，而隔振栏的隔振效果仅在地基剪切波长与其自身波长相接近时或频率低于地层截止频率时较为有效。胡婷[136]在文献[117]和文献[121]基础上，采用结合薄层单元的2.5维有限元法建立了轨道–路堤–地基相互作用模型，对隔振措施与轨道中心线间的距离、自身入土深度、宽度、厚度、阻尼系数、剪切模量等进行了较为详细全面的参数分析，提出达到一定沟深时，空沟隔振效果最好。

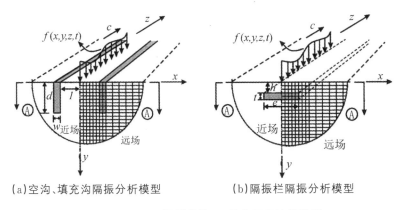

（a）空沟、填充沟隔振分析模型　　　　　（b）隔振栏隔振分析模型

图2-8　不同隔振措施的2.5维有限元计算模型

陈功奇等[137]建立了适应2.5维有限元的列车-轨道-地基-填充沟屏障相互作用模型。填充沟的存在使地基不均匀，故须将填充沟视为地基中的异质体，推导出含异质体的弹性半空间2.5维有限元表达式。以单车轮为研究对象，分析铁路列车在低速和高速运行时，不平顺移动荷载作用下填充沟的隔振效果，得出车速高、沟宽及沟深大、距离轨道近、采用非刚性填充料均能提高填充沟的隔振性能。Barbosa等[138]进一步研究了材料参数对隔振沟的隔振效果影响，建立2.5维有限元-边界元耦合模型，分别模拟计算了无隔振措施、空沟隔振、混凝土填充沟隔振、土工泡沫填充沟隔振时，列车运行产生的地基土振动，并对3m和6m深度的隔振沟隔振效果进行比较分析。结果表明，6m深度隔振沟的隔振效果优于3m深度隔振沟，并且混凝土填充沟、空沟的隔振措施较土工泡沫隔振沟更见隔振成效。

金皖锋[115]以文献[122]的2.5维有限元振动研究为基础，将2.5维有限元法引入多层阻尼边界，以四分之一车体模型模拟轮轨接触力，模拟了地铁列车引起的地基振动情况，并建立了如图2-9所示的2.5维浮置板轨道计算模型以评估浮置板的减振效果；计算分析了浮置板轨道的减振特性，并进一步对土层和隧道结构、浮置板轨道、轨道不平顺对浮置板轨道减振效果的影响进行了详细的参数分析。结果表明，浮置板轨道对地铁运行有良好的减振作用，在不平顺引起的高频振动响应部分效果显著；列车速度越大，浮置板减振效果越好，但并未进行实测数据对比验证。

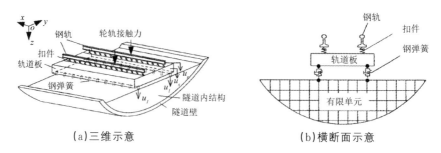

（a）三维示意   （b）横断面示意

图 2-9　地铁隧道中浮置板模型

Huang 等[139]在文献[119]的基础上考虑浮置板轨道不平顺和浮置板对列车轨道系统隔振的影响，进一步结合北京地铁工程实例，提出浮置板的安装可以有效降低由列车轨道不平顺产生的地基振动响应。

列车隔振研究建立在动力响应问题分析的基础上，目前通过 2.5 维有限元分析列车振动响应的研究成果仍较为局限，其隔振研究主要集中在铁路列车，地铁列车分析较少，且局限在浮置板轨道隔振，并未涉及其他隔振屏障对地铁列车隔振的有效性分析，有待进一步深入研究。

2.2　饱和土地基中的 2.5 维有限元法原理

2.2.1　饱和土地基中的列车振动研究

Gao 等[140-142]从饱和土的 Biot 波动方程出发，推导了 u-p（土骨架位移-孔隙水压力）和 u-w（土骨架位移-孔隙流体与土骨架位移）2.5 维有限元方程，并以此为基础建立计算分析模型，研究铁路列车荷载下多层饱和地基的动力响应问题。详细分析车速、孔隙水压力、荷载-轨道中心距离等因素对地基振动的影响，同时提出饱和土体动力渗透系数、孔隙率、剪切波数和土骨架密度与地表位移幅值有较大关联。其后续研究以文献[125]和文献[141-143]为基础，针对频域地基波动方程进行常规 u-p 格式有限元推导，另外考虑外行 SH 波、SV 波和 P 波，得出一种基于 2.5 维有限元法的横观各向同性饱和土地基的动力黏弹性人工边界，并以此模拟有限元边界，计算分析横观各向同性饱和土地基动力响应问题，效果较为良好。

李绍毅等[143]基于Biot饱和多孔介质理论，用2.5维有限元方程建立了饱和路基分析模型。着重研究铁路列车运行速度、地基土渗透系数和路基孔隙率对地基孔隙水压力和地面振动响应的影响。研究发现，车速较低时，饱和土地基受孔隙水压力的影响，其地面竖向振幅小于弹性地基；车速较高时，饱和土地基中孔隙水压力急剧增加，对地面振动响应较大。李绍毅等[144]推导了非饱和土地基2.5维有限元方程，分析了非饱和土地基动力响应问题，提出地基饱和度变化会引起孔隙水压力、孔隙气压力产生较大变化，是影响地面振动的基本因素之一。

袁宗浩等[145]运用2.5维有限元法建立了衬砌-饱和土地基模型，计算分析地铁列车荷载作用下轨道系统及饱和土体动力响应问题；通过伽辽金法和傅里叶变换推导了隧道周围饱和土体的2.5维有限元控制方程及黏弹性人工边界，2.5维有限元模型如图2-10所示；以简谐荷载模拟轨道不平顺，建立地铁浮置板轨道-衬砌-饱和土体的耦合模型，如图2-11所示；结合解析法，计算模拟了地铁列车运行时，地基动应力响应与荷载移动速度、自振频率之间的关系。结果表明，地铁列车动荷载产生的土体振动响应最大值出现在荷载正上方，且其空间衰减率恒定；移动简谐荷载较移动常荷载会产生更大的地基土振动。

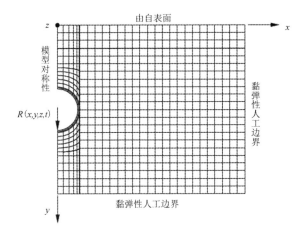

图2-10　2.5维有限元模型

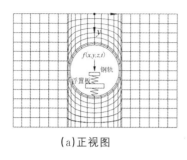 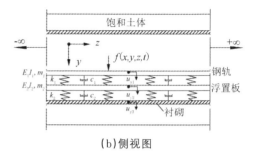

(a)正视图　　　　　　　　　　　　(b)侧视图

图2-11　浮置板轨道结构

以上成果可以看出，2.5维有限元法在饱和土地基上的动力响应问题研究与相应弹性土地基上的研究相比，仍较为缺乏，针对非饱和土地基的研究更是处于起步阶段，有待进一步改进和完善。研究对象仍较多针对铁路列车，对地铁列车动力响应问题的研究探讨较少。

2.2.2　饱和土地基中的列车隔振研究

高广运等[146]推导出 u-p 格式的2.5维有限元方程，分析了列车低速和高速运行条件下饱和土地基中不同隔振措施（空沟、填充沟、隔振栏）的隔振效果，并将其计算结果与弹性土地基中的隔振效果进行对比分析。含隔振措施的有限元模型如图2-12所示。研究表明，在相同条件下，隔振栏在饱和土中会表现出比弹性土中更好的隔振效果。列车低速运行时，设置空沟基本无隔振效果，填充沟在一定范围内有隔振效果，隔振栏的隔振效果最好；列车高速运行时，空沟仅在较大沟宽和较深沟深条件下才能达到较好隔振效果，填充沟和隔振栏则只需较小尺寸就能达到较为理想的隔振效果。

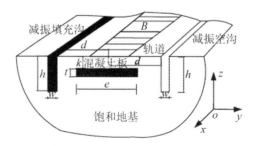

图2-12　列车-轨道-隔振屏障的有限元模型

袁万等[147]基于Biot饱和多孔介质理论，推导出u-w格式的饱和土地基2.5维有限元方程及黏弹性人工边界，分析了饱和土体中的空沟隔振性能，含空沟隔振措施的2.5维有限元模型如图2-13所示。他们分三种算例（均质饱和土地基、分层饱和土地基、上覆单相弹性层饱和土地基）计算研究了饱和土中的空沟隔振效果。研究表明，饱和土地基中空沟的隔振效果与空沟自身深度、地基成层土体的分界面以及土体参数、波在不同土体分界面上的透射和反射均密切相关；并指出饱和土地基中上覆弹性层厚度增加能有效提高空沟的隔振性能。

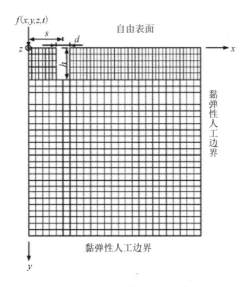

图2-13 空沟隔振有限元模型

2.3 地铁轨道与地基模型

2.3.1 地基的2.5维有限元表达式

根据Navier方程，三维土体的动力方程在频域中可表示为：

$$\mu^c u^t_{i,jj} + (\lambda^c + \mu^c) u^t_{j,ji} + \omega^2 \rho u^t_i + f^t_i = 0 \qquad (2\text{-}4)$$

其中，λ^c、μ^c为复系数的拉梅（Lamé）常数，$\lambda^c = (1+2i\beta)\lambda$，$\mu^c = (1+$

$2i\beta)\mu$，β 为土体阻尼系数。

对公式（2-4）在列车运行方向进行波数变换，运用虚功原理可得：

$$\int_S \delta\varepsilon'^* \sigma' dS = \int_S \omega^2 \rho \delta u'^* u' dS + \int_S \delta u'^* f' dS \tag{2-5}$$

其中，$\delta u'^*$ 为假想位移，$\delta\varepsilon'^*$ 为与假想位移相对应的假想应变，*表示共轭复数。引入形函数 N 后，即可得到在频域中的离散方程：

$$(K - \omega^2 M)U = F \tag{2-6}$$

其中，K、F、M 分别为刚度矩阵、等效节点力矢量和质量矩阵；$|J|$ 为雅可比（Jocobi）矩阵；D 和 B 分别为弹性矩阵和应变矩阵。

$$M = \sum_e \rho^e \iint N^T N |J| d\eta d\zeta \tag{2-7}$$

$$K = \sum_e \iint (B^*N)^T D(BN)|J| d\eta d\zeta \tag{2-8}$$

$$F = \sum_e \iint N^T f |J| d\eta d\zeta \tag{2-9}$$

2.3.2 列车荷载的频域-波数域表达式

地铁列车荷载由列车本身的荷载组成，如图2-14所示。

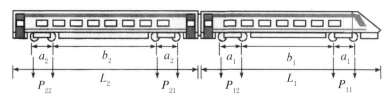

图2-14 列车荷载模型

列车本身荷载经轨道方向和时间的傅里叶变换后，得到列车荷载频域波数域，表达如下：

$$\tilde{f}(k,\omega) = 2\pi(\omega - 2\pi f_0 - kc)\chi(k) \tag{2-10}$$

$$\chi(k) = \sum_1^{N_T} P_n \left[1 + e^{iw_a k} + e^{i(w_a + w_b)k} + e^{i(2w_a + w_b)k}\right] e^{ik\left(\sum_{s=0}^{N_T-1} L_S - L_D\right)} \tag{2-11}$$

其中，N_T 为列车车体数量，δ 为狄拉克（Dirac）函数，c 为地铁列车运行速度，f_0为荷载自振频率，L_S为列车长度（包括机车长度L_E和普通车体长度L_C），P_n为地铁列车的轴重（包括机车轴重P_E和普通车轴重P_C），w_b为第二组和第三组轮对之间的距离，w_a为相邻两组轮对之间的距离，L_D为列车荷载到观察点之间的距离。

2.3.3　模型边界处理

在半无限弹性土地基动力问题研究中，如果在静荷载作用下简单设置人工边界条件，很难得到精确的数值模拟结果，有限元条件下的单元数量和大小均有限，无法模拟真实地基情况。这里使用与频率相关的黏壶单元来建立传输边界模拟无限地基[122]，如图2-15所示。该黏壶单元相关系数取决于半无限地基的材料特性，单元节点上的变形速率与外加集中力关系式如下：

$$f_j = k_j \dot{u}_j, \quad j = x, y, z \tag{2-12}$$

频率可表示为：

$$f_j^t = -i\omega k_j u_j^t, \quad j = x, y, z \tag{2-13}$$

其中，

$$k_x = k_y = \rho v_s, \quad k_z = \rho v_p \tag{2-14}$$

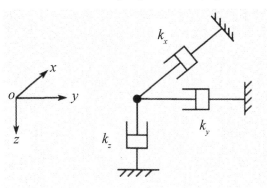

图2-15　边界条件

2.4 点荷载下的模型验证

为了验证 2.5 维有限元地基模型与计算程序的准确性，这里选取与 Eason[148]相同的均匀弹性半空间地基参数，将分析所得结果与 Eason 解析结果作对比。移动点荷载验证模型示意如图 2-16 所示，模型采用 20m 厚的均匀弹性土层，其下方为刚性地基。该土层密度为 2000kg/m³，阻尼比为 0.01，泊松比为 0.25，土体剪切波速为 100m/s。地面作用着沿 x 轴方向 70m/s 移动的点荷载，观察点位于地面荷载作用下方 1m 处。最终计算结果乘以 $2\pi\rho V_s/P$ 进行归一化，本书数值模拟结果与 Eason 解析结果对比如图 2-17 所示，图 2-17（a）为观测点水平位移响应情况，图 2-17（b）为观测点竖向位移响应情况，可以看到，本书数值模拟结果与 Eason 解析结果吻合良好。

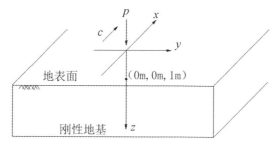

图 2-16 点荷载验证模型

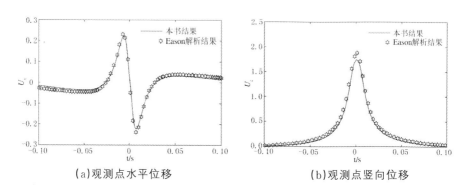

（a）观测点水平位移   （b）观测点竖向位移

图 2-17 移动点荷载下方 1m 处的地基振动位移

2.5 列车荷载下的模型验证

以往 2.5 维有限元法计算列车荷载产生的振动响应研究往往把轨道系统简化为铺设在道床上的复合 Euler 梁进行分析。本节首次建立 2.5 维实际轨道模型的有限元模型，并对模型赋值实际钢轨的动力学物理参数。为了验证地铁列车–轨道系统–地基土体耦合模型的准确性，建立与边学成[149]相同的地铁列车荷载下的分层地基模型，如图 2-18 所示。隧道系统和地基模型的物理参数见表 2-1，模型尺寸为 25m×100m，下方刚性地基上有 4 层土体，地铁隧道埋深为 11.5m，内外半径分别为 2.15m 和 2.65m，采用三角形有限单元划分后总节点数为 2438，单元数为 4235，模型两侧 10m 范围内各设置 20% 的阻尼比以减少边界反射波影响。隧道局部和钢轨有限元模型如图 2-19 所示，列车荷载直接作用在钢轨上，钢轨轨距采用标准宽度 1435mm。观察点位于图中坐标（0m，20m）处。列车荷载模型与节中一致，车速 $c=17.5$m/s，平稳移动自振频率为 0，每节车体长度 $L=16$m，同节车体轮轴间隔为 $w_a=1.9$m，$w_b=9.1$m，每节车体重 25t。设地铁列车轮轴荷载到达观察点所在地基竖向平面的时刻为 0。

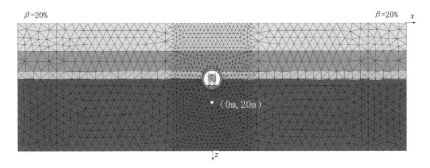

图 2-18　地铁荷载验证整体地基模型

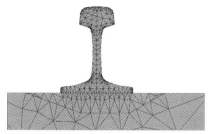

（a)隧道局部模型　　　　　　　　　（a)钢轨局部模型

图 2-19　地铁荷载验证局部模型

表 2-1　隧道系统与分层地基参数

材料	层厚 H/m	剪切波速 V_s/（m·s⁻¹）	密度 ρ/（kg·m⁻³）	泊松比 υ	阻尼比 β/%
衬砌	0.25	3500	2300	0.167	0.5
钢轨	—	3200	7830	0.300	1.0
土体第1层	7.00	125	1420	0.485	5.0
土体第2层	5.00	380	2000	0.485	3.3
土体第3层	2.00	470	1800	0.478	2.0
土体第4层	11.00	500	2000	0.458	2.0

本章数值结果与边学成数值结果的对比如图 2-20 所示，考虑到对荷载-轨道相互作用的计算方法不同，两者计算结果存在峰值差异。边学成[149]采用 Eulel 梁理论进行模拟计算，而本章建立了实际钢轨模型，列车荷载直接作用在钢轨有限元模型上，故所得加速度峰值较边学成结果偏大。本章数值结果与边学成数值结果趋势基本相同，且数量级一致，可以验证本章数值模型与计算程序的准确性。

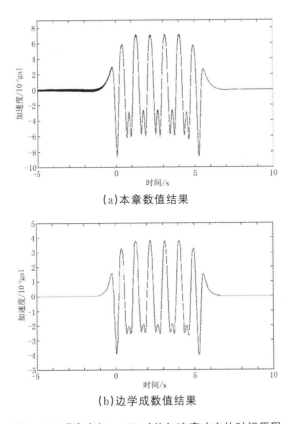

(a)本章数值结果

(b)边学成数值结果

图2-20　观察点(0m，20m)处加速度响应的时间历程

2.6　本章小结

本章为验证数值模型和计算程序的准确性进行了数值模拟分析，结论如下。

（1）受列车运营条件、轨道-地基结构、土质情况等条件限制，传统的解析方法运算时间长、运算效率低，2.5维有限元法应运而生。将三维模型变成二维模型，利用傅里叶变换和逆变换后，极大减少了运算时间，提高了计算效率。

（2）利用地基2.5维有限元表达式和列车荷载频域-波数表达式模拟无限

地基，在假定条件下，先沿列车轨道方向进行波数离散，再对时间进行傅里叶变换和时域-波数域转换，然后进行数值计算，最终通过傅里叶逆变换回到时间域，获得指定解。

（3）建立与Eason[148]相同的地基参数模型，地表作用70m/s移动的点荷载，观察点位于地面荷载作用下方1m处，数值模拟结果与计算解析结果一致，证明了2.5维有限元地基模型和计算程序的准确性。

（4）基于2.5维有限元法建立盾构隧道模型，并带入实际隧道和地基的物理参数，将本章数值模拟结果与边学成数值结果进行对比，加速度变化趋势基本相同，且数量级一致，验证了本章数值模型和计算程序的准确性。

第3章
CHAPTER 3

地铁运营引起的轨道系统振动及隔振研究

杭州地铁1号线于2012年建成通车，但杭州地铁的区间盾构管片多坐落在软弱的第四纪软土地层中，该土层地质天然含水量大、压缩性高、承载力低，列车运营时产生的振动对区间隧道本身、周边地基土及建（构）筑物会产生明显影响。由于杭州各地域土层分布差别较大，地铁振动引起的动力响应及周边环境施工的影响扰动不尽相同，因此地铁运营引起的振动响应特征及其长期的变形规律较为复杂，表现出较强的地域性。超出振动变形控制值会造成铁轨平顺性变差，日积月累可能会引发列车脱轨，同时隧道变形过大会产生漏水、漏砂甚至坍塌等情况发生，严重威胁城市地下轨道交通安全运营。

为了确保地铁运营长期安全稳定，促进城市地下轨道交通平稳快速发展，有必要对地铁运营引发的地基及轨道系统振动特性进行深入研究，进一步为实际工程提供振动预测和分析。本章利用2.5维有限元法建立平行双线地铁隧道-轨道系统-地基土体耦合分析模型，以杭州地铁1号线为工程实例，考察地铁运营时钢轨、道床、衬砌和地基土的振动特性，通过参数化分析，明确隧道埋深、土层性质、两区间隧道相对位置关系、地铁运营速度、地铁载重情况等重要参数对动力响应的影响。分析结果有利于保证地铁运营的稳定性、评估地铁运营的环境影响，研究结果可供今后相关科研及工程实施参考。

3.1 计算模型及参数设置

本书首次采用双线地铁隧道2.5维有限元模型模拟列车振动，更加贴近实际工程。隧道系统、地基模型和地铁列车的相关物理参数依据杭州地铁1号线选取，材料参数见表3-1。地铁列车由首尾两节拖车和中间四节动车组成，荷载按一般情况的载客量确定，尺寸荷载参数见表3-2。

表3-1 隧道系统与地基参数

材料	剪切波速 V_s/（m·s^{-1}）	密度 ρ/（kg·m^{-3}）	泊松比 υ	阻尼比 β/%
土层	80	1800	0.25	0.05
钢轨	3200	7830	0.30	0.01
衬砌	2500	2500	0.15	0.02

表3-2 地铁列车尺寸及荷载参数

拖车重量/t	动车重量/t	w_a/m	w_b/m	L_E/m	L_C/m
44.56	49.76	2.30	10.30	20.23	19.00

本节的计算模型如图3-1所示。整体模型尺寸为32m×100m，采用均一弹性土模拟，下方为刚性地基。地铁隧道埋深为10m，内外半径分别为2.75m和3.1m，两隧道中心距为15m。采用三角形有限单元划分后总节点数为2511，单元数为4370，模型两侧10m范围内仍各设置20%的阻尼比以减少边界反射波影响。隧道局部和钢轨的有限元模型如图3-2所示，列车荷载直接作用在钢轨上，钢轨轨距采用的标准为1435mm。共设置六个动力响应观察点，在地面上设置三个点，分别距中心线为0m，7.5m（隧道正上方）和15m（见图3-1），其他三个观察点分别设置在左侧隧道的道床、钢轨、衬砌上（见图3-2），由对称性知，右侧隧道振动情况与左侧隧道振动情况相同，故不另设观察点。分析中均考虑振动响应最大的两列地铁同时运营的工况，车速为地铁正常运营时的速度20m/s。

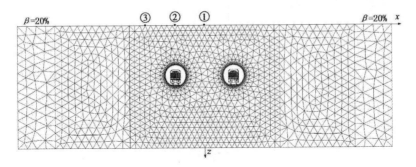

图 3-1　双线隧道整体地基模型

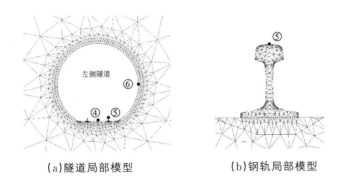

（a）隧道局部模型　　　　　　（b）钢轨局部模型

图 3-2　观察点局部示意

　　在土动力学相关研究中，环境振动响应水平普遍采用振动强度 L（单位为 dB）表示，见公式（3-1）：

$$L = 20\log\frac{U}{U_0} \tag{3-1}$$

其中，U 代表某时刻计算所得的振动响应幅值，U_0 代表参考系数。公式中的振动响应幅值可用观察点处的振动位移、速度、加速度来表示。速度、加速度相比地基土体位移，对人体、建筑物、精密仪器等感知更为明显[140]，且振动位移影响相对较弱，故计算的振动水平主要以速度响应表示。振动速度响应参考系数为 10^{-8}m/s。

3.2 地基及轨道加速度响应时程

地铁移动荷载作用下六个观察点的竖向加速度响应时程如图 3-3 所示。设地铁轮轴荷载到达观察点所在地基竖向平面的时刻为 0。观察点⑤是左侧隧道靠近两隧道中心线一侧钢轨的受力点，观察点①位于两隧道中心线上，观察点②位于左侧隧道正上方，观察点③是距离荷载作用最远的点。由图 3-3 可得，隧道附近观察点动力响应波形与地面位置动力响应波形差别很大，隧道附近观察点振动强度远大于地表观察点，且隧道系统上的三个观察点虽然相隔很近，但加速度时程波形差别依然较大，加速度峰值也不在同一个量级，加速度响应幅值随着距离钢轨（荷载作用位置）空间距离的增大而减小；地面处三个观察点由于都处于地铁线路上方近距离范围内，加速度响应幅值变化较小，具体地表振动强度随空间距离变化见第 3.3 节参数分析。

本节列车运行速度为 20m/s，远小于地基中波的传播速度 80m/s（见表 3-1 土层剪切波速），地基中振动传播造成的变形与静荷载（地铁列车自重与载重）引起的土体变形很小，故车辆轴重引发的准静态变形是引起地基土变形的主要原因，地面上的各个观察点的变形主要由列车的静荷载引起，故在加速度时程波形图中，地面观察点中的列车荷载轮轴分布相比隧道系统中的轮轴分布并无较大体现，而道床（观察点④）、钢轨（观察点⑤）、衬砌（观察点⑥）的车辆轮轴分布则十分明显，和图 3-3 所示。

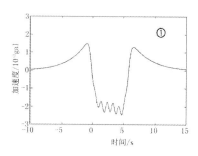 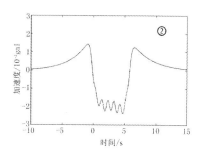

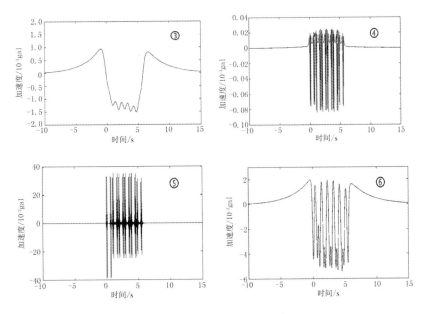

图 3-3　双线地铁列车振动加速度时程

3.3　地面振动响应的参数化分析

3.3.1　地铁隧道埋深影响

　　为分析隧道埋深对地铁运行荷载引起振动响应的影响，本节选取 $h=$ 10m，15m，20m 三种隧道埋深工况，分别计算双线隧道均有列车通过时的地面振动速度响应在垂直列车移动方向（x 方向）的衰减情况，计算结果如图 3-4 所示。由图可知，在两列地铁列车移动荷载作用下，不同隧道埋深的地表竖向振动速度响应幅值均出现在 $x=0$m 处，即两隧道中心线的地表处，单个隧道中心线位于 $x=7.5$m 处。地铁线路正上方近距离范围内振动强度最大，衰减较为平缓，振动水平基本保持恒定。随着空间距离的增大，地面竖向振动强度下降更为明显，且衰减率趋于稳定，远场区域的振动水平已衰减到安全水平，可以不考虑减振措施。在 $x \leqslant 36$m 的范围内，三种工况的地面振动随埋深减小而增大，两隧道中心地表处表现差异最明显，超过此范围后，h＝15m与h＝20m埋深的隧道地面振动强度逐渐趋于一致，前者振动强度略小于后者，而h＝10m埋深的隧道地面振动强度明显小于另外两种工况，这是因为埋深较浅的隧道振动水平衰减率更大。说明适当增大地铁隧道埋深，可以达到地表减振降噪的作用；而当隧道埋深较浅时，地铁线路附近区域应当采取一定的地表减振控制措施。

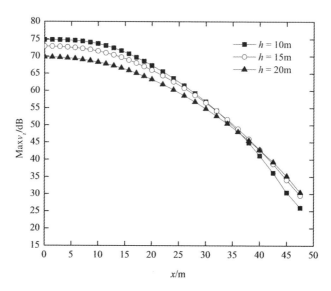

图3-4　不同隧道埋深下地面竖向振动速度响应衰减曲线

3.3.2　地基土体性质影响

本节分析地基土体性质对地铁运营动力响应的影响，主要考虑土体剪切波速对地表响应的影响，选取V_s＝50m/s，100m/s，150m/s三种不同的土体剪切波速，计算结果如图3-5所示。由图可知，竖向振动速度幅值均出现在x＝0m处，在不同土质剪切波速下，地表竖向振动速度衰减规律均表现一致，而振动幅值随剪切波速的增大而减小。这一现象可由土动力学中的土质剪切模量与剪切波速对应关系来解释，土体剪切波速增大，剪切模量相应增大，从而其刚度和阻尼增大，导致土体振幅减小，计算结果与实际规律相符合。由计算结果可以看出，当地铁隧道所在地层土体剪切波速变化为50m/s时，地面竖向振动强度变化幅值可达5dB以上，实际工程中土体剪切波速由几十到几百变化不等，应充分重视地铁线路周边城市人口密集地区的土质勘察，以确定是否需要设置减振措施。

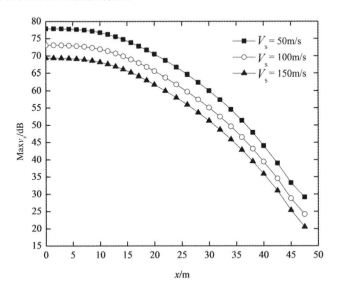

图 3-5　不同土体剪切波速下地表竖向速度衰减曲线

3.3.3　两平行区间隧道断面相对位置关系影响

为研究两平行区间隧道断面相对位置关系对地基中振动传播的影响，在地基纵断面上设置两隧道水平、竖直、45°角三种典型位置，如图3-6所示。其中，相对位置在上方的隧道埋深均为2.5D（D为单个隧道直径），两隧道间距均为2D，不同相对位置下两隧道中同时有列车通过时的地表振动速度衰减规律如图3-7所示。可以看出，对于不同的两平行区间隧道断面相对位置，地表竖向振动速度随空间位置变化衰减规律表现一致，峰值大小基本相近，且均在两隧道中心线地表处出现，说明隧道位置变化不影响线路正上方地表动力响应水平。当两隧道处于水平位置时，地表振动强度最大，竖直位置的区间运营隧道引起的地表振动强度最小，且衰减幅值较大。说明对两区间隧道设置适当的角度可以起到减振的作用。

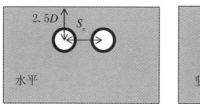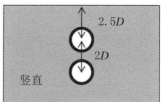

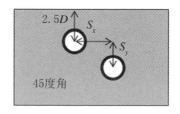

图 3-6　两平行区间隧道断面位置示意

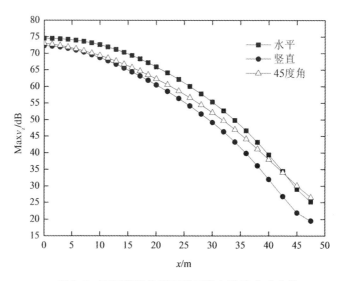

图 3-7　不同隧道位置下地面竖向速度衰减曲线

3.3.4　地铁运营速度影响

本节根据杭州地铁1号线实际地铁运营速度，研究地铁运营速度对地基中振动传播的影响。选取 $c=10\text{m/s}$，15m/s，20m/s 三种行车工况，不同地铁运营速度下地面竖向振动速度随空间位置衰减情况如图3-8所示，由此可得，随着速度的提高，地表振动强度随之增大，而不同车速下地面振动强度衰减规律一致，故车速对地面振动响应的影响主要体现在振动幅值上。但地铁实际运营速度在0～80km/h（约0～22m/s），由图中结果可知，在该速度范围行驶的地铁仍符合正常振动规律。原因是地铁运营速度远小于土体剪切波速，不会像高铁运营时那样，出现共振现象，相对较为安全。

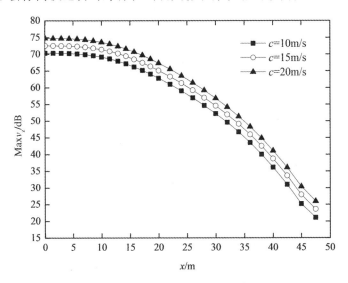

图3-8　不同车速下的地面竖向速度衰减曲线

3.3.5　地铁荷载影响

地铁在不同时段的载客量不同，为研究地铁不同载客状态对地基中振动传播的影响，本节参考杭州地铁实际运营情况，选取四种荷载工况进行分析，重量参数见表3-3。AW0表示列车空载状态，AW1表示座客荷载状态，AW2表示列车定员荷载状态（6人/m²），AW3表示列车超员荷载状态（9人/m²）。2.5维有限元数值计算结果如图3-9所示，地表动力响应衰减率基本不随地铁载重变化，而随地铁载客量增大，地基振动强度增大，AW0工况下地基振动强度最小，AW3工况下地基振动强度最大，两者振动强度差值最大可达5dB，可见地铁载客量对振动响应的影响不容忽视。地铁超载不仅影响到居民出行的质量，还会对地铁线路周边环境造成不良影响，建议城市轨道交通相关部门对高峰期地铁载客量进行必要的疏导和管理。

表3-3　地铁列车在载客状态下的重量

载客状态	拖车1		拖车2		列车	
	人数	重量/t	人数	重量/t	人数	重量/t
AW0	0	31.00	0	35.00	0	202.00
AW1	36	33.16	42	37.52	240	216.40
AW2	226	44.56	246	49.76	1436	288.16
AW3	321	50.26	348	55.88	2034	324.04

注：每位乘客重量按60kg计。

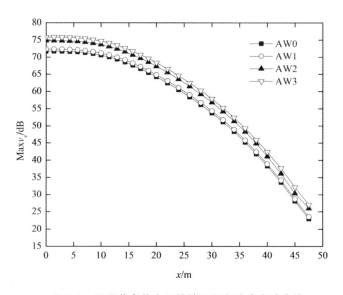

图3-9　不同载客状态下的地面竖向速度衰减曲线

3.4　隔振沟减振效果分析

振动早已是国际公认的七大环境公害之一，尤其是地铁建设发展迅速的今天，近距离多线、交叠隧道等日益复杂的地铁网络逐渐投入运营，这必然会产生更大的地基振动响应效应。地铁运营引发的地基振动研究及有效隔振措施的选用探讨，已引起广大学者、工程人员的高度重视，如何快速、准确地分析地铁运营引发的近距离隧道振动响应特征并提出有效隔振措施，已成为亟待解决的一大问题。

目前常用的列车振动隔振方法主要有设置屏障、无缝线路、采用重型钢轨、隔振型扣件、在轨道下方设置波阻板、采用浮置板道床等。屏障分连续隔振屏障和非连续隔振屏障，前者主要是隔振沟、钢筋混凝土墙、膨润土泥浆等，后者主要是混凝土排桩、孔列等。用2.5维有限元法研究列车振动，需要假定地基土在轨道方向的截面形状和材料具有连续一致性。本节主要对连续隔振屏障中的隔振沟进行减振有效性分析，在2.5维有限元模型中加入隔振沟进行模拟计算，与无隔振措施的数值结果进行对比，研究空沟、填充沟两种措施的减振效果，并对填充沟隔振效果进行参数化分析，为实际工程中隔振措施的选取提供一定理论参考。

3.4.1　计算模型及参数设置

2.5维有限元模型以第3.1节的模型为基础，模型尺寸为32m×100m，采用均一弹性土模拟，下方为刚性地基，计算模型如图3-10所示。地铁隧道埋深10m，内外半径分别为2.75m和3.1m，两隧道中心距为15m。模型两侧10m范围内仍然各设置20%的阻尼比以减少边界反射波影响。隔振沟设置在双线地铁线路两侧，沟中心线距相邻隧道中心线为12m，相距地铁线路中心线为19.5m，沟宽为1m，沟深为8.5m。隧道系统与地基参数、地铁尺寸及荷载参数均与第3.1节中一致。分析中均考虑振动响应最大的两列地铁同时运营的工况，车速为正常运营时的20m/s。这里考虑两种隔振沟，一种是空沟隔振，另一种是混凝土填充沟隔振，填充材料具体参数见表3-4。

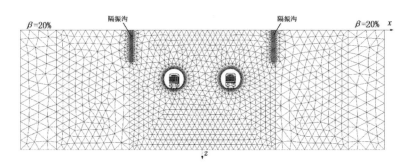

图 3-10　设置隔振沟的 2.5 维有限元模型

表 3-4　填充沟混凝土参数

材料	剪切波速 $V_s/$ (m·s^{-1})	密度$\rho/$ (kg·m^{-3})	泊松比 v	阻尼比 $\beta/\%$
混凝土	2500	2500	0.15	0.02

为深入分析隔振效果，引入 Woods[150] 提出的振幅衰减比 A_R 进行评价：

$$A_R = \frac{P_1}{P_2} \tag{3-2}$$

其中，P_1 为设置隔振措施后某一时刻计算点处的地表位移振幅，P_2 为无隔振时同一时刻同一位置的响应幅值。

3.4.2　隔振沟减振效果分析

采用不同隔振措施时，地面竖向动力响应的最大位移变化和最大竖向速度衰减如图 3-11 和图 3-12 所示。隔振沟宽为 1m，中心线位于 $x=19.5$m 处，沟边界分别位于 $x=19$m 和 $x=20$m 处。由图可知，不管是否设置隔振措施，地表竖向振动位移和速度振级最大值均出现在地铁线路中心地表处，且竖向振动速度振级相同，而地表土体位移在设置填充沟时有所减小，空沟则无明显变化。设置隔振沟前（即 $x<19$m 时），填充沟已有较为明显的隔振效果；

设置隔振沟时，与无隔振时的地表振动响应水平相近，出现振动放大区；设置隔振沟后（即 $x>20\text{m}$ 时），空沟隔振效果突然变好，竖向位移曲线与填充沟趋于一致，而振动强度则仍然与填充沟隔振相差较大，衰减情况与无隔振措施趋于一致。

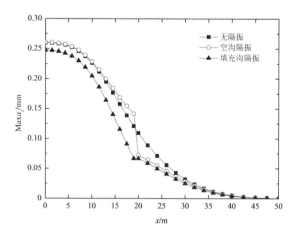

图 3-11　不同隔振措施下的地面竖向位移变化曲线

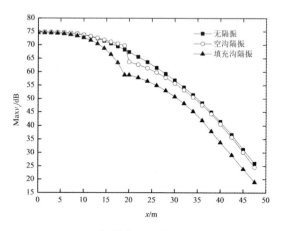

图 3-12　不同隔振措施下的地面竖向速度衰减曲线

空沟和填充沟隔振效果随空间位置变化曲线如图 3-13 所示。可以明显看出，空沟隔振效果在设置隔振沟后（$x>20\text{m}$）才能发挥作用，设置隔振沟隔振前（$x<19\text{m}$），A_R 值大于 1，存在振动放大现象；采用隔振沟时，建筑物等

建造要避免建造在沟前，最佳隔振区应位于沟后10m；填充隔振沟后，A_R值均小于1，在整个地基范围内均有隔振效果，且隔振沟附近区域隔振效果最好，最佳隔振区位于沟前5m至沟后10m范围内，总体隔振效果均明显优于空沟隔振。结合图3-11至图3-13，隔振沟沟后远场区域（$x>40m$），隔振沟隔振效果已减弱，但由于地基土体的滤波作用造成的振动衰减，该区域属于安全范围，振动影响较小，因此下文对沟后远场区域隔振效果不做详细分析。

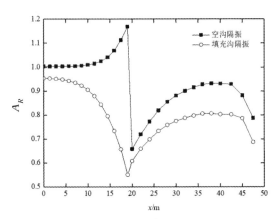

图3-13　隔振沟对地面竖向动力响应的隔振效果

3.5　填充沟隔振的参数化分析

3.5.1　填充沟深度影响

为探究填充沟深度对减振性能的影响，分别选取沟深为$d=5m$，8.5m，12m三种工况进行2.5维有限元数值模拟，填充沟中心线位于$x=19.5m$处。不同沟深下填充沟隔振效果随空间位置的变化情况见图3-14，可以看出，随着沟深增大，填充沟总体隔振效果变好。设置隔振沟前，随填充沟深度变化，振幅衰减比A_R随空间位置变化的规律基本一致，即距离填充沟中心越近，隔振效果越好；填充沟中心位置处振幅衰减最大，当沟深$d=12m$时，A_R在0.5以下，减弱了原本振动强度的50%以上，而沟深$d=5m$时，填充沟最大减振幅值也接近60%，说明填充沟在沟深较小时也能发挥较好的地基减振作用。设置隔振沟后，A_R值随沟深改变有所不同，但仍基本保持在小于1的范围内，沟后近场区域隔振效果随深度增大而增大，所计算工况中振幅衰减与A_R差值最大可达15%，隔振沟中心处差值最大在10%以上，说明增大填充沟沟深对地基减振效果改善明显。

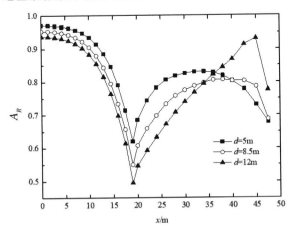

图3-14 不同深度下的填充沟隔振效果

另外，将中心线位置改为$x=8.5$m，再选取填充沟深度为$h=8$m，9m，10m，11m，12m五种工况，计算结果如图3-15所示。由图可知，填充沟的隔振效果体现在沟前与沟后近场范围，沟深对填充沟的减振效果影响大。随着沟深的增加，填充沟的隔振效果增大。填充沟在整个地基模型中都能起到隔振效果，但是仅沟后10m隔振效果较好，离轨道中心20m后隔振效果减弱。当沟体深度达到9m以上时，整体隔振效果减弱，距离轨道中心30m处，隔振效果进一步减弱，即填充沟深度因素的减振效果存在最大值，当填充沟深度达到9m时，减振效果最大，而沟深达到9m以上时，隔振最大效果减弱。故利用填充沟起隔振作用时，应综合考虑沟深和整体隔振效果，避免经济浪费。

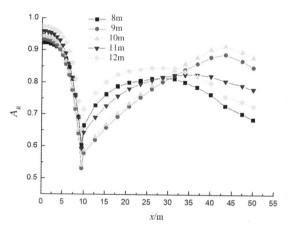

图 3-15　填充沟深度对隔振效果的影响

3.5.2　填充沟宽度影响

本节主要对填充沟宽度对隔振效果的影响进行 2.5 维有限元数值模拟，分别选取沟宽为 $w=1.0m$，$1.5m$，$2.0m$ 三种工况，填充沟中心线位于 $x=19.5m$ 处，计算结果如图 3-16 所示。由图可知，在设置隔振沟前，填充沟隔振效果随沟宽变化不大；在沟后近场范围内，填充沟减振效果差异随空间位置 x 增大趋于明显，$w=1.0m$ 与 $w=2.0m$ 相比，振幅衰减比 A_R 差值最大可达 20%，说明沟宽对填充沟减振效果的影响主要体现在沟后。总体填充沟隔振效果随填充沟宽度变大得到较大改善，在条件允许的情况下，工程中可适当增大填充沟宽度以获得更好的减振降噪效果。

另外，将填充沟中心线位置改为 $x=8.5m$，再选取沟宽为 $w=1.00m$，$1.25m$，$1.50m$，$1.75m$，$2.00m$ 五种工况，计算结果如图 3-17 所示。由图可知，在一定范围内，墙宽对隔振效果会产生影响，随着墙宽的增加，隔振效果变好，当沟宽为 $1.25m$ 时，A_R 值在 $x=9m$ 处达到最小，说明沟宽为 $1.25m$ 时，填充沟减振效果达到最好。当沟宽为 $1.25m$ 时，A_R 值达到 0.5，这时填充沟的隔振效果削减了 50% 左右的振动强度，说明填充沟在沟宽不大时，也可以起到很好的隔振效果。与填充沟深度影响减振效果一样，填充沟宽度对土体减振效果的影响存在最大值。

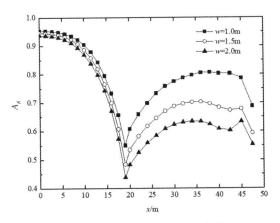

图3-16 不同填充沟宽度的隔振效果

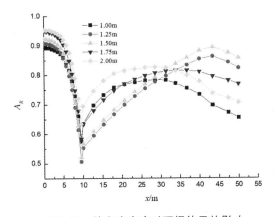

图3-17 填充沟宽度对隔振效果的影响

3.6 本章小结

本章基于2.5维有限元法分析了平行双线地铁运行荷载下，地铁隧道埋设深度、地基土层性质、区间双隧道相对位置、地铁运营速度等重要因素对地基及轨道振动的影响，同时对空沟、填充沟的隔振有效性进行系统研究，探究了不同隔振沟的隔振效果，并对填充沟减振影响因素进行了参数化分析，得出如下主要结论。

（1）隧道附近的振动响应加速度幅值远大于地表，且距离钢轨（列车荷载作用点）越近，振动加速度越大。隧道区域振动加速度随轮轴分布变化明显，而地面位置地基土的变形主要由车辆轴重引起的准静态变形支配。

（2）地表竖向振动强度幅值总在地铁线路中心正上方出现。随着地铁速度的提高，地表振动强度随之增大，不同车速下地表振动强度衰减规律一致，车速对地表振动响应的影响主要体现在振动幅值的大小。

（3）埋深较浅的隧道振动衰减更快。在一定范围内，地表振动随埋深减小而增大，在两隧道中心地表处表现差异最明显，当隧道埋深较浅时，地铁线路附近区域应当采取一定的地表减振控制措施。

（4）在不同土质剪切波速下，地表竖向振动速度衰减规律均表现一致，振动幅值随剪切波速的增大而减小。实际工程中应充分重视地铁线路周边城市人口密集地区的土质勘察，确定是否需要设置减振措施。

（5）当两隧道处于水平位置时，地表振动强度最大，竖直位置的区间运营隧道引起的地表振动强度最小，且衰减幅值较大。在条件允许情况下，两区间隧道设置适当的角度可以起到地表减振的作用。

（6）地铁线路中心振动强度随列车载客量增大而增大，地表动力响应衰减规律几乎不受影响，衰减率在不同荷载工况下基本相同。AW0（列车空载状态）工况时地基振动幅值最小，AW3（列车超员荷载状态）工况时地基振动强度最大，两者振动强度差值最大可达5dB，载客情况对周围环境的影响也应予以重视。

（7）无论是否设置隔振措施，地表振动强度最大位置均在地铁线路正上方地表处出现。当采用空沟隔振时，建筑物等的建造要注意避免建造在沟前，最佳隔振区位于沟后10m。研究发现，在使用空沟隔离时，沟前存在振动放大现象，因此建筑位于空沟前时，应注意该建筑的整体情况和下放地基情况。空沟的隔振效果主要集中在沟后附近，该区域较沟前更适合建设建筑。

（8）填充沟在整个地基范围内均有隔振效果，最佳隔振区位于沟前5m至沟后10m范围内，对隔振要求填充沟总体隔振效果在解析模型范围内均明显优于空沟隔振。隔振沟沟后超出最佳隔振范围时，动力响应影响较小，仍属于振动安全区域，可以建造楼房等设施。

（9）增大填充沟深度和宽度，减振效果将得到改善。在设置隔振沟前，沟深与沟宽对隔振效果影响不明显；沟后区域，填充沟宽度对地基减振影响较大。填充沟在沟深较小时也能发挥较好的地基减振作用，但在增大填充沟深度和宽度时，要充分考虑填充沟存在减振最大界限，超过这个最大界限，减振效果减弱，经济浪费严重。

第4章

CHAPTER 4

列车–浮置板轨道耦合振动分析

　　地铁轨道交通系统是一个车辆与下部轨道结构互相作用、互相耦合的复杂系统，地铁轨道交通的研究方法通常有实验和数值分析两种。数值分析具有周期短、成本低、研究方便、变化灵活等优点，是研究地铁交通轨道系统振动耦合性能的主要研究手段。本章在车辆–轨道耦合动力学理论及MATLAB计算机语言的基础上，根据地铁车体、钢轨、钢弹簧浮置板轨道、衬砌及常见基础结构的特点，建立多编组地铁车厢–浮置板轨道–衬砌–地基垂向耦合动力学模型，对地铁在运营过程中耦合动力进行分析。

　　地铁一般采用四动两拖六辆编组的模式，通常将车辆与轨道分别视为一个互相作用的子系统，通过轮轨关系来连接这两个子系统，综合考察车辆在弹性轨道结构上的动态运动特性、轮轨互相作用特性以及整个系统的振动规律[29]。本章建立了多编组地铁车体–轨道系统的整体耦合分析模型，分别推导出车体、钢轨、浮置板和衬砌的动力平衡方程，基于模态分解法的思路，将偏微分控制方程转化为常微分方程，最后通过各结构之间的耦合关系和纽曼（Newmark）数值方法求得系统的振动响应。

　　现实中的轨道是无限长的，但进行时域分析时，通常需将轨道结构简化为有限长梁结构。边界问题是有限长轨道结构模型在建模时的重点，不同的边界处理方式会得到不一样的计算结果。本章在计算长度内将钢轨和衬砌梁结构视为两端简支，浮置板梁结构则为两端自由。

4.1　列车-浮置板轨道系统模型及验证

4.1.1　模型背景介绍

合理组建车轨耦合模型需了解模型组建背景，下面就地铁隧道施工、车轨振动激励及车轨控制标准进行简单介绍。

软土地区的地铁隧道施工常用盾构机一体化施工，盾构机在不断掘进的过程中，隧道管片也一直在同步安装。管片与管片之间采用管片接头相互连接，之后对隧道壁与土体之间的空隙进行灌浆处理，并将管片缝隙进行封堵，拼装好的隧道衬砌管片如图4-1所示。区间隧道壁施工完成后，为进一步架设地铁轨道，需在隧道壁底部浇筑混凝土垫层，给轨道提供水平基准面，同时需预留排水沟。之后，按施工顺序施做地铁钢弹簧浮置板轨道。

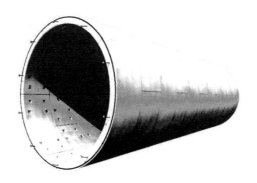

图4-1　隧道衬砌管片

地铁一般采用四动两拖六辆编组的模式，列车车轮与钢轨之间的轮轨接触力一直在不断跳跃变化，从而诱使车轨系统及周围土质环境产生振动干扰。轮轨接触力不断变化的激励来源是多方面的，既有钢轨与车轮之间的摩擦损耗，也有来自浮置板板长、钢弹簧及扣件离散分布等导致的轨道刚度不平顺。地基土体的不均匀沉降也会使轨道的整体刚度发生变化，从而导致轮轨接触力发生变化。另外还有轨道各部件施工制造时结构上的缺陷、钢弹簧及扣件的失效等都会使轮轨系统产生额外的振动激励。

参照《浮置板轨道技术规范》（CJJ/T 191—2012）及《地铁设计规范》

（GB 50157—2013），地铁运营期间，为保证轨道正常及乘客乘车舒适度，钢轨最大竖向位移不得超过 4mm，浮置板最大竖向位移不得超过 3mm，另外车体的最大竖向加速度不应大于重力加速度的 13%，轮重减载率不得大于 60%。

4.1.2　模型示意图及模型参数介绍

浮置板轨道系统耦合模型如图 4-2 所示，为六辆 B 型标准地铁，每节车体均看作十个自由度的多刚体模型，车体由车厢、转向架、轮对及相互之间的连接件构成。车厢和转向架具有两个自由度，分别为竖向位移和点头位移；轮对仅考虑竖向位移一个自由度钢轨，用两端简支的 Euler 梁模拟，浮置板和衬砌均采用 Timoshenko 梁模拟，其中浮置板为两端自由梁，衬砌为两端简支梁。车厢和转向架之间为二系悬挂结构，转向架和轮对之间为一系悬挂结构，两者均视为弹簧阻尼单元。轨下扣件及钢弹簧均视为离散分布的弹簧阻尼单元；轮轨接触等效为线性接触刚度，基底视为均匀分布的弹簧阻尼单元，视其与衬砌直接相连，因为现实中基底与衬砌是浇筑在一起的整体。浮置板之间的连接构件为剪力铰，用弹簧阻尼单元模拟剪力铰对浮置板板端的约束作用，具体形式如图 4-3 所示。

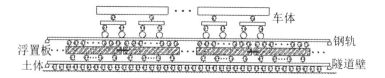

图 4-2　列车-轨道-衬砌-地基动力耦合模型

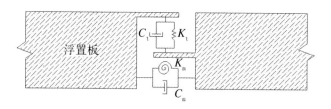

图 4-3　剪力铰模型

表4-1为浮置板轨道车轨耦合模型参数符号表。

表4-1　模型参数符号

列车参数					
车体竖向位移	z_c	车体点头位移	ϕ_c	转向架竖向位移	z_b
转向架点头位移	ϕ_b	轮轴竖向位移	z_w	车体质量	M_c
车体转动惯量	J_c	转向架质量	M_b	转向架转动惯量	J_b
轮轴质量	M_w	车体长度	l_c	转向架中心距	l_b
同构架轮轴距	l_w	一系悬挂刚度	K_1	一系悬挂阻尼	C_1
二系悬挂刚度	K_2	二系悬挂阻尼	C_2	轮轨接触刚度	K_{wr}
列车车辆数	n_c	轮轨接触力	P_w		
轨道参数					
钢轨竖向位移	v_r	浮置板竖向位移	v_s	浮置板转角位移	φ_s
隧道壁竖向位移	v_h	隧道壁转角位移	φ_h	钢轨抗弯刚度	$E_r I_r$
浮置板抗弯刚度	$D_s b_s$	浮置板剪切刚度	$\kappa A_s G_s$	管片抗弯刚度	$E_h I_h$
管片剪切刚度	$\kappa A_h G_h$	钢轨长度	l_r	浮置板长度	l_s
隧道壁长度	l_h	钢轨分布质量	$\rho_r A_r$	浮置板分布质量	$\rho_s A_s$
隧道壁分布质量	$\rho_h A_h$	扣件刚度	K_{rs}	扣件阻尼	C_{rs}
钢弹簧刚度	K_{sh}	钢弹簧阻尼	C_{sh}	地基反力刚度	K_g
地基反力阻尼	C_g	扣件间距	l_{rs}	钢弹簧间距	l_{sh}
单块板扣件数	nrs	单块板钢弹簧数	nsh	扣件坐标	x_{rs}
钢弹簧坐标	x_{sh}	扣件力	P_{rs}	钢弹簧力	P_{sh}
钢轨竖向位移	v_r	浮置板竖向位移	v_s	浮置板转角位移	φ_s
隧道壁竖向位移	v_h	隧道壁转角位移	φ_h	钢轨抗弯刚度	$E_r I_r$

　　表中质量单位均为kg，长度及位移单位均为m，转动位移单位为rad，所受力的单位为N。车体和转向架转动惯量单位为kg·m²，钢轨、浮置板和衬砌的分布质量与抗弯刚度单位分别为kg/m和N/m²。弹簧刚度及阻尼单位分别为N/m和N·s/m。K为剪切修正系数，其值为0.833，整个模型系统竖向以向下的方向为正，转动以逆时针方向为正。

4.1.3　浮置板轨道系统方程及求解

（1）车体部分

　　基于车辆-轨道耦合动力学原理[30]，采用动静法建立多编组车体系统的动力平衡方程。所建模型中的单节车体包括一个车厢、两个转向架和四个轮对，式（4-1）为单节车体动力平衡方程。

$$\left[M\right]_{10\times 10}^{\text{tr}}\left\{z\right\}_{10\times 1} + \left[C\right]_{10\times 10}^{\text{tr}}\left\{\dot{z}\right\}_{10\times 1} + \left[K\right]_{10\times 10}^{\text{tr}}\left\{z\right\}_{10\times 1} = \left\{F\right\}_{10\times 1} \qquad (4\text{-}1)$$

其中，$\left[M\right]_{10\times 10}^{\text{tr}}$、$\left[C\right]_{10\times 10}^{\text{tr}}$、$\left[K\right]_{10\times 10}^{\text{tr}}$ 分别为单节车厢的刚度、阻尼和质量矩阵。车厢、转向架和轮对的竖向移动自由度为 z，车厢和转向架的点头自由度为 ϕ。车厢、转向架和轮对所受的外力为 $\left\{F\right\}_{10\times 1}$，由各自的自重和轮轨接触力构成。车厢、转向架及轮对的动力平衡方程如下。

车厢竖向移动方程：

$$M_c\ddot{z}_c + 2C_2\dot{z}_c - C_2\left(\dot{z}_{b1} + \dot{z}_{b2}\right) + 2K_2z_c - K_2\left(z_{b1} + z_{b2}\right) = M_cg \qquad (4\text{-}2)$$

车厢点头运动方程：

$$J_c\ddot{\phi}_c + \frac{1}{2}C_2l_c^2\dot{\phi}_c + \frac{1}{2}C_2l_c\left(\dot{z}_{b1} - \dot{z}_{b2}\right) + \frac{1}{2}K_2l_c^2\phi_c + \frac{1}{2}K_2l_c\left(z_{b1} - z_{b2}\right) = 0 \ (4\text{-}3)$$

前端转向架竖向移动方程：

$$\begin{aligned}
&M_b\ddot{z}_{b1} + \left(C_2 + 2C_1\right)\dot{z}_{b1} - C_2\dot{z}_c + \frac{1}{2}C_2l_c\dot{\phi}_c - C_1\left(\dot{z}_{w1} + \dot{z}_{w2}\right) \\
&+ \left(K_2 + 2K_1\right)z_{b1} - K_2z_c + \frac{1}{2}K_2l_c\phi_c - K_1\left(z_{w1} + z_{w2}\right) = M_bg
\end{aligned} \qquad (4\text{-}4)$$

前端转向架点头运动方程：

$$J_b\ddot{\phi}_{b1} + \frac{1}{2}C_1l_b^2\dot{\phi}_{b1} + \frac{1}{2}C_1l_c\left(\dot{z}_{w1} - \dot{z}_{w2}\right) + \frac{1}{2}K_1l_b^2\phi_{b1} + \frac{1}{2}K_1l_c\left(z_{w1} - z_{w2}\right) = 0 \\ (4\text{-}5)$$

后端转向架竖向移动方程：

$$\begin{aligned}
&M_b\ddot{z}_{b2} + \left(C_2 + 2C_1\right)\dot{z}_{b2} - C_2\dot{z}_c + \frac{1}{2}C_2l_c\dot{\phi}_c - C_1\left(\dot{z}_{w3} + \dot{z}_{w4}\right) \\
&+ \left(K_2 + 2K_1\right)z_{b2} - K_2z_c + \frac{1}{2}K_2l_c\phi_c - K_1\left(z_{w3} + z_{w4}\right) = M_bg
\end{aligned} \qquad (4\text{-}6)$$

后端转向架点头运动方程：

$$J_b\ddot{\phi}_{b2} + \frac{1}{2}C_1l_b^2\dot{\phi}_{b2} + \frac{1}{2}C_1l_c\left(\dot{z}_{w3} - \dot{z}_{w4}\right) + \frac{1}{2}K_1l_b^2\phi_{b2} + \frac{1}{2}K_1l_c\left(z_{w3} - z_{w4}\right) = 0 \\ (4\text{-}7)$$

第一轮对竖向移动方程：

$$M_w \ddot{z}_{w1} + C_1 \left(\dot{z}_{w1} - \dot{z}_{b1} + \frac{1}{2} l_b \dot{\phi}_{b1} \right) + K_1 \left(z_{w1} - z_{b1} + \frac{1}{2} l_b \phi_{b1} \right)$$
$$= M_w g - P_w \left[x_{w1}(t) \right]$$

$$(4\text{-}8)$$

第二轮对竖向移动方程：

$$M_w \ddot{z}_{w2} + C_1 \left(\dot{z}_{w2} - \dot{z}_{b1} + \frac{1}{2} l_b \dot{\phi}_{b1} \right) + K_1 \left(z_{w2} - z_{b1} + \frac{1}{2} l_b \phi_{b1} \right) = M_w g - P_w \left[x_{w2}(t) \right]$$

$$(4\text{-}9)$$

第三轮对竖向移动方程：

$$M_w \ddot{z}_{w3} + C_1 \left(\dot{z}_{w3} - \dot{z}_{b2} + \frac{1}{2} l_b \dot{\phi}_{b2} \right) + K_1 \left(z_{w3} - z_{b2} + \frac{1}{2} l_b \phi_{b2} \right) = M_w g - P_w \left[x_{w3}(t) \right]$$

$$(4\text{-}10)$$

第四轮对竖向移动方程：

$$M_w \ddot{z}_{w4} + C_1 \left(\dot{z}_{w4} - \dot{z}_{b2} + \frac{1}{2} l_b \dot{\phi}_{b2} \right) + K_1 \left(z_{w4} - z_{b2} + \frac{1}{2} l_b \phi_{b2} \right) = M_w g - P_w \left[x_{w4}(t) \right]$$

$$(4\text{-}11)$$

在轮对方程的表达式中，$P\left(x_{wi}(t) \right)$ 为钢轨与轮对之间的接触力，称为轮轨接触力。其表达式为：

$$P_w \left[x_{wi}(t) \right] = K_{wr} \left[z_{wi}(t) - \varepsilon(x_{wi}) v_r(x_{wi}, t) \right]$$

$$x_{wi}(t) = \begin{cases} x_0 + ct, & i = 1 \\ x_0 - l_w - ct, & i = 2 \\ x_0 - l_b - ct, & i = 3 \\ x_0 - l_w - l_b - ct, & i = 4 \end{cases} ; \quad \varepsilon(x) = \begin{cases} 1, & 0 < x < l_r \\ 0, & x \leqslant 0 \,; x \geqslant l_r \end{cases}$$

$$(4\text{-}12)$$

其中，$\varepsilon(x)=1$ 表示轮对在钢轨上，否则表示轮对不在钢轨上，x_{wi} 表示第 i 轮对在钢轨上的位置。

（2）轨道部分

本模型中的钢轨用两端简支的 Euler 梁模拟，浮置板采用两端自由的 Timoshenko 梁模拟，衬砌采用两端简支的 Timoshenko 梁模拟。三种梁的振动方程都采用模态分解法进行求解，先采用模态叠加的假设方法表达出振动方程中的位移和转角变量，再通过边界条件求出各个梁的模态方程和自振频率，然后基于振动方程的自伴随特性，分别将三种梁的振动偏微分方程转化为常微分方程组，最后将各阶常微分方程组组合成矩阵形式，得到整个系统的振动耦合方程，使用Newmark-β法进行迭代计算，运用MATLAB编程求解即可得到整个系统的振动响应特性。

（3）三种梁的振动方程

钢轨即两端简支的Euler梁振动方程。

采用模态叠加法，假定钢轨的竖向位移表达式如下：

$$v_r(x,t)=\sum_{k=1}^{mr} v_{rk}(x) q_{rk}(t) \tag{4-13}$$

可得钢轨方程的动力控制方程：

$$E_r I_r \frac{\partial^4 v_r(x,t)}{\partial x^4} + \rho_r A_r \frac{\partial^2 v_r(x,t)}{\partial t^2} = F_r(x,t) \tag{4-14}$$

$$F_r(x,t) = \sum_{i=1}^{4} P_w(x_{wi}(t))\delta(x-x_{wi}) \quad \sum_{i=1}^{ns}\sum_{j=1}^{nrs} P_{rs}^{ij}(t)\delta(x-x_{rs}^{ij}) \tag{4-15}$$

$$P_{rs}^{ij}(t) = C_{rs}\left[\dot{v}_r(x_{rs}^{ij},t) - \dot{v}_s(x_{rs}^{ij}-x_{si},t)\right] + K_{rs}\left[v_r(x_{rs}^{ij},t) - v_s(x_{rs}^{ij}-x_{si},t)\right] \tag{4-16}$$

其中，$F_r(x,t)$为钢轨所受外力，包括轮轨接触力和扣件反力。$P_w[x_{wi}(t)]$为第i轮轨接触荷载，$P_{rs}^{ij}(t)$为第i块浮置板第j个扣件力。δ为狄拉克函数，即当$x=0$时，$\delta(x)=1$；当$x\neq0$时，$\delta(x)=0$。mr为钢轨所求自由度数，ns为计算段浮置板数量。

由两端简支的Euler梁的模态解及自振频率相关文献知：

$$v_{rk}(x)=\sin\frac{k\pi}{l_r}x, \omega_{rk}=k^2\pi^2\sqrt{\frac{E_r I_r}{\rho_r A_r l_r^4}} \tag{4-17}$$

其中，ω_{rk}为钢轨第K阶自振频率。

经过对钢轨振动方程正交解耦可得钢轨的第k阶振动常微分方程：

$$I_r\left(\frac{k\pi}{l_r}\right)^4 q_{rk}(t) + \rho_r \ddot{q}_{rk}(t) = \frac{2}{l_r}\sum_{i=1}^{nc}\sum_{j=1}^{4} v_{rk}(x_{wij})K_{wr}\left[z_{wij}(t)-\sum_{u=1}^{mr} v_{ru}(x_{wij})q_{ru}(t)\right]$$

$$-\frac{2}{l_r}\sum_{i=1}^{ns}\sum_{j=1}^{nrs} v_{rk}(x_{rs}^{ij})\left\{K_{rs}\left[\sum_{u=1}^{mr} q_{ru}(t)v_{rk}(x_{rs}^{ij}) - \sum_{u=1}^{ms} q_{sui}(t)v_{su}(x_{rs}^{ij}-x_{si})\right]\right.$$

$$+ C_{rs} \left[\sum_{u=1}^{mr} \dot{q}_{ru}(t) v_{rk}(x_{rs}^{ij}) - \sum_{u=1}^{ms} \dot{q}_{sui}(t) v_{su}(x_{rs}^{ij} - x_{si}) \right] \Bigg\} \qquad (4\text{-}18)$$

浮置板即两端自由的 Timoshenko 梁的振动控制方程如下：

$$\kappa A_s G_s \left(\frac{\partial^2 v_s(x,t)}{\partial x^2} - \frac{\partial \varphi_s(x,t)}{\partial x} \right) = \rho_s A_s \frac{\partial^2 v_s(x,t)}{\partial t^2} + F_s(x,t)$$

$$E_s I_s \frac{\partial^2 \varphi_s(x,t)}{\partial x^2} + \kappa G_s A_s \left(\frac{\partial v_s(x,t)}{\partial x} - \varphi_s(x,t) \right) = \rho_s I_s \frac{\partial^2 \varphi_s(x,t)}{\partial t^2} + m_s(x,t)$$

$$(4\text{-}19)$$

其中，$F_s(x,t)$ 为浮置板所受外力，$M_s(x,t)$ 为浮置板的弯矩。所受外力包括扣件力、钢弹簧力及端部剪力铰作用产生的反力，当不考虑剪力铰作用时，第 i 块浮置板所受外力为：

$$F_s^i(x,t) = \sum_{j=1}^{nrs} P_{rs}^{ij} \delta(x - x_{rs}^{ij}) - \sum_{j=1}^{nsh} P_{sh}^{ij} \delta(x - x_{sh}^{ij}) \qquad (4\text{-}20)$$

其中，P_{sh}^{ij} 为第 i 块浮置板第 j 个钢弹簧力，其表达式为：

$$P_{sh}^{ij}(t) = C_{sh} \left[\dot{v}_s(x_{sh}^{ij} - x_{si}, t) - \dot{v}_h(x_{sh}^{ij}, t) \right] + K_{sh} \left[v_s(x_{sh}^{ij} - x_{si}, t) - v_h(x_{sh}^{ij}, t) \right]$$

$$(4\text{-}21)$$

根据模态叠加原理，假设浮置板的竖向位移和转角位移表达式为：

$$\begin{cases} v_s(x,t) = \displaystyle\sum_{k=1}^{ms} v_{sk}(x) q_{sk}(t) \\ \varphi_s(x,t) = \displaystyle\sum_{k=1}^{ms} \varphi_{sk}(x) q_{sk}(t) \end{cases} \qquad (4\text{-}22)$$

其中，$v_{sk}(x)$、$\varphi_{sk}(x)$、$q_{sk}(t)$ 分别为浮置板第 k 阶位移模态、转角模态及时间系数，ms 为浮置板所取自由度数。

参考相关 Timoshenko 梁的研究，两端自由的 Timoshenko 梁前两阶振动模态及频率为：

$$\begin{cases} v_{s1}(x) = 1, & \varphi_{s1}(x) = 0, \quad \omega_{s1} = 0 \\ v_{s2}(x) = \sqrt{3}\,(1 - 2x/l_s), & \varphi_{s2}(x) = 0, \quad \omega_{s2} = 0 \end{cases} \qquad (4\text{-}23)$$

三阶以上的第 k 阶振动模态为：

$$v_{sk}(x) = c_{1k}\cos(\lambda_{1k}x) + s_{1k}\sin(\lambda_{1k}x) + c_{2k}\cosh(\lambda_{2k}x) + s_{2k}\sinh(\lambda_{2k}x) \qquad (4\text{-}24)$$

$$\varphi_{sk}(x) = -g_{1k}c_{1k}\sin(\lambda_{1k}x) + g_{1k}s_{1k}\cos(\lambda_{1k}x) + g_{2k}c_{2k}\sinh(\lambda_{2k}x) + g_{2k}s_{2k}\cosh(\lambda_{2k}x)$$

$$(4\text{-}25)$$

其中，$g_{1k} = (\kappa A_s G_s \lambda_{1k}^2 - \rho_s A_s \omega_{sk}^2)/\kappa A_s G_s \lambda_{1k}$，$g_{2k} = (\kappa A_s G_s \lambda_{2k}^2 + \rho_s A_s \omega_{sk}^2)/\kappa A_s G_s \lambda_{2k}$，$c_{1k}$、$s_{1k}$、$c_{2k}$、$s_{2k}$ 为模态函数系数，模态系数及梁的自振频率 ω_{sk} 的值均可通过浮置板自由边界条件求得[68]。

$\lambda_{1,2k}$ 为振动模态的空间波数频率。其与自振时间频率 ω_{sk} 相关联的表达式为：

$$\lambda_{1,2k} = \sqrt{\frac{1}{2D_s b_s}\left[\omega_{sk}^2 \rho_s\left(\frac{D_s b_s}{\kappa G_s} + I_s\right) \mp \sqrt{\omega_{sk}^4 \rho_s^2\left(\frac{D_s b_s}{\kappa G_s} - I_s\right)^2 + 4D_s b_s \rho_s A_s \omega_{sk}^2}\right]}$$

$$(4\text{-}26)$$

经正交解耦可得到第 i 块浮置板第 k 阶振动常微分方程为：

$$\int_0^{l_s}\left[\rho_s A_s v_{sk}^2(x) + \rho_s I_s \varphi_{sk}^2(x)\right]\mathrm{d}x \times \left[\ddot{q}_{sk}(t) + \omega_{sk}^2 \times q_{sk}(t)\right] =$$

$$\sum_{j=1}^{nrs}\left\{ v_{sk}(x_{rs}^{ij}) \times \left[C_{rs}\left(\sum_{u=1}^{mr} v_{ru}(x_{rs}^{ij})\dot{q}_{rl}(t) - \sum_{u=1}^{ms} v_{su}(x_{rs}^{ij} - x_{si})\dot{q}_{su}(t)\right) + \right. \right.$$
$$\left. \left. K_{rs}\left(\sum_{u=1}^{mr} v_{ru}(x_{rs}^{ij})q_{rl}(t) - \sum_{u=1}^{ms} v_{su}(x_{rs}^{ij} - x_{si})q_{su}(t)\right)\right]\right\}$$

$$\sum_{j=1}^{nsh}\left\{ v_{sk}(x_{sh}^{ij}) \times \left[C_{sh}\times\left(\sum_{u=1}^{ms} v_{su}(x_{sh}^{ij} - x_{si})\dot{q}_{su}(t) - \sum_{u=1}^{mt} v_{hu}(x_{st}^{ij})\dot{q}_{hu}(t)\right) + \right. \right.$$
$$\left. \left. K_{sh}\times\left(\sum_{u=1}^{ms} v_{su}(x_{sh}^{ij} - x_{si})q_{su}(t) - \sum_{u=1}^{mt} v_{hu}(x_{st}^{ij})q_{hu}(t)\right)\right]\right\}$$

$$(4\text{-}27)$$

其中，mt 为衬砌所取自由度数。

当考虑剪力铰的作用时，根据对浮置板两端剪力铰的研究，只需在第 i 块浮置板受力中考虑剪力铰的约束力 ΔP_s 和约束弯矩 Δm_s 即可。

$$\begin{cases} \Delta P_s^i = C_{ss}\left[\dot{v}_s^{i-1}(l_s,t) - \dot{v}_s^i(0,t) + \dot{v}_s^{i+1}(0,t) - \dot{v}_s^i(l_s,t)\right] + \\ \qquad K_{ss}\left[v_s^{i-1}(l_s,t) - v_s^i(0,t) + v_s^{i+1}(0,t) - v_s^i(l_s,t)\right] \\ \Delta m_s^i = C_{ww}\left[\dfrac{\partial^2 v_s^{i-1}}{\partial x \partial t}\bigg|_{x=l_s} - \dfrac{\partial^2 v_s^i}{\partial x \partial t}\bigg|_{x=0} + \dfrac{\partial^2 v_s^{i+1}}{\partial x \partial t}\bigg|_{x=0} - \dfrac{\partial^2 v_s^i}{\partial x \partial t}\bigg|_{x=l_s}\right] + \\ \qquad K_{ww}\left[\dfrac{\partial v_s^{i-1}}{\partial x}\bigg|_{x=l_s} - \dfrac{\partial v_s^i}{\partial x}\bigg|_{x=0} + \dfrac{\partial v_s^{i+1}}{\partial x}\bigg|_{x=0} - \dfrac{\partial v_s^i}{\partial x}\bigg|_{x=l_s}\right] \end{cases} \tag{4-28}$$

在式（4-25）的等式右端项中相应添加：

$$\begin{cases} v_{sk}^i(0) \times \left[C_{ss} \times \left(\sum_{u=1}^{ms} v_{su}^{i-1}(l_s)\dot{q}_{su}^{i-1}(t) - \sum_{u=1}^{ms} v_{su}^i(0)\dot{q}_{su}^i(t)\right) + \right. \\ \qquad\left. K_{ss} \times \left(\sum_{u=1}^{ms} v_{su}^{i-1}(l_s)q_{su}^{i-1}(t) - \sum_{u=1}^{ms} v_{su}^i(0)q_{su}^i(t)\right)\right] + \\ v_{sk}^i(l_s) \times \left[C_{ss} \times \left(\sum_{u=1}^{ms} v_{su}^{i+1}(0)\dot{q}_{su}^{i+1}(t) - \sum_{u=1}^{ms} v_{su}^i(l_s)\dot{q}_{su}^i(t)\right) + \right. \\ \qquad\left. K_{ss} \times \left(\sum_{u=1}^{ms} v_{su}^{i+1}(0)q_{su}^{i+1}(t) - \sum_{u=1}^{ms} v_{su}^i(l_s)q_{su}^i(t)\right)\right] + \\ \varphi_{sk}^i(0) \times \left[C_{ww} \times \left(\sum_{u=1}^{ms} \dfrac{\partial v_{su}^{i-1}}{\partial x}\bigg|_{x=l_s}\dot{q}_{su}^{i-1}(t) - \sum_{u=1}^{ms} \dfrac{\partial v_{su}^i}{\partial x}\bigg|_{x=0}\dot{q}_{su}^i(t)\right) + \right. \\ \qquad\left. K_{ww} \times \left(\sum_{u=1}^{ms} \dfrac{\partial v_{su}^{i-1}}{\partial x}\bigg|_{x=l_s}q_{su}^{i-1}(t) - \sum_{u=1}^{ms} \dfrac{\partial v_{su}^i}{\partial x}\bigg|_{x=0}q_{su}^i(t)\right)\right] + \\ \varphi_{sk}^i(l_s) \times \left[C_{ww} \times \left(\sum_{u=1}^{ms} \dfrac{\partial v_{su}^{i+1}}{\partial x}\bigg|_{x=0}\dot{q}_{su}^{i+1}(t) - \sum_{u=1}^{ms} \dfrac{\partial v_{su}^i}{\partial x}\bigg|_{x=l_s}\dot{q}_{su}^i(t)\right) + \right. \\ \qquad\left. K_{ww} \times \left(\sum_{u=1}^{ms} \dfrac{\partial v_{su}^{i+1}}{\partial x}\bigg|_{x=0}q_{su}^{i+1}(t) - \sum_{u=1}^{ms} \dfrac{\partial v_{su}^i}{\partial x}\bigg|_{x=l_s}q_{su}^i(t)\right)\right] \end{cases} \tag{4-29}$$

衬砌即两端简支的 Timoshenko 梁的振动方程。

衬砌具有和浮置板一样的控制方程，不同之处在于两者的边界条件不一样，因此两者振动模态的形式也不一样，衬砌的振动控制方程为：

$$\begin{cases} \kappa A_h G_h \left(\dfrac{\partial^2 v_h(x,t)}{\partial x^2} - \dfrac{\partial \varphi_h(x,t)}{\partial x} \right) = \rho_h A_h \dfrac{\partial^2 v_h(x,t)}{t^2} + F_h(x,t) \\[2mm] E_h I_h \dfrac{\partial^2 \varphi_h(x,t)}{\partial x^2} + \kappa G_h A_h \left(\dfrac{\partial v_h(x,t)}{\partial x} - \varphi_h(x,t) \right) = \rho_h I_h \dfrac{\partial^2 \varphi_h(x,t)}{\partial t^2} + m_h(x,t) \end{cases} \tag{4-30}$$

其中，$F_h(x,t)$、$m_h(x,t)$ 分别为衬砌所受竖向外力及外加弯矩荷载。

同样采用模态叠加法，假定衬砌的竖向位移和转角位移的表达式为：

$$\begin{cases} v_h(x,t) = \displaystyle\sum_{k=1}^{mt} v_{hk}(x) q_{hk}(t) \\[3mm] \varphi_h(x,t) = \displaystyle\sum_{k=1}^{mt} \varphi_{hk}(x) q_{hk}(t) \end{cases} \tag{4-31}$$

自振频率有以下相关式：

$$\omega_h^2 =$$
$$\frac{1}{2\rho_h} \left[\kappa G_h \frac{A_h}{I_h} + E_h \lambda_h^2 + \kappa G_h \lambda_h^2 - \sqrt{\left(\kappa G_h \frac{A_h}{I_h} + E_h \lambda_h^2 + \kappa G_h \lambda_h^2 \right)^2 - 4\kappa E_h G_h \lambda_h^4} \right] \tag{4-32}$$

其中，$\lambda_h = k\pi/l_h$，$g_h = \left(\kappa A_h G_h \lambda_h^2 - \rho_h A_h \omega_h^2 \right)/\kappa A_h G_h \lambda_h$，且衬砌所受的外力荷载包括上部钢弹簧力和下部地基反力，其表达式为：

$$F_h(x,t) = \sum_{i=1}^{ns} \sum_{j=1}^{nsh} P_{sh}^{ij} \delta(x - x_{sh}^{ij}) - K_g v_h(x,t) - C_g \dot{v}_h(x,t) \tag{4-33}$$

通过求解可得，衬砌的第 k 阶振动常微分方程为：

$$\int_0^{l_h} \left[\rho_h A_h v_{hk}^2(x) + \rho_h I_h \varphi_{hk}^2(x) \right] \mathrm{d}x \times \left[\ddot{q}_{hk}(t) + \omega_{hk}^2 \times q_{hk}(t) \right]$$
$$= -\frac{L_h}{2} \times K_g q_{hk}(t) + C_g \dot{q}_{hk}(t)$$
$$+ \sum_{i=1}^{ns} \sum_{j=1}^{nsh} \left\{ v_{hk}(x_{sh}^{ij}) \times \left[C_{sh} \times \left(\sum_{u=1}^{ms} v_{su}(x_{sh}^{ij} - x_{si}) \dot{q}_{sui}(t) - \sum_{u=1}^{mt} v_{hu}(x_{sh}^{ij}) \dot{q}_{hu}(t) \right) + \right. \right.$$
$$\left. \left. K_{sh} \times \left(\sum_{u=1}^{ms} v_{su}(x_{sh}^{ij} - x_{si}) q_{sui}(t) - \sum_{u=1}^{mt} v_{hu}(x_{sh}^{ij}) q_{hu}(t) \right) \right] \right\} \tag{4-34}$$

最后，将车体各结构动力平衡方程与钢轨、浮置板、衬砌的各阶模态微分方程联立组合，即可得到整个系统的动力耦合方程组。通过变换分步积分和Newmark-β法可求解整个系统的动力耦合方程组，运用MATLAB软件可得系统各子结构的时程响应曲线。

4.1.4　列车-浮置板轨道模型的验证

为了验证运用MATLAB软件对浮置板轨道系统模型振动模拟的正确性，模型采用向俊等[151]对列车-浮置板式轨道系统竖向振动模型中的车辆及浮置板轨道动力学参数，将其与运用TFSTSVA程序计算五节列车以时速60km/h在计算长度为125m的浮置板轨道上运行时的系统竖向振动响应结果进行对比。表4-2与表4-3为其所用的计算参数。

表4-2　浮置板轨道参数

参数	数值	单位
钢轨弹性模量	2.1×10^{11}	N/m^2
钢轨截面惯性矩	3.09×10^{-5}	m^4
钢轨单位长度质量	60.8	kg/m
扣件刚度	$6.0 \times 10^7 \sim 1.8 \times 10^8$	N/m
扣件阻尼	$5.3625 \times 10^5 \sim 1.0000 \times 10^6$	$N \cdot s/m$
钢轨支点间距	0.625	m
浮置板弹性模量	3.5×10^{10}	N/m^2
浮置板截面惯性矩	$7.9000 \times 10^{-2} \sim 6.6875 \times 10^{-4}$	m^4
浮置板单位长度质量（半宽）	$2761 \sim 3261$	kg/m
钢弹簧刚度	$9 \times 10^5 \sim 9 \times 10^9$	N/m
钢弹簧阻尼	$3.4 \times 10^4 \sim 9.0 \times 10^2$	$N \cdot s/m$
浮置板长	25	m

表4-3 车辆参数

参数	数值	单位
车体质量	30100~63807	kg
转向架质量	1700~4200	kg
轮对质量	1400~1900	kg
车体转动惯量	$1.28 \times 10^6 \sim 2.10 \times 10^6$	kg·m²
转向架转动惯量	$3.20 \times 10^4 \sim 4.00 \times 10^4$	kg·m²
一系弹簧刚度	$4.50 \times 10^5 \sim 2.36 \times 10^6$	N/m
二系弹簧刚度	$3.50 \times 10^5 \sim 8.00 \times 10^5$	N/m
一系阻尼	$4.90 \times 10^3 \sim 8.00 \times 10^5$	N·s/m
二系阻尼	$1.96 \times 10^4 \sim 1.00 \times 10^6$	N·s/m
车辆定距之半	8.50	m
固定轴距之半	1.25	m
车轮半径	0.43	m

文献[153]将衬砌及其下部考虑为一个整体，并将其视为刚体，故本章只需将衬砌的抗弯刚度及地基弹性刚度等赋值为无穷大即可。

文献[153]中运用TFSTSVA程序计算得到的钢轨和浮置板竖向位移时程曲线如图4-4所示。

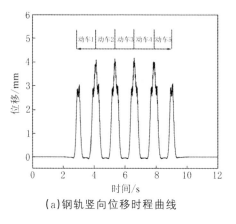

(a)钢轨竖向位移时程曲线

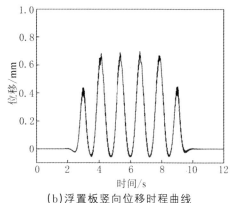

(b)浮置板竖向位移时程曲线

图4-4 文献[153]的时程曲线

运用MATLAB软件编程得到的钢轨和浮置板竖向位移时程曲线如图4-5所示。

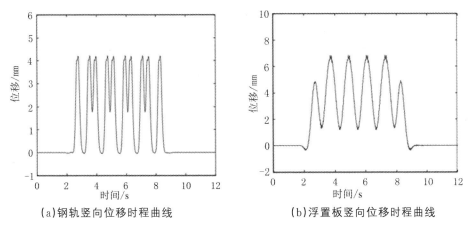

(a)钢轨竖向位移时程曲线　　　　　　(b)浮置板竖向位移时程曲线

图4-5　本章的时程曲线

对比发现,用MATLAB编程得到的钢轨和浮置板竖向位移时程曲线与文献[153]中的计算结果基本吻合,存在的细微偏差是因为文献中有些计算参数只给了大概范围,没有给出精确的数值。由此可以初步验证本章模型建立和计算程序编写的正确性,得出的成果值得参考。

4.2　模型建立要点及轨道随机不平顺分析

为尽可能准确模拟地铁隧道真实的营运状态,构建模型时需对隧道刚度折减、地基反力参数的取值、剪力铰的模拟方式及轨道随机不平顺等加以分析。另外在进一步分析不均匀沉降对地铁隧道影响之前,也有必要对不均匀沉降的考虑方式加以介绍。

4.2.1　隧道刚度折减

隧道壁并不是一个管束状的整体,而是由许许多多的隧道管片拼装组合而成,同一环段内若干衬砌管片通过环缝接头相互连接,纵向相邻环段的衬砌管片通过纵向接头相互连接，如图4-6所示。隧道管壁结构不连续决定了隧道振动受力变形的复杂性，因而在构建车轨耦合振动模型时，不能直接将隧道管壁当成均质梁结构进行计算，应该考虑在接头作用下隧道壁刚度的折减。

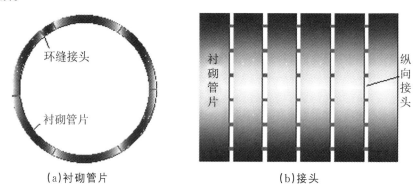

(a)衬砌管片   (b)接头

图4-6　衬砌管片和接头

隧道衬砌的两种接头对隧道壁的受力作用不同，环缝接头主要传递隧道横向管片之间的弯矩和剪力，纵向接头则传递纵向相邻环段管片之间的弯矩和剪力。在对盾构隧道纵向受力变形进行分析时，纵向接头影响更为显著，环缝接头影响较小，因此在构建隧道壁计算模型时，可以忽略横向变形的影响。通常是将隧道壁在纵向上按刚度等效成梁模型，而隧道梁的等效刚度如何计算是其中的主要问题。

纵向等效刚度的算法有多种，代表性的研究成果有两种。第一种是纵向纵缝管片组合式模型，它以梁单元模拟衬砌环，以弹簧约束模拟纵向接头，将隧道纵向视为管片与接头的组合体，如图4-7所示；第二种是纵缝管片一体化模型，该模型将盾构壁视为具有相同刚度和结构特性的均匀连续梁，如图4-8所示。

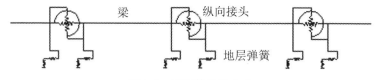

图4-7　纵缝管片组合式

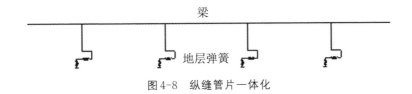

图 4-8　纵缝管片一体化

上述两种模型中，第一种模型计算得到的等效刚度更为准确，与实测结果更吻合，但缺点是相关参数的选取更为复杂，计算模型的构建也更为困难；第二种模型更为简单，适用于对隧道区间的振动分析，缺点是夸大了接缝的影响。廖少明[152]采用上述两种方法对上海地铁隧道等效刚度进行计算，由第一种算法算出的等效刚度结果为均质隧道的 $1/5$，第二种算法算出的计算结果仅为均质隧道的 $1/15$。廖少明[152]在第二种模型的基础上，考虑接缝影响长度参数，重新推导计算隧道壁梁的等效刚度，运用该方法计算得到的等效刚度为均质隧道的 $1/7 \sim 1/5$，这一结果与第一种模型的计算结果非常接近。本章取隧道纵向等效刚度为均质隧道的 $1/5$。

4.2.2　地基反力参数取值分析

盾构隧道是埋置在土体中的管束状结构物，其受力变形既受自身离散结构特点的影响，同时也与周围土质情况密切相关。国内已有研究将隧道壁等效为梁结构并考虑与周围土质耦合，求得隧道沉降解析解[153]，然而尚未考虑隧道与周围土体耦合振动。本章所构建的模型将隧道壁周围土层对隧道的作用简化为弹簧阻尼单元，土层弹簧阻尼系数的取值是模型构建中应该重点考虑的问题。

国内有从有限元模拟的角度出发，通过在隧道仰拱位置施加单位力求得隧道周围土体的应变，进而换算得到土层反力弹性系数值的方法。李俊岭[10]应用 ANSYS 软件建立了隧道-土体三维有限元模型，在考虑隧道与周围土体相互作用时换算得到隧道底部等效土弹簧刚度为 8.98MN/m；王田友[154]得到周围土体弹簧刚度为 27.2MN/m；张宏亮[155]通过在轨道正中央上方施加单轮荷载，得到隧道仰供的静下沉量，经过反推计算出其刚度值为 71MN/m，考虑到动静刚度比，在动力学模型中将隧道梁下刚度值取为 85MN/m。然而这种取值方法操作起来比较麻烦，不利于使用推广。

同为埋置于土体中的圆状结构物，在考虑隧道与周围土体相互作用时，可借鉴桩基工程中的处理方式。考虑桩土相互作用方式，将圆形隧道直径换算成实际工作条件下相当的矩形截面环的宽度，对应换算公式为：

$$b_1 = K_0 \cdot K_f \cdot d \qquad (4\text{-}35)$$

式中，b_1 为换算后梁宽度，d 为隧道直径，K_0 为受力换算系数，K_f 为形状换算系数。

地基反力系数与换算后梁宽的乘积即为土层弹性系数 K_g，$K_g = k_g \cdot b_1$，k_g 为地基反力系数。Novak[156]在考率桩土相互作用时，提出桩周土体弹性系数与阻抗系数存在如下关系：

$$C_g = \frac{2S_{u2}}{V_s \cdot S_{u1}} K_g = \frac{2\alpha}{V_s} K_g \qquad (4\text{-}36)$$

其中，C_g 为土层阻抗系数，S_{u2} 和 S_{u1} 为按泊松比确定的函数，α 为系数，通常取 $2.0 \sim 2.3$，V_s 为土体剪切波速。

考虑到需将理论计算结果与杭州地铁1号线振动监测值作对比，选取监测断面隧道周围土质环境计算地基反力系数。隧道断面所在土层为淤泥质粉质黏土，结合杭州市土质勘察报告，土层竖向弹簧刚度系数为100MN/m，阻尼系数为3750kN·s/m。

4.2.3 轨道随机不平顺

轨道钢轨在经过一段时间的运营使用后，形状会产生较大变化，轨道高低不平顺是影响车轨耦合系统垂向振动的最主要因素。轨道产生不平顺的主要原因既包括钢轨的初始弯曲变形及钢轨的摩擦损耗，也包括轨枕间距不均、支撑刚度变化及路基不均匀沉降等。在这些因素的综合作用下，轨道不平顺具有随机性特征。事实上，轨道随机不平顺特征只能靠线路实地测量获得。目前许多国家都基于实测定义本国使用的谱密度函数，如美国轨道谱、德国轨道谱等。近年来，中国铁道科学研究院基于对京津、郑西、武广、沪杭、沪宁等高速铁路轨道轨检车所测数据，同西南交通大学联合提出了中国干线轨道谱、郑武线高速试验段轨道谱等谱密度函数。

　　然而这些谱密度函数的研究成果都是基于对高速铁路及干线铁路的研究，而对城市轨道交通的轨道不平顺极少有研究报道。练松良等[157]通过对上海地铁3号线轨道的实际测量得到一系列结论：实测数据的谱函数显示，城市轨道交通轨道高低不平顺在中长波段要小于国外谱函数，对于短波段则明显要大于美国六级不平顺谱；城市轨道交通轨道短波不平顺对轮轨接触力影响更大。

　　鉴于目前还没有地铁轨道不平顺的谱密度函数，根据美国各级不平顺谱的适用范围，本章采用美国六级轨道不平顺谱密度函数进行计算，将谱密度函数变换成空间不平顺函数 $r(x)$。为考虑轨道不平顺的影响，只需在车轮及钢轨梁竖向受力加上空间不平顺谱引起的外力项 $K_{wr} \cdot r(x)$，K_{wr} 为轮轨接触考虑为线性接触时的接触刚度，由 Hertz 非线性接触公式求导得到，这里取 $1.2 \times 10^9 \mathrm{N/m}$，考虑轨道随机不平顺后，钢轨梁第 k 阶常微分方程为：

$$
E_r I_r \left(\frac{k\pi}{l_r}\right)^4 q_{rk}(t) + \rho_r q_{rk}(t) =
$$
$$
\frac{2}{l_r} \sum_{i=1}^{nc} \sum_{j=1}^{4} v_{rk}(x_{wij}) K_{wr} \left[z_{wij}(t) - \sum_{u=1}^{mr} v_{ru}(x_{wij}) q_{ru}(t) - r(x_{wij}) \right]
$$
$$
- \frac{2}{l_r} \sum_{i=1}^{ns} \sum_{j=1}^{nrs} v_{rk}(x_{rs}^{ij}) \left\{ K_{rs} \left[\sum_{u=1}^{mr} q_{ru}(t) v_{ru}(x_{rs}^{ij}) - \sum_{u=1}^{ms} q_{sui}(t) v_{su}(x_{rs}^{ij} - x_{si}) \right] \right.
$$
$$
\left. + C_{rs} \left[\sum_{u=1}^{mr} \dot{q}_{ru}(t) v_{ru}(x_{rs}^{ij}) - \sum_{u=1}^{ms} \dot{q}_{sui}(t) v_{su}(x_{rs}^{ij} - x_{si}) \right] \right\}
$$

$$(4\text{-}37)$$

4.2.4　隧道不均匀沉降模拟

　　隧道周围土体在地铁列车的循环荷载作用下容易发生不均匀沉降变形。目前尚没有具体的关于地铁不均匀沉降变形的实测数据。本章参考美国铁路基不均沉降的考虑方式，假定地基不均匀沉降导致的轨道变形为余弦分布。一般情况下地铁隧道在地铁循环振动荷载作用下发生的变形是小变形，故这里考虑隧道壁与周围土体不发生脱空情况。本章假定隧道地基不均匀沉降变形体现到隧道壁表面，沉降变形为余弦分布形式，如图4.9所示。隧道不均匀沉降变形为：

$$H(x) = \begin{cases} \dfrac{H_0}{2}\left[1 - \cos\left(\dfrac{2\pi(x-x_0)}{l_g}\right)\right], & x_0 < x < x_0 + l_g \\ 0, & x_0 > x, x > x_0 + l_g \end{cases} \qquad (4\text{-}38)$$

其中，H_0 为沉降波的深度，l_g 为沉降波的波长，x_0 为沉降波的初始位置。考虑此为不均匀沉降变形方式，故只需在隧道壁及浮置板的受力上添加 ΔP_H：

$$\Delta P_H = K_{sh} \times H(x) \qquad (4\text{-}39)$$

相应的，浮置板第 i 块板第 k 阶自由度常微分方程右端项应添加：

$$-\sum_{j=1}^{nsh}\left[v_{sk}\left(x_{sh}^{ij}\right) \times K_{sh} \times H\left(x_{sh}^{ij}\right)\right] \qquad (4\text{-}40)$$

隧道壁第 k 阶自由度常微分方程右端项应添加：

$$\sum_{i=1}^{ns}\sum_{j=1}^{nsh}\left[v_{hk}\left(x_{sh}^{ij}\right) \times K_{sh} \times H\left(x_{sh}^{ij}\right)\right] \qquad (4\text{-}41)$$

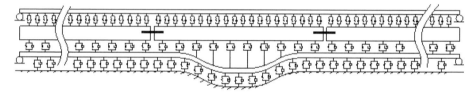

图 4-9　隧道不均匀沉降

4.2.5　轨道随机不平顺的模拟

轨道随机不平顺客观存在于轮轨接触面，它的存在将直接影响轮轨间动力的相互作用。目前国内还没有成熟的地铁浮置板轨道的不平顺谱，本章采用的不平顺谱密度函数为美国六级不平顺谱函数。将谱密度函数变换成空间不平顺函数 $r(x)$，当考虑不平顺的影响时，只需将轮轨和钢轨的受力加上不平顺引起的外力项 $K_{wr} \cdot r(x)^{[158]}$。

在运用时域方法进行车轨耦合振动系统动力响应计算时，需要将不平顺谱密度函数转化成不平顺时域图，本章采用逆变法[159]对其进行转化，具体步骤如下。

（1）将不平顺功率谱转化为双边谱 $S_x(f)$。

（2）根据布莱克曼-特克（Blackman-Turkey）法，所求时域系列对应频谱模值为：

$$\left|X(k)\right|=\left|DFT\left(x(n)\right)\right|=N_r\sqrt{S_x\left(f=k\cdot\mathrm{d}f\right)\cdot\mathrm{d}f}\ ,\ k=0,1,\cdots,N_r/2$$

（3）求出频谱：

$$X(k)=\xi_k\left|X(k)\right|=N_r\xi_k\sqrt{S_x\left(f=k\cdot\mathrm{d}f\right)\cdot\mathrm{d}f}\ \ ,\ k=0,1,\cdots,N_r/2$$

其中，$\xi_k=\exp(i\Phi_k)$，N_r 为总取样点数，Φ_k 服从 $0\sim2\pi$ 的均匀分布，由 $X(k)$ 实部关于 $N_r/2$ 偶对称，虚部关于 $N_r/2$ 奇对称，容易得到 $X(k)$（$k=0$，1，$\cdots$，N_r-1）。

（4）通过傅里叶逆变换可得到 $X(k)$ 频谱函数的时域系列 $X(n)$，其相对应位置即为轨道不平顺空间曲线 $r(x)$。

4.2.6　模型计算参数的选择

B 型标准地铁列车和常见的浮置板轨道参数如表4-4所示，计算长度为 325m，浮置板长度为 25m，扣件分布间距为 0.625m，钢弹簧分布间距为 1.25m，单块浮置板上扣件数量为40，单块浮置板下钢弹簧数量为20，列车行驶速度为20m/s。

表4-4　地铁浮置板轨道参数

参数	数值	单位	参数	数值	单位
车体质量	39500	kg	浮置板单位质量	4800	kg
车体惯量	1.33×10^6	kg·m²	浮置板抗弯刚度	1.8×10^9	N·m²
转向架质量	2520	kg	浮置板剪切刚度	2.4×10^{10}	N·m²
转向架惯量	1760	kg·m²	钢弹簧刚度	2×10^7	N·m⁻¹
轮对质量	1540	kg	钢弹簧阻尼	1×10^5	N·s·m⁻¹
一系悬挂刚度	1.7×10^6	N·m⁻¹	衬砌单位质量	1.64×10^4	kg

续表

参数	数值	单位	参数	数值	单位
一系悬挂阻尼	6×10^4	$N \cdot s \cdot m^{-1}$	衬砌抗弯刚度	1.9×10^{11}	$N \cdot m^2$
二系悬挂刚度	450	$kN \cdot m^{-1}$	衬砌剪切刚度	1.85×10^{10}	$N \cdot m^2$
二系悬挂阻尼	6×10^4	$N \cdot s \cdot m^{-1}$	轮轨接触刚度	1.2×10^9	$N \cdot m^{-1}$
车体长度	19	m	地基弹簧系数	1×10^8	$N \cdot m^{-1}$
转向架中心距	12.6	m	地基阻尼系数	3.75×10^6	$N \cdot s \cdot m^{-1}$
同架轮轴距	2.3	m	剪力铰抗剪刚度系数	1×10^{10}	$N \cdot m^{-1}$
钢轨单位质量	120.71	kg	剪力铰抗剪阻尼系数	5×10^4	$N \cdot s \cdot m^{-1}$
钢轨抗弯刚度	1.24×10^7	$N \cdot m^2$	剪力铰抗弯刚度系数	1.0×10^9	$N \cdot m \cdot rad^{-1}$
扣件刚度	6×10^7	$N \cdot m^{-1}$	剪力铰抗弯阻尼系数	3×10^4	$N \cdot m \cdot s \cdot rad^{-1}$
扣件阻尼	5×10^4	$N \cdot s \cdot m^{-1}$			

其中，地基钢弹簧系数和地基阻尼系数是结合杭州市土质勘察报告所得；轮轨接触刚度由 Hertz 非线性接触公式推导等效而得，剪力铰参数是王永安[160]在对浮置板轨道剪力铰影响分析时得到的最优参数。

4.2.7 两种工况计算结果对比分析

列车-浮置板轨道在有无不平顺两种情况下的动态时程曲线如图4-10所示。

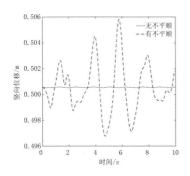

（a）首车竖向位移

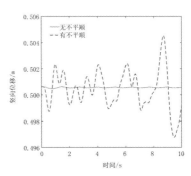

（b）尾车竖向位移

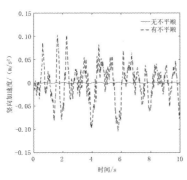

（c）首车竖向加速度

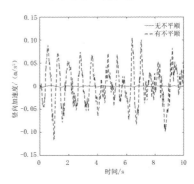

（d）尾车竖向加速度

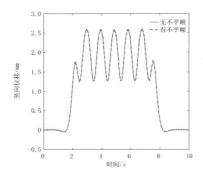

（e）浮置板板中竖向位移

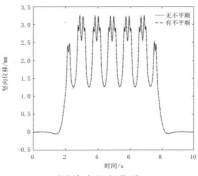

（f）轨中竖向位移

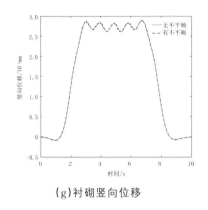

（g）衬砌竖向位移

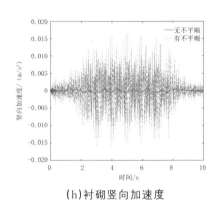

（h）衬砌竖向加速度

图4-10　有无不平顺时域动态时程曲线

有无不平顺两种情况下列车-浮置板轨道耦合动力系统的各响应指标幅值如表4-5所示。表中，浮置板与衬砌的幅值参数为第7块浮置板中点所在位置的数值。

表4-5　列车-浮置板轨道系统振动幅值

不平顺情况	首车位移/m	首车加速度/（m·s⁻²）	轨中位移/mm	轨中加速度/（m·s⁻²）	浮置板位移/mm	浮置板加速度/（m·s⁻²）	衬砌位移/mm	衬砌加速度/（m·s⁻²）
有不平顺	0.508	0.1042	3.27	730.00	2.603	2.737	0.291	0.0195
无不平顺	0.501	0.0014	3.23	0.54	2.560	0.034	0.290	0.0006

由表4-5可以看出，在轨道表面有不平顺的情况下，车体位移变化不大，车体加速度发生显著的增大，车体加速度增加了73.4倍；浮置板位移和钢轨位移变化不大，钢轨位移只增加了1.2%，浮置板位移增加了1.7%；轨道系统的加速度发生巨变，轨中加速度增大了1300多倍，浮置板板中加速度增加了近80倍；衬砌位移基本没有变化，衬砌加速度增加了31.5倍。由此可以看出，轨道不平顺对系统振动性能的影响特别严重，另外，因为浮置板的存在，轨道系统的振动加速度从上到下的增加倍数是显著减小的，这进一步验

证了浮置板的隔振作用。

衬砌加速度时域动态响应曲线如图4-10所示，在加入不平顺后，衬砌竖向加速度幅值不仅变大了，而且曲线的密集度增大很多，说明有不平顺的情况下振动响应的高频成分增大了。

4.3 地基弹簧刚度及隧道刚度折减影响

4.3.1 算例参数取值

盾构隧道在列车荷载作用下的受力变形既受自身离散式结构的影响，同时也和周围土体性质条件密切相关，这两种影响因素彼此也相互关联。隧道运营时间的延长，轨道管片结构的老化，纵缝接头刚度的减弱，强震作用的干扰等，都会使隧道梁及下方土体受力性能变差，而低刚度条件下行车扰动更加强烈，隧道壁产生的更大的沉降变形使隧道整体刚度会进一步减弱，如此循环往复。

本节选取若干隧道刚度折减率及地基弹簧参数组合，计算车轨系统的动力响应，分析两种因素变化对车轨系统的振动作用规律，并进一步分析两种因素的相互影响。其中隧道刚度折减率 η 取 1，1/5，1/15 三种情况，地基弹簧刚度（单位为 MN/m）分别取 1，5，10，50，100，500，1000 七种情况。

4.3.2 地基弹簧刚度影响

不同地基弹簧刚度下计算所得的钢轨、浮置板、衬砌及隧中地基反力幅值曲线如图4-11所示。可以看到，随着地基弹簧刚度的增大，轨中位移、板中位移、衬砌位移等都减小，而地基反力则相反。换言之，如果土体条件变差，随着地基弹簧刚度系数减小，隧道梁在列车荷载作用下的沉降变形会增大，进而也会带动钢轨及浮置板产生较大的变形位移。地基刚度为10MN/m时，钢轨轨中位移幅值为3.575mm，浮置板板中位移幅值为2.899mm，刚好可以满足钢轨及浮置板的变形限界要求。地基弹簧刚度大于100MN/m后，各物理量幅值逐渐趋于稳定，因此综合考虑轨道变形及变形稳定性，建议地基弹簧刚度应在100MN/m之上。

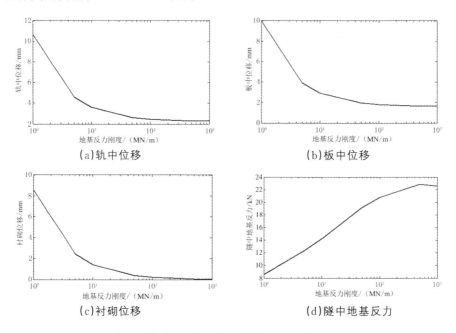

(a)轨中位移   (b)板中位移

(c)衬砌位移   (d)隧中地基反力

图4-11　不同地基弹簧刚度下各物理量幅值

三种地基弹簧刚度下衬砌加速度及相应的倍频程如图4-12所示。可以看到，随着地基弹簧刚度的增大，衬砌加速度逐渐减小，三种地基刚度下的衬砌加速度峰值依次为5.219cm/s², 3.737cm/s²和3.02cm/s²。从频率上看，随着地基弹簧刚度的增大，衬砌振动主频成分逐渐从低频向高频转移。三种地基弹簧刚度下，衬砌加速度振动峰值频率依次为15.87Hz，28.08Hz和42.97Hz。因此从降噪的角度上看，隧道周围土体刚度也并非越高越好，地基反力刚度越大，隧道衬砌高频振动越大，产生的噪声干扰也就越大。

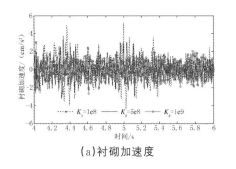

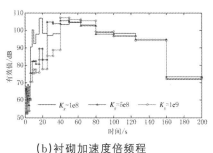

（a）衬砌加速度　　　　　　　（b）衬砌加速度倍频程

图4-12　衬砌加速度及倍频程

4.3.3　隧道刚度折减影响

三种不同的隧道刚度折减率下，隧道衬砌及地基反力时程曲线如图4-13所示。隧道刚度折减率越大，隧道衬砌的加速度则越小，折减率 η 在1，1/5，1/15三种情况下隧道加速度峰值分别为2.532cm/s²，5.219cm/s²，10.77cm/s²。地基反力随着隧道刚度折减率增大也有逐渐变小的规律，三种刚度折减率下，地基反力值依次为16.35kN，20.79kN，22.64kN。且隧道刚度折减越大，地基反力发生变化的时间跨度也越长。由于折减率越大，隧道刚度越高，因此钢轨上集中荷载将由更长的隧道梁段分担这部分荷载，隧道单点地基反力也就越小，但单点地基反力变化时长反而越长。

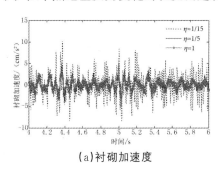

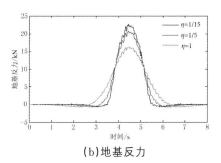

（a）衬砌加速度　　　　　　　（b）地基反力

图4-13　不同刚度折减下各物理量时程曲线

4.4 支承元件参数优化

4.4.1 优化分析方法

扣件及钢弹簧是浮置板轨道的重要组成部分，两者的刚度及阻尼是决定浮置板轨道减振性能的关键性参数。本节计算了不同扣件、钢弹簧参数下车轨耦合系统的振动响应，结合轨道变形限界要求，从轨道系统的振动响应及隔振性能两个角度进行比较优化，选取扣件及钢弹簧参数。本章所提支承元件均为实际轨道两侧支承元件的叠加，因此参数也按单个元件的两倍取值。

传递率通常用来评价浮置板轨道的隔振性能，定义为钢弹簧力模值与轮轨接触力模值的比。而隔振率同样可以评价浮置板轨道的隔振性能，隔振率与传递率的和为1，隔振率计算公式如下：

$$A = 1 - R = 1 - \frac{|F_{sh}(t)|}{|F_w(t)|} \tag{4-42}$$

其中，A 为隔振率，R 为传递率，$F_{sh}(t)$ 为钢弹簧力，$F_w(t)$ 为轮轨接触激扰力。为获得浮置板轨道隔振率曲线，一般的方法是构建好模型后，在钢轨中间施加激励荷载，得到底部钢弹簧力后求出隔振率，然后逐渐改变激励荷载频率进行扫频处理。

本章采取一种特殊办法评价浮置板轨道的隔振性能，具体实施方法如下。

（1）将模型计算所获得的所有钢弹簧力总和及四个轮轨接触力总和采用傅里叶变换从时域样本点变换至频谱样本点：

$$\tilde{F}_{sh}(\omega) = fft\left[\sum_{i=1}^{nsh \cdot ns} F_{sh}(t)\right], \tilde{F}_w(\omega) = fft\left[\sum_{i=1}^{4} F_w(t)\right] \tag{4-43}$$

（2）借鉴上述隔振率计算公式，计算出各频率点的隔振率，进而可获得轨道对各频率的隔振率曲线：

$$A(\omega) = 1 - R(\omega) = 1 - \frac{|\tilde{F}_{sh}(\omega)|}{|\tilde{F}_w(\omega)|} \tag{4-44}$$

4.4.2　钢弹簧刚度优化

钢弹簧刚度（单位为MN/m）选取10种工况：1，5，10，20，30，40，50，60，70，80。

10种工况下轨道系统各物理量幅值变化曲线见图4-14。从轨道变形上看，随弹簧刚度增大，钢轨和浮置板位移逐渐减小，衬砌位移逐渐增大，且钢弹簧刚度小于10MN/m时，位移幅值变化很快，在此之后变形逐渐趋于稳定。当钢弹簧刚度为10MN/m时，钢轨轨中位移幅值为3.932mm，浮置板板中位移幅值为2.998mm，从轨道变形限界的角度考虑，钢弹簧刚度应大于10MN/m。钢轨加速度随钢弹簧刚度增大几乎不变，浮置板加速度随刚度增大则有先增大再减小而后又增大的变化趋势，衬砌加速度则随刚度增大一直增大，且变化显著，扣件力随钢弹簧刚度基本没有变化，钢弹簧力则随钢弹簧刚度增大一直增大。

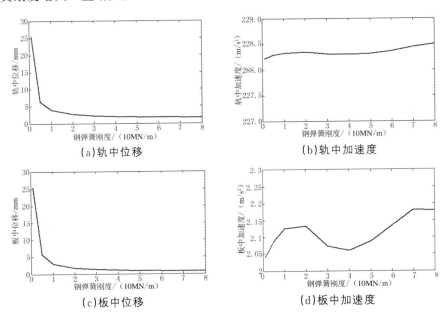

（a）轨中位移　　　　　　　　（b）轨中加速度

（c）板中位移　　　　　　　　（d）板中加速度

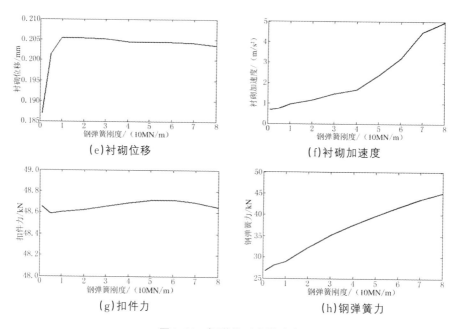

(e)衬砌位移　　　　　　　　　　　　(f)衬砌加速度

(g)扣件力　　　　　　　　　　　　(h)钢弹簧力

图4-14　钢弹簧刚度影响分析

采用前述隔振率计算方法可得到不同弹簧刚度下轨道隔振率随振动频率变化曲线（见图4-15）。可以看到，初始隔振频率之前的低频段，钢弹簧浮置板轨道不但没有隔振效果，反而会使这部分振动响应增大。而在初始隔振频率之后的高频段，浮置板轨道逐渐发挥隔振效果，且对于50Hz之后的高频段几乎100％隔振。随着钢弹簧刚度增大，初始隔振频率变高，且低频段的放大效果越明显，10种工况下初始隔振频率按弹簧刚度（单位为Hz）从小到大排列为2.563，5.737，9.644，14.89，15.63，17.95，20.63，23.07，23.93，25.02。这意味着随钢弹簧刚度的增大，钢弹簧浮置板轨道的隔振效果逐渐减小，因此建议在满足变形限界的条件下尽量选择较低的钢弹簧刚度。

综上所述，在充分考虑轨道变形限界、轨道振动加速度随钢弹簧刚度变化趋势后，结合轨道隔振率的变化规律，建议钢弹簧刚度取20～40MN/m。

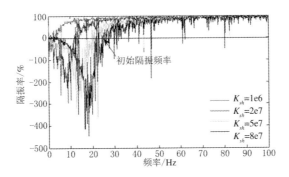

图 4-15 钢弹簧刚度对隔振率影响

4.4.3 钢弹簧阻尼优化

钢弹簧阻尼（单位为 kN·s/m）选取 10 种工况：5，7.5，10，25，50，75，100，250，500，750。

10 种工况下轨道振动响应幅值随钢弹簧阻尼变化曲线见图 4-16。从轨道位移变形看，钢弹簧阻尼的变化对钢轨、浮置板、衬砌的位移影响均不大，三者位移最大值与最小值的差值百分比依次为 0.33%，1.07%，0.24%。钢弹簧阻尼增大，钢轨加速度变化很小，浮置板加速度一直减小，衬砌加速度则为先减小后增大的趋势。扣件力随钢弹簧阻尼增大也一直在减小，钢弹簧力在钢弹簧阻尼小于 100kN·s/m 时变化很小，100kN·s/m 之后则发生较大改变。

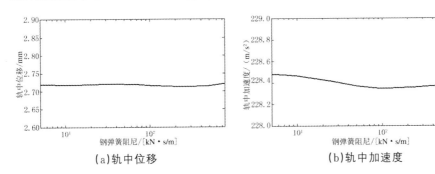

(a) 轨中位移　　　　　　　　　(b) 轨中加速度

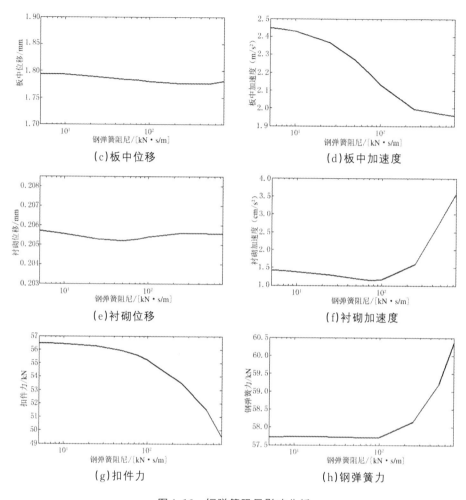

（c）板中位移   （d）板中加速度

（e）衬砌位移   （f）衬砌加速度

（g）扣件力   （h）钢弹簧力

图 4-16　钢弹簧阻尼影响分析

　　四种钢弹簧阻尼取值下轨道隔振率随振动频率的变化曲线见图 4-17。可以看到，四种阻尼下轨道的初始隔振频率都是固定的，约为 14Hz，即钢弹簧阻尼的变化对轨道的有效隔振频率范围影响不大。但是在小于初始隔振频率的低频段，轨道对低频振动有先增大再减小最后又增大的变化趋势；而在高频段，过低的钢弹簧阻尼系数将使高频段的隔振效果降低。

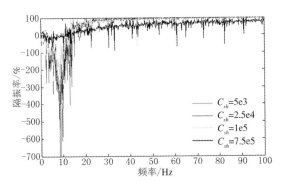

图4-17　钢弹簧阻尼对隔振率影响

综上所述，综合考虑轨道振动响应的变化及轨道隔振性能的变化规律，建议钢弹簧浮置板中钢弹簧阻尼系数取值为100kN·s/m左右。

4.4.4　扣件刚度优化

扣件刚度（单位为MN/m）选取10种工况：10，20，30，40，50，60，70，80，90，100。

10种工况下轨道振动响应幅值随扣件刚度变化曲线见图4-18。从轨道位移变形看，钢轨位移均随扣件刚度增大而减小，从变化率看，均呈现前陡后缓的趋势，浮置板、隧道衬砌虽有相同的变化规律，但变化量很小。随着扣件刚度增大10MN/m，三者位移最大变化率分别为49.64%，0.23%，0.05%，扣件刚度为10MN/m时，钢轨的位移超出轨道变形限界要求。随着扣件刚度增大，钢轨加速度一直在减小，浮置板加速度先减小后增大，衬砌加速度一直增大，三者加速度最大变化率分别为1.37%，1.33%，8.58%。扣件力随扣件刚度增大一直增大，钢弹簧力则有先增大再减小然后缓慢增大的趋势，但变化较小。

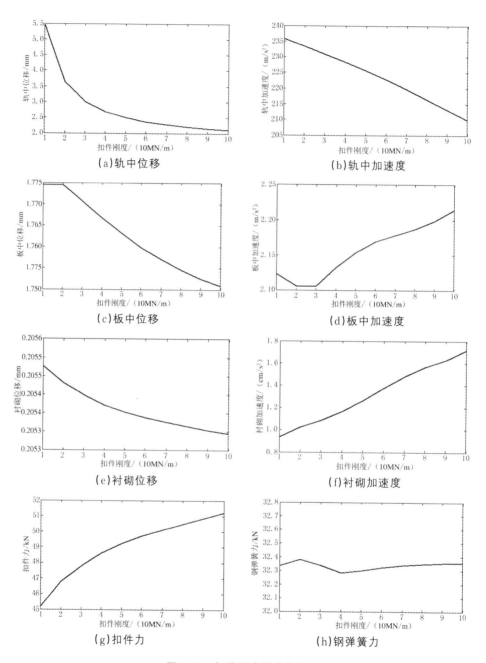

图 4-18　扣件刚度影响分析

不同的扣件刚度下轨道隔振率随振动频率变化曲线见图4-19，由图可知，扣件刚度对轨道的隔振性能影响不大。

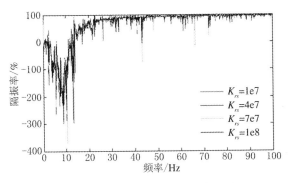

图4-19　扣件刚度对隔振率影响

综上所述，考虑到选取轨道振动响应均为浮置板板中各点对应值，而实际板端振动响应要大于板中的振动响应，因此扣件刚度取值不宜太小，但同时应尽可能减小轨道各构件的振动响应，因此建议扣件刚度取40MN/m左右。

4.4.5　扣件阻尼优化

扣件阻尼（单位为kN·s/m）选取10种工况：5，7.5，10，25，50，75，100，250，500，750。

10种工况下轨道振动响应幅值随扣件阻尼变化曲线见图4-20。钢轨、浮置板、衬砌三者均随扣件阻尼增大而减小，且变化幅度均不大，最大值较最小值增大比分别为3.08%，0.51%，0.05%。钢轨加速度有先减小后持平再减小的变化趋势，浮置板及衬砌加速度均先减小后增大，且变化幅度均较为明显。扣件力随扣件阻尼增大一直增大，且两头增幅较小、中间增幅较大，钢弹簧力有先减小后增大的趋势，量值变化幅度较小。

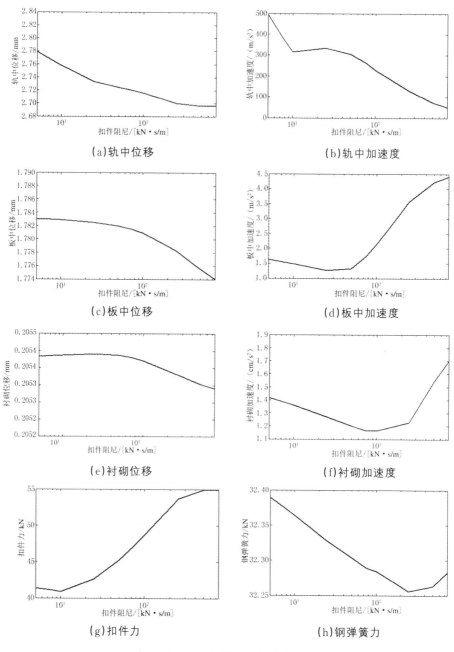

(a)轨中位移

(b)轨中加速度

(c)板中位移

(d)板中加速度

(e)衬砌位移

(f)衬砌加速度

(g)扣件力

(h)钢弹簧力

图4-20 扣件阻尼影响分析

　　四种不同扣件阻尼下轨道隔振率随振动频率变化曲线见图 4-21。可以看出，扣件阻尼对轨道的隔振性能影响也不大。

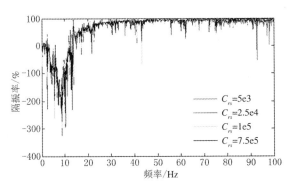

図 4-21　扣件阻尼对隔振率影响

　　综上所述，综合考虑各振动响应量随扣件阻尼变化的变化规律，重点从降低浮置板及衬砌加速度角度出发，建议扣件阻尼取值范围为 $25\sim250\mathrm{kN\cdot s/m}$。

4.5　剪力铰作用分析

4.5.1　剪力铰运用及模拟方法

　　浮置板轨道因其优良的减震性能被广泛使用在地铁隧道中，然而在实际工程中，浮置板通常是有一定长度限制的，这就造成了浮置板轨道结构上具有不连续的缺陷。实际上，列车经过浮置板板端时产生的振动响应较经过板中时产生的振动响应要大得多。如前文所述，工程中常采用剪力铰装置来抵消浮置板板长限制导致的轨道不平顺。具体做法是，在两板端之间加入五根抗剪棒，由于这种做法是实践先于理论，故目前很少有对抗剪棒作用的研究。

　　本节基于 Timoshenko 梁理论，考虑剪力铰装置具有抵抗板端转角变形和竖向位移变形的作用，采用抗弯和抗剪两种单元模拟这两种约束作用。由于剪力棒阻尼通常比较小，而经过计算分析发现较小的阻尼系数对于剪力棒的作用效果几乎没有影响，因此本节只对剪力铰抗弯刚度 K_{ww} 和抗剪刚度 K_{ss} 两参数进行影响分析。

4.5.2 无剪力铰轨道振动分析

单节列车经过两浮置板板端轨道变形见图4-22，共分为五个阶段。

（1）列车在前一块浮置板板中位置。由于列车荷载使钢轨产生变形位移的范围有限，下一块浮置板几乎不产生位移，两块板板端有位移差。受压浮置板板端扣件处钢轨位移小于浮置板位移，板端扣件力为负值。

（2）列车第一转向架临近板端位置处。此时钢轨的变形范围已经可以覆盖下一块浮置板板首端位置。两板端位移差达到最大值，钢轨产生突跳现象[160]，前一块浮置板末端扣件力及钢弹簧力也达到最大值，且该值较板中扣件及钢弹簧力大得多。受力由钢弹簧传递至衬砌，衬砌轮下对应点的位移也达到最大值。后一块浮置板板首端扣件和钢弹簧均为受压状态，并在列车第一转向架经过时达到最大值。

（3）板端位于列车正中间。此时两浮置板在受力及变形上是关于板端接缝对称的。此时板端扣件受拉，扣件力为负值。

（4）列车第二转向架刚经过板端接缝位置。这一阶段轨道变形位移、扣件及钢弹簧受力与第二阶段是对称的，这里不再赘述。

（5）列车开至后一块浮置板板中位置处。这一阶段轨道变形位移、扣件及钢弹簧受力与第一阶段是对称的，这里不再赘述。

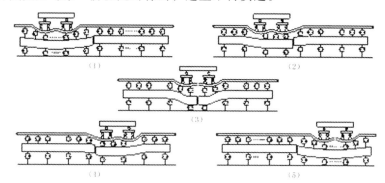

图4-22　列车过板端示意

板端不设剪力铰时，轨道各部分振动响应时程曲线见图4-23。其中，图4-23（a）、图4-23（b）和图4-23（c）为列车第一轮对轮下所在位置轨道断面的钢轨、浮置板及衬砌的对应点位移值。可以看到，在轮对经过时，板端对应钢轨、浮置板及衬砌的位移值均要比板中对应点位移大得多。三者板端位移比板中位置分别增长42.74％，79.72％和11.56％。图4-23（d）为浮置板结构不连续引起的车体竖向位移加速度，增幅达0.01m/s²。由图4-23（e）和图4-23（f）可知，板端处扣件力及钢弹簧力变化趋势要比板中扣件力及钢弹簧力更为复杂，且幅值上也更大，扣件力板端幅值较板中增大53.96％，钢弹簧力板端幅值较板中增大77.61％。

综上所述，浮置板板端不平顺给轨道振动响应所带来的影响比较明显，浮置板板端位移处应设置剪力铰以平衡均匀轨道整体刚度。

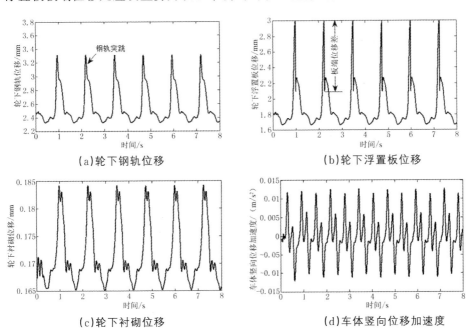

（a）轮下钢轨位移　（b）轮下浮置板位移　（c）轮下衬砌位移　（d）车体竖向位移加速度

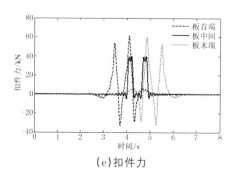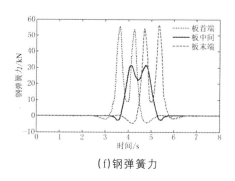

(e)扣件力　　　　　　　　　　　　(f)钢弹簧力

图4-23　无剪力铰下轨道振动响应

4.5.3　两种剪力铰单元的作用

前文采用两种不同的弹簧单元组合模拟剪力铰对浮置板两端的约束作用。为进一步分析两种单元对板端的约束效果，本节单独就每种单元取三种刚度参数计算轨道的振动响应。其中，抗弯单元刚度 K_{ww} 取 $0.5\,\text{N}\cdot\text{m/rad}$，$50\,\text{N}\cdot\text{m/rad}$，$5000\,\text{N}\cdot\text{m/rad}$ 三种工况，抗剪单元刚度 K_{ss} 取 1MN/m，100MN/m，10000MN/m 三种工况，分别分析两种弹簧单元的作用。

六种工况下轮下浮置板的位移曲线见图4-24。可以看到，设置抗弯单元时，随着抗弯单元刚度增大，板端接缝两侧浮置板位移均一直减小，三种抗弯单元刚度下板端位移差依次分别为0.900mm，0.904mm，0.932mm。设置抗剪单元时，随着抗剪单元刚度增大，接缝左侧轮下浮置板位移逐渐减小，而右侧轮下浮置板位移则逐渐增大（列车由左向右行驶），三种抗剪单元刚度下板端位移差依次分别为0.859mm，0.219mm，0.006mm。

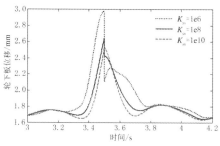

(a)抗剪单元下轮下板位移

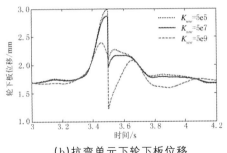

（b）抗弯单元下轮下板位移

图4-24　两种剪力铰不同刚度下轮下浮置板位移曲线

　　通过进一步分析发现，随着抗弯单元刚度增大，轮下浮置板位移最大值所在位置逐渐向接缝两端转移；相反地，随着抗剪单元刚度的增大，轮下浮置板位移最大值却一直向接缝位置处靠近。这是因为抗弯单元相当于在浮置板两端施加弯矩荷载，其可以减小浮置板的整体弯曲变形；而抗剪单元相当于施加剪力荷载，其只能减小板端的竖向位移。若将接缝左右两块浮置板视为一根整梁，则抗弯单元可以减小接缝薄弱处的转角变形差，进而提高梁的整体抗弯变形；抗剪单元则只能减小接缝位置处的剪切变形，作用范围有限。

　　车体振动加速度取决于轨道整体刚度（综合考虑钢轨、浮置板、隧道及各支撑元件后的整体刚度），车体竖向加速度是反映轨道整体平顺性的一个重要参数。六种工况下车体竖向加速度时程曲线见图4-25和图4-26。三种抗弯单元刚度下车体竖向加速度最大值分别为 $0.01259\mathrm{m/s^2}$，$0.01214\mathrm{m/s^2}$，$0.01463\mathrm{m/s^2}$；三种抗剪单元刚度下车体竖向加速度最大值分别为 $0.01236\mathrm{m/s^2}$，$0.00719\mathrm{m/s^2}$，$0.00907\mathrm{m/s^2}$。可以发现，无论是抗弯单元还是抗剪单元，随着单元刚度增大，车体竖向加速度最大值均有先减小后增大的变化趋势。因此，车体竖向加速度幅值可作为剪力铰参数优化的一个重要判据。

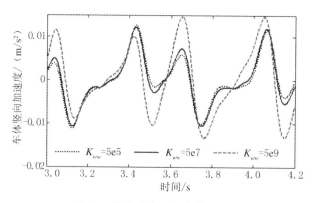

图 4-25　抗弯剪力铰下车体竖向加速度

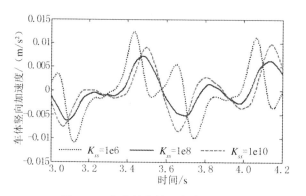

图 4-26　抗剪剪力铰下车体竖向加速度

4.5.4　两种剪力铰单元刚度变化的影响

为进一步分析两种单元刚度对车轨系统各部分振动响应的影响规律，本节计算并统计了各部分振动响应随刚度的变化规律。

抗剪单元和抗弯单元分别取 15 种刚度，计算所得的振动响应幅值随剪力铰刚度变化曲线见图 4-27。可以发现，车体竖向加速度确实会随两种单元刚度增大呈先减小后增大的变化趋势，且抗弯单元下车体竖向加速度大于抗剪单元下车体竖向加速度，这是由抗弯单元使钢轨产生更多的不平顺波所致；轮下钢轨位移随抗弯刚度增大而减小，随抗剪刚度增大有先减小后增大的规律；轮下浮置板位移随两种单元刚度增大一直减小，且抗弯单元作用下的减小量大于抗剪单元作用下的减小量，这也证明了抗剪单元确实对降低浮置板整体竖向变形的能力不如抗弯单元；轮下衬砌位移随两种单元刚度的增大也有先减小后增大的规律，且抗弯单元作用下的衬砌位移要小于抗剪单元作用下的衬砌位移，这是由抗剪单元将刚度集中于一点而使轨道产生瞬时冲击所致；板端钢弹簧力随两种单元刚度增大一直减小，板端扣件力随抗弯单元刚度增大而增大，随抗剪刚度增大而减小，这是因为抗弯单元虽能降低浮置板整体的变形位移，但是减小板端位移差的能力有限，甚至有相反的效果，因此在车轮瞬时冲击荷载作用下板端扣件随抗弯刚度会增大。

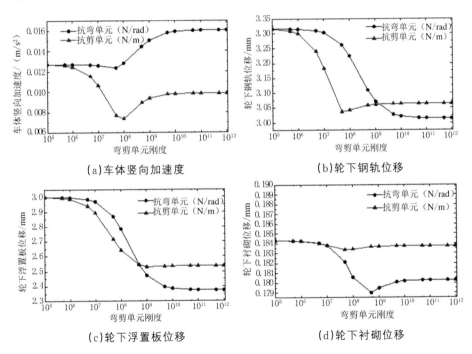

(a)车体竖向加速度

(b)轮下钢轨位移

(c)轮下浮置板位移

(d)轮下衬砌位移

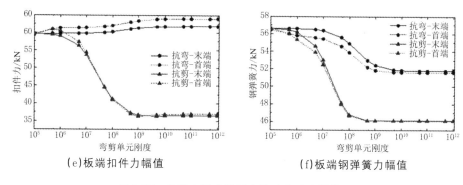

(e)板端扣件力幅值   (f)板端钢弹簧力幅值

图4-27 各剪力铰参数下车轨动力响应幅值

4.5.5 剪力铰模型参数优化

如前文所述，剪力铰两种单元刚度过高或过低均不能使轨道运营状态处于最佳状态，因此应存在一组最优剪力铰刚度参数，使轨道运营处于最佳条件。本节计算两种单元组合作用下的车轨振动响应，共采用225个算例进行统计分析。为挑选出最优剪力铰参数组合，选定车体竖向加速度幅值作为评定指标。

不同剪力铰参数组合下计算所得车体竖向加速度幅值见图4-28，单位为m/s^2。可以看到，每一个抗剪单元刚度值都有与之相对应的最优抗弯单元刚度，最优抗弯单元刚度随抗剪单元刚度变化曲线为图中三角标识线；抗弯刚度小于等于$5\times10^9 N\cdot m/rad$时，每一抗弯单元刚度也都有与之唯一对应的最优抗剪单元刚度，最优曲线为图中圆圈标识线。两条线有唯一交点，交于抗弯刚度为$10^9 N\cdot m/rad$、抗剪刚度为$10^{10} N/m$处，此时车体竖向加速度为$2.573\times10^{-3} m/s^2$，此点即为算例取值范围内的最优点。当抗弯刚度大于等于$5\times10^9 N\cdot m/rad$时，车体竖向加速度幅值随抗剪单元刚度增大先减小后趋于稳定，且该稳定值大于$2.573\times10^{-3} m/s^2$。因此抗弯刚度$10^9 N\cdot m/rad$、抗剪刚度$10^{10} N/m$为算例范围内的最佳剪力铰参数组合。采用类似的方法可细分两种单元参数组合取值，进一步得到更为精确的最优剪力铰参数组合。

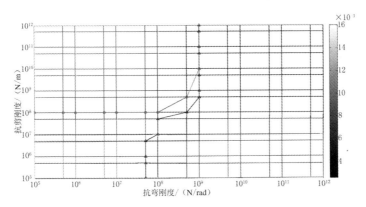

图 4-28　不同组合参数车体竖向加速度

4.6　本章小结

　　本章建立了多编组车体的列车–浮置板–衬砌–地基耦合模型，通过理论推导及模态分析原理，将各梁的振动偏微分方程分解为常微分方程组，然后将车体各部件的振动方程与各梁的常微分方程组联立组合，形成列车–浮置板–衬砌–地基耦合振动常微分矩阵方程，最后基于 Newmark-β 法迭代求解，通过 MATLAB 编程求得车轨系统的振动响应时程曲线，并通过与现有文献中其他方法得到的结果进行比较，验证本模型建立的正确性和求解方法的准确性。

　　另外，本章基于所建列车–浮置板–衬砌–地基耦合振动分析模型，分别选取不同的工况条件进行车轨动力响应计算分析，分析了轨道随机不平顺、隧道刚度折减及地基反力参数、支承元件（扣件及钢弹簧）参数、剪力铰参数等因素的影响。从时域和频域两个角度出发分析轨道有无随机不平顺下引起车轨振动响应的不同之处；选取不同的隧道刚度折减率和地基弹簧刚度进行计算，分析隧道刚度折减及地基弹簧刚度变化对车轨振动的影响，并对这两种因素的相互作用进行探讨；选取不同的扣件及钢弹簧参数进行计算，分别从时域振动响应及隔振率两个角度出发，探讨支承元件参数变化对轨道振动响应及隔振性能的影响，并给出最优参数取值；采用两种不同的弹簧阻尼单元模拟剪力铰对板端的约束作用，选取不同的参数组合以分析两种单元对轨道的作用效果，并选定列车车体竖向加速度作为评判指标优化剪力铰两种单元刚度的取值。具体得到以下结论。

（1）在有轨道随机不平顺时，车体竖向位移和竖向加速度的幅值均显著增加；列车-浮置板-衬砌-地基耦合系统的三层梁结构的位移幅值变化不大，但三者的竖向加速度发生明显的增大，说明不平顺对系统加速度的影响远远大于对位移的影响。此外，加速度曲线的密集度增大很多，说明有不平顺的情况下振动响应的高频成分增大了很多。

（2）随着地基土体力学性质变差、地基反力刚度逐渐减小，轨道部分的竖向位移变形越来越大，地基所能提供的地基反力也一直减小。考虑到隧道变形限界及稳定性，建议地基反力刚度取值应在100MN/m以上，又考虑到降噪要求，地基反力刚度也不应过大。隧道刚度折减率越小，隧道整体等效刚度也越小，隧道衬砌振动加速度也越大，地基土体承受的竖向荷载也越大。总的来说，隧道刚度折减及地基反力刚度共同决定隧道衬砌的受力变形及振动状态，刚度折减率变小，隧道振动及变形增大，地基土体受力越大，进而导致地基土体力学性质变差；土体力学性质变差又会使隧道产生更严重的变形和振动，进而使隧道整体刚度进一步下降。如此反复，恶性循环。

（3）钢弹簧刚度对于浮置板轨道的隔振性能有较为明显的影响，随着钢弹簧刚度增大，初始隔振频率逐渐增大，低频放大效果也更强，建议钢弹簧刚度取值为20～40MN/m；钢弹簧阻尼对轨道初始隔振频率影响不明显，阻尼系数较小时低频消能作用增强，但高频减振也相对变弱，阻尼系数较大时低频消能减弱，综合考虑后，建议钢弹簧阻尼取值为100kN·s/m左右；扣件刚度和阻尼对轨道隔振性能均无明显影响，综合考虑轨道变形限界及振动响应后，扣件刚度取值在40MN/m左右，扣件阻尼取值在25～250kN·s/m。

（4）抗剪单元能有效约束浮置板板端位移差，但对降低浮置板整体位移变形能力有限；抗弯单元能降低两侧浮置板的整体竖向位移，但不能减小浮置板板端位移差，反而还会使位移差增大。两种单元具有互相补充的作用，对两种单元参数组合进行优化分析，得到算例范围内最优参数组合是抗弯刚度为10^9N·m/rad、抗剪刚度为10^{10}N/m。

第5章

CHAPTER 5

钢弹簧损伤对车轨系统振动的影响

随着列车-浮置板轨道交通的长期运营，系统结构必将受到车轨之间各种动静荷载的周期冲击，在这些荷载的持续作用下，车轨系统构件发生损伤或失效在所难免。一旦车轨系统构件发生损伤或失效，轨道系统结构的完整性和均匀性将受到破坏，车轨耦合系统的动力响应将增大，结构进一步破坏，缩短结构的使用寿命，影响行车安全。钢弹簧是整个车轨系统支承的主要元件之一，长期承受着巨大的列车荷载的冲击，是车轨系统结构中经常发生损伤或失效的元件之一，因此有必要对其损伤或失效状态下的列车-浮置板轨道系统的振动性能进行分析。

5.1 损伤数量对车轨系统振动的影响

5.1.1 钢弹簧损伤数量的工况

为了研究钢弹簧损伤对车轨耦合系统振动性能的影响，以下分析都是在无不平顺谱的情况下进行，此外还考虑了浮置板板端剪力铰的影响。本节重点研究钢弹簧损伤数量对车轨耦合系统振动性能的影响。图5-1为三种不同钢弹簧损伤数量的工况图，图中所示浮置板为计算模型中第六块和第七块浮置板，阴影钢弹簧结构表示损伤的钢弹簧。

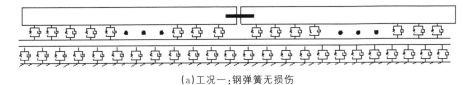

(a)工况一:钢弹簧无损伤

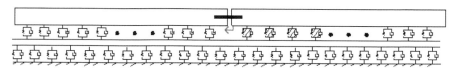

(b)工况二:半块板下钢弹簧损伤

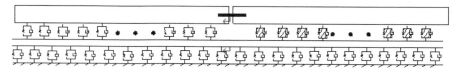

(c)工况三:整块板下钢弹簧损伤

图5-1　钢弹簧损伤数量工况

5.1.2　车体振动所受影响分析

对于有损伤钢弹簧的浮置板-列车轨道系统振动响应的计算，只需将式(4-27)和式(4-35)中的钢弹簧刚度K_{sh}赋予损伤后的实际值即可，其余计算参数与第4章相同。

三种工况下车轨耦合振动系统中车体指标的振动时程曲线见图5-2，工况二和工况三中损伤钢弹簧的残余刚度为完好状态下刚度的10%。由图5-2中的数据可以分析得出，对于首车来说，工况二较工况一，车体竖向加速度增加了37.6倍，车体竖向位移增加了0.38%；工况三较工况一，车体竖向加速度增加了66.3倍，车体竖向位移增加了1.3%。对于尾车来说，工况二较工况一，车体竖向加速度增加了30.3倍，车体竖向位移增加了0.5%；工况三较工况一，车体竖向加速度增加了37.2倍，车体竖向位移增加了1.3%。对于第三节车体来说，工况二较工况一，车体竖向加速度增加了55.8倍，车体竖向位移增加了0.54%；工况三较工况一，车体竖向加速度增加了59.9倍，车体竖向位移增加了1.4%。由此可以得出，随着钢弹簧损伤数量的增加，车体竖向加速度指标都发生明显增大，车体竖向位移增加较小，钢弹簧损伤数量变化对车体竖向加速度的影响大于对车体竖向位移的影响。我国关于乘车舒适性的评判标准是以斯佩林（Sperling）舒适度指标为基础制定的，其值与车体竖向加速度呈正相关，其值越大，所得到的结果越大，乘车舒适性越差。由此可知，当列车经过有钢弹簧损伤位置时，乘车舒适性将变差，且随着损伤钢弹簧数量的增加，乘车舒适性越来越差。

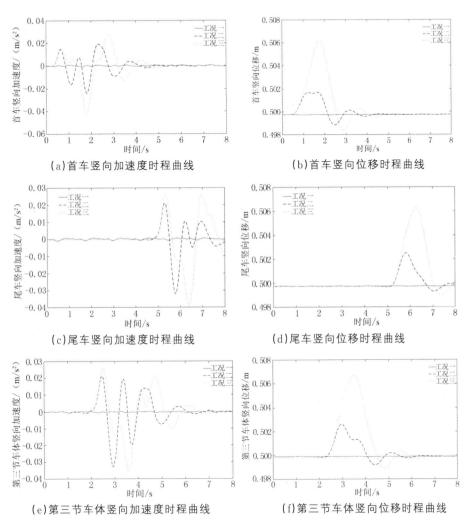

(a)首车竖向加速度时程曲线　　　　　(b)首车竖向位移时程曲线

(c)尾车竖向加速度时程曲线　　　　　(d)尾车竖向位移时程曲线

(e)第三节车体竖向加速度时程曲线　　(f)第三节车体竖向位移时程曲线

图 5-2　车体指标的振动时程曲线

5.1.3 轨道系统振动所受影响分析

轨道系统各指标时程曲线见图5-3，工况二和工况三中损伤钢弹簧的残余刚度为完好状态下刚度的10％。由图5-3数据分析得，工况二较工况一，轨中竖向位移增加了93.5％，轨中竖向加速度基本不变，浮置板板中竖向位移增大了1.36倍，首车第一轮轨接触力增加了1.7％。工况三较工况一，轨中竖向位移增加了3.65倍，轨中竖向加速度基本不变，浮置板板中竖向位移增大了5.41倍，首车第一轮轨接触力增加了2.4％。由此可知，钢弹簧损伤数量对轨道系统的振动响应有重大的影响，随着钢弹簧损伤数量的增加，钢轨竖向位移、浮置板竖向位移、轮轨接触力都将增加，在一般情况下，国家标准对钢轨变形都有相关要求，较大的钢轨变形显然对行车不利，而轮轨接触力的增加将加大对轨道踏面的磨损，影响其使用寿命；同时可以看出，浮置板竖向位移随着钢弹簧损伤增大较多，浮置板竖向位移的增大使完整的浮置板与损伤浮置板之间的高度差加大，对剪力铰结构产生较大影响。由此可见，钢弹簧损伤对轨道系统具有极为不利的影响。

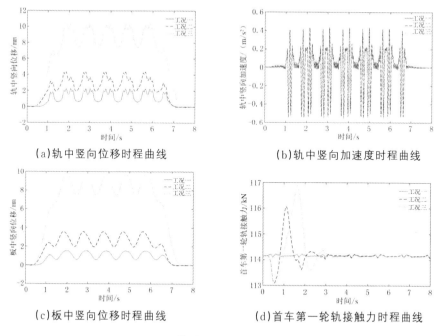

(a)轨中竖向位移时程曲线　　　　　(b)轨中竖向加速度时程曲线

(c)板中竖向位移时程曲线　　　　　(d)首车第一轮轨接触力时程曲线

图5-3　轨道系统各指标时程曲线

5.2 损伤程度对车轨系统振动的影响

本节研究钢弹簧损伤程度对浮置板–列车耦合振动系统响应的影响。以工况三为例，分别探讨钢弹簧损伤为100%，80%，60%，40%，20%及完好情况下列车–浮置板耦合系统的振动响应。引入损伤系数k来表示钢弹簧损伤后的刚度，k等于0.2代表钢弹簧损伤了20%。

在不同损伤程度下，列车–浮置板轨道系统各指标响应幅值变化见图5-4，各节车体变化趋势相同，在此以首车为例进行分析，扣件力为第六块板端第一个扣件力的幅值。图中可以看出，随着钢弹簧刚度损伤程度的增加，车体竖向位移、车体竖向加速度、钢轨竖向位移、钢轨竖向加速度、浮置板竖向位移、浮置板竖向加速度都逐渐增加；扣件反力基本保持不变，轮轨接触力在完全损伤的情况下才发生较大变化；随着钢弹簧刚度损伤程度的增加，衬砌竖向位移和衬砌竖向加速度具有递减的趋势。

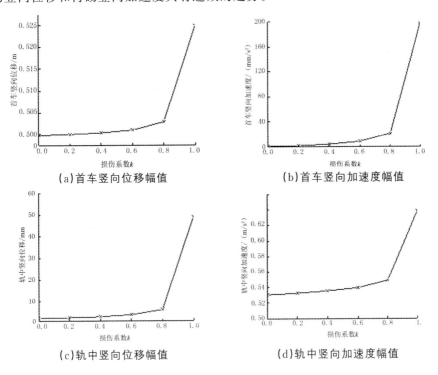

(a)首车竖向位移幅值   (b)首车竖向加速度幅值

(c)轨中竖向位移幅值   (d)轨中竖向加速度幅值

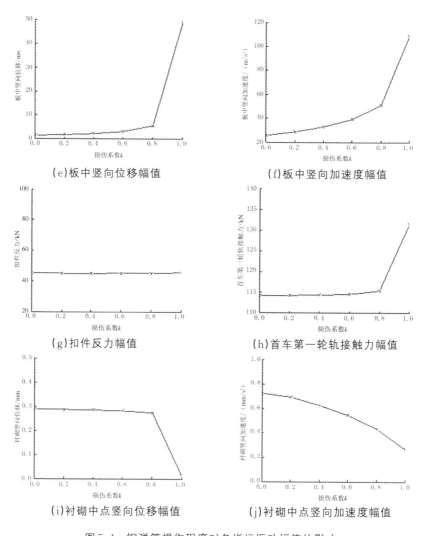

（e）板中竖向位移幅值　　　　（f）板中竖向加速度幅值

（g）扣件反力幅值　　　　（h）首车第一轮轨接触力幅值

（i）衬砌中点竖向位移幅值　　　　（j）衬砌中点竖向加速度幅值

图5-4　钢弹簧损伤程度对各指标振动幅值的影响

当损伤系数k由0增加到0.8时，首车竖向位移增加了0.6%，首车竖向加速度增加了26.3倍，轨中竖向位移增加了1.8倍，轨中竖向加速度增加了3.5%，浮置板板中竖向位移增加了2.7倍，浮置板板中竖向加速度增加了98.4%，衬砌中点竖向位移降低了5%，衬砌中点竖向加速度降低了40.2%。由此可以看出，钢弹簧损伤程度对系统振动响应具有较大影响，其中影响最大的是车体竖向加速度、钢轨和浮置板的竖向位移响应以及浮置板竖向加速度响应指标，严重影响乘车舒适性及行车安全性，同时，轨道系统振动响应的增大将增加轨道系统结构的疲劳损坏，减短轨道结构的使用寿命。

5.3　损伤位置对车轨系统振动的影响

5.3.1　钢弹簧损伤位置的工况

本节重点研究钢弹簧损伤的不同位置对车轨耦合系统振动性能的影响。图5-5为两种不同钢弹簧损伤位置的工况图，工况一为损伤钢弹簧全部在第七块浮置板之下，工况二为第六、第七两块浮置板下各一半发生损伤。图中所示浮置板为计算模型中第六、第七块浮置板，阴影钢弹簧结构表示损伤的钢弹簧，损伤程度为90%。

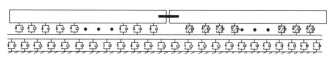

工况一：一块板下钢弹簧损伤

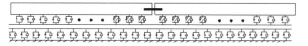

工况二：两块板之间钢弹簧损伤

图5-5　钢弹簧损伤位置工况

5.3.2　车轨系统振动所受影响分析

钢弹簧损伤位置不同的两种工况下的车轨系统振动响应时程曲线如图5-6所示，由图可知，钢弹簧损伤位置的不同对车体振动响应基本没有影响，对轮轨接触力的大小也没多少影响；图中扣件力为第七块板板端第一个扣件力，从扣件力时程曲线可看出，钢弹簧损伤位置的不同，对扣件力有较大的影响，整块板下钢弹簧损伤比两板之间损伤数值上扣件力大11.6%，同时可以看出，两板之间存在钢弹簧损伤时，扣件力出现了负值，正负两种力的循环作用对扣件的质量严重不利，更加容易导致扣件的疲劳损坏，因此要加倍重视。从轨道系统轮下竖向位移曲线图可知，两板之间钢弹簧损伤工况下，轮下轨道竖向位移和轮下浮置板竖向位移都要比整块板下钢弹簧损伤工况大，轮下钢轨竖向位移大10.6%，轮下浮置板竖向位移大13.5%。由此可以看出，钢弹簧损伤位置的不同对车轨系统振动响应的影响也不同，两板之间钢弹簧损伤对车轨系统振动危害更大，因此我们要更加重视板端的钢弹簧损伤情况，及时维修，避免造成严重后果。

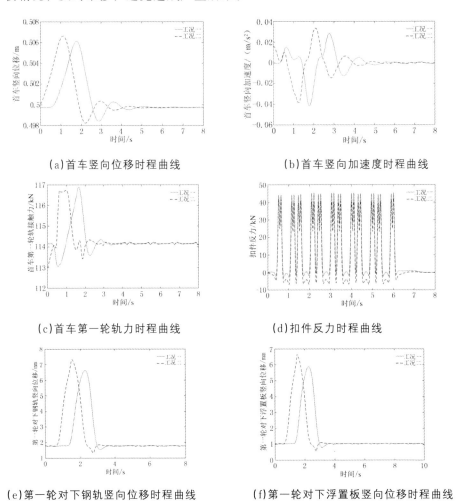

(a)首车竖向位移时程曲线 　　　　(b)首车竖向加速度时程曲线

(c)首车第一轮轨力时程曲线 　　　　(d)扣件反力时程曲线

(e)第一轮对下钢轨竖向位移时程曲线 　　(f)第一轮对下浮置板竖向位移时程曲线

图5-6　车轨系统各指标时程曲线

5.4　扣件失效对车轨系统振动的影响

列车-浮置板轨道系统运营产生的振动是通过轮轨接触力传递给轨道，轨道传递给扣件，再由扣件传递给道床，最后通过钢弹簧传递给衬砌及地基。由此可见，扣件在振动的传递过程中起到至关重要的作用。在行车过程中，发生扣件失效或断裂的情况并不少见，对行车的稳定性、舒适性及安全性必将产生严重的影响。本节运用前文所建的模型对扣件失效对车轨系统振动的影响加以研究，分析扣件失效数量、失效位置以及在有扣件失效的情况下行车速度对车轨系统振动性能的影响。图5-7为轨道系统局部模型，图中所示浮置板为计算模型中第六和第七块浮置板，数字编号表示浮置板上对应的扣件编号，正编号表示第七块浮置板上的扣件，负编号表示第六块浮置板上的扣件。当扣件失效时，在进行车轨系统耦合振动响应时，只需将对应浮置板上的对应扣件刚度和阻尼值赋零即可。

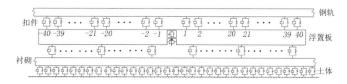

图5-7　轨道系统局部模型

5.4.1　失效数量对车轨系统振动的影响

本节所做的扣件失效数量对车轨系统振动影响的分析考虑了剪力铰对板端位移和转角的约束作用，但未考虑轨道不平顺对系统振动的影响。重点研究扣件失效数量对车轨耦合系统振动性能的影响。为方便研究，将扣件失效分为以下三种工况：工况一为扣件无失效；工况二为板端一个扣件失效（即1号扣件失效）；工况三为板端两个扣件失效（即1号、2号扣件失效）。

扣件失效的三种工况下车轨系统各指标时程曲线见图5-8，其中，各车体竖向位移和竖向加速度时程曲线变化形式相同，在此以尾车为例。轮轨接触力以中车首轮轮轨接触力为例，扣件力为第七块板板端起第一个有效扣件力；轮下钢轨位移和轮下浮置板竖向位移为首车第一轮下竖向位移。由图可知，随着扣件失效数量的增加，除轮下浮置板位移和车体竖向位移在数值上变化不大外，其他各指标都是增加的。工况二较工况一，尾车竖向加速度增加了7.8倍，轮轨接触力增加了1％，扣件力增加了32.5％，轮下钢轨竖向位移增加了24.8％；工况三较工况一，尾车竖向加速度增加了21.4倍；轮轨接触力增加了2.5％，扣件力增加了70％，轮下钢轨竖向位移增加了65.1％。由此可见，扣件失效对系统浮置板以上结构的振动性能有较大的影响，且随着失效数量的增加振动响应越大，对车体竖向加速度影响巨大，严重影响行车安全和乘车舒适性，同时会加大钢轨变形，增大踏面的磨损，增加失效相邻位置的扣件力，扩大损伤范围，在列车运行过程中要引起足够的重视，加强养护和及时维修。

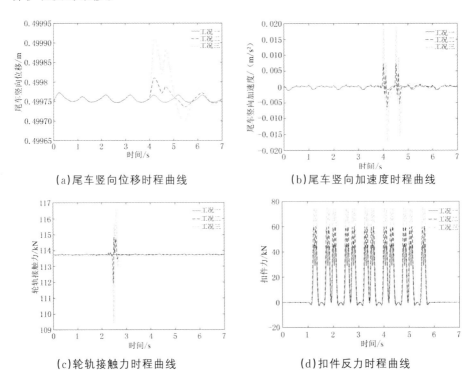

(a)尾车竖向位移时程曲线　　　　　　(b)尾车竖向加速度时程曲线

(c)轮轨接触力时程曲线　　　　　　(d)扣件反力时程曲线

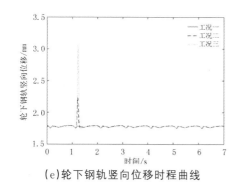

(e)轮下钢轨竖向位移时程曲线

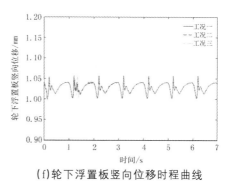

(f)轮下浮置板竖向位移时程曲线

图 5-8　车轨系统各指标时程曲线

5.4.2　失效位置对车轨系统振动的影响

本节在不考虑轨道不平顺对车轨系统振动性能的影响下,研究扣件失效位置的不同对系统振动响应的影响,同时考虑剪力铰对系统振动的影响。为统一起见,将系统振动分为以下三种工况:工况一为板端两个扣件失效(即 1 号和 2 号扣件失效),工况二为浮置板中间两扣件失效(即 20 号和 21 号两扣件失效),工况三为板端间隔两扣件失效(即 1 号和 3 号扣件失效)。

列车-浮置板轨道系统在扣件失效位置不同的三种工况下的系统各指标振动时程曲线见图 5-9,由图可以看出,在工况一和工况二下各指标的振动响应曲线形式和幅值基本相同,由此可见,扣件失效位置发生在板端和浮置板中部时对系统振动响应影响相同,其主要原因是剪力铰的存在增强了两块浮置板之间的衔接,整个系统的平顺性大大得到提高。同时可以看出,在工况三下,首车竖向加速度、中车首轮轮轨接触力及首车轮下钢轨竖向位移的幅值要较其他两种工况幅值小很多,其他指标基本变化不大。工况一较工况三,首车竖向加速度增加了 1.28 倍,轮轨接触力增加了 1%,轮下钢轨竖向位移增加了 29.5%。由此可以得出,扣件失效在浮置板板端或板的中部对系统振动性能影响相同,扣件连续失效对车轨系统振动响应的影响要比扣件间隔失效产生的影响大,我们应当更加关注扣件连续失效的情况。

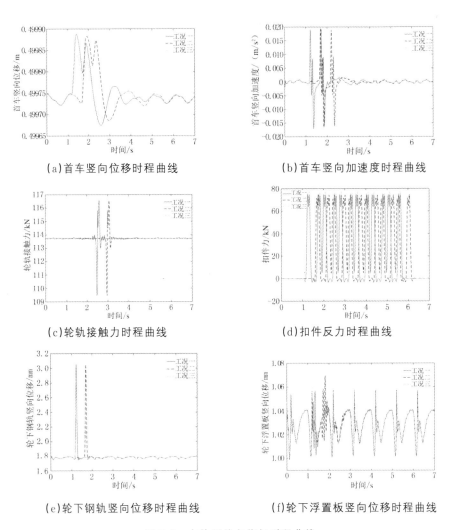

(a)首车竖向位移时程曲线　　　　　(b)首车竖向加速度时程曲线

(c)轮轨接触力时程曲线　　　　　　(d)扣件反力时程曲线

(e)轮下钢轨竖向位移时程曲线　　　(f)轮下浮置板竖向位移时程曲线

图5-9　车轨系统各指标时程曲线

5.4.3　行车速度对带损伤车轨系统振动的影响

本节重点研究行车速度对板端有两个扣件失效工况下车轨系统振动性能的影响，分别研究列车行驶速度（单位为km/h）为50，60，70，80，90和100时列车-浮置板轨道-衬砌-地基系统耦合振动响应。

列车-浮置板轨道系统在第七块板板端有两扣件失效的工况下，行车速度变化对车轨系统各指标幅值影响的变化见图5-10。因各节车体曲线变化一致，在此以首节车体为例，轮轨接触力为首车第一轮轨接触力，扣件反力为板端第一个完好的扣件力。由图可以看出，行车速度变化只对车体竖向加速度、钢轨竖向加速度以及浮置板竖向加速度影响较大，对其他指标影响甚微。从变化趋势来看，随着行车竖向速度的增加，车体竖向加速度、钢轨竖向加速度和浮置板竖向加速度都将增加。从曲线的变化率上看，车体竖向加速度随着行车速度增加变化比较平缓，而钢轨竖向加速度和浮置板竖向加速度越来越陡，说明行车速度越大，两者变化越大。当行车速度从50km/h增加到100km/h时，车体加速度增加了30%，轮下钢轨竖向加速度增加了3.7倍，轮下浮置板竖向加速度增加了10倍。由此可见，在扣件失效时，行车速度越大，系统振动响应中加速度指标越来越大，行车平稳性和行车安全以及乘车舒适性受到严重威胁，同时缩短了系统结构的使用寿命，因此，在列车的提速过程中要适当考虑扣件失效所带来的影响。

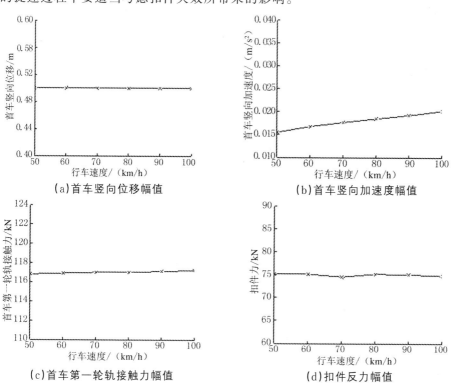

(a)首车竖向位移幅值　　　　　(b)首车竖向加速度幅值

(c)首车第一轮轨接触力幅值　　　(d)扣件反力幅值

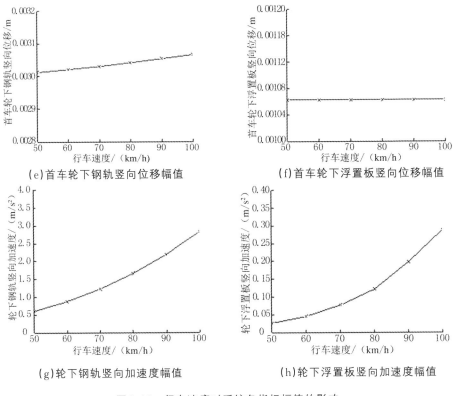

（e）首车轮下钢轨竖向位移幅值　　　　　　　　（f）首车轮下浮置板竖向位移幅值

（g）轮下钢轨竖向加速度幅值　　　　　　　　（h）轮下浮置板竖向加速度幅值

图5-10　行车速度对系统各指标幅值的影响

5.5　本章小结

　　本章分析了钢弹簧损伤对系统各振动性能指标的影响。具体分析了无钢弹簧损伤、半块板下钢弹簧损伤以及整块板下钢弹簧损伤等三种工况，研究钢弹簧损伤数量对车体系统和轨道系统振动的影响；分析了钢弹簧不同损伤程度下的车轨系统振动的响应，研究损伤程度对系统各振动指标的影响；从时域角度分析了钢弹簧损伤位置发生在整块板下和两板之间时对车轨系统振动性能的不同影响；分析了扣件失效对车轨振动性能的影响，以及在有扣件失效时，行车速度对系统振动性能的影响。对于扣件失效对系统振动的影响，主要研究了扣件失效数量、扣件失效位置不同的振动响应。在不考虑轨道不平顺的影响下，从时域的角度计算了无扣件失效、板端一个扣件和板端两个扣件失效三种工况下的振动响应，以及板端两扣件失效、板中两扣件失效和板端间隔两扣件失效三种工况的振动响应。对于行车速度对有扣件失效系统振动的影响，主要分析了行车速度在50~100km/h时的车轨系统振动响应，对车轨振动各指标的幅值进行分析。结论如下。

（1）随着钢弹簧损伤数量的增加，车体加速度指标发生明显的增大，位移指标增加较小。钢弹簧损伤对轨道系统的振动响应有重大的影响，随着钢弹簧损伤数量的增加，钢轨位移、浮置板位移、轮轨接触力都将增加。浮置板位移增大较多会使完整的浮置板与损伤浮置板之间的高差加大，对剪力铰质量产生较大影响。可见，钢弹簧损伤对乘车舒适性和轨道系统的结构寿命带来严重的不利影响。

（2）钢弹簧损伤程度对车轨系统振动响应具有较大影响，其中影响最大的是车体加速度、钢轨和浮置板的位移响应及浮置板加速度响应指标，严重影响乘车舒适性与行车安全性，同时轨道系统振动响应的增大将增加轨道系统结构的疲劳损坏，减短轨道结构的使用寿命。

（3）钢弹簧损伤位置的不同主要影响车体加速度指标和轨道系统加速度指标，当钢弹簧损伤发生在两板之间时，车体加速度和轨道系统加速度都比单块板下钢弹簧损伤大，尤其是两板之间钢弹簧损伤将产生负的扣件力，增加了扣件的疲劳损伤，严重缩减其使用寿命。因此我们应该更加关注板端的钢弹簧质量情况，避免发生严重的后果。

（4）在不考虑轨道不平顺的影响下，扣件失效对系统浮置板以上结构的振动性能有较大的影响，且随着失效数量的增加，振动响应增大，对车体加速度影响尤为剧烈，严重影响行车安全和乘车舒适性。同时会加大钢轨变形，增大踏面的磨损，增加失效相邻位置的扣件力，扩大损伤趋势的范围，因此在列车运行过程中要引起足够的重视，加强养护和及时维修。

（5）剪力铰的存在增加了浮置板结构的平顺性，扣件失效的位置发生在浮置板板端和浮置板中间对车轨系统振动影响基本一致，扣件连续失效对车轨振动的危害性要大于两扣件间隔失效的情况，扣件连续失效时车体加速度、轮轨接触力及轮下钢轨位移幅值要比两扣件间隔失效的情况大很多，因此我们应该更加关注连续扣件失效的情况。

（6）在板端两扣件失效的工况下，行车速度对车体加速度、钢轨加速度和浮置板加速度有较大影响，随着行车速度的增加，三者的幅值都有明显的增大，既影响了行车平稳性和行车安全，也加大了轨道结构的振动，增强了结构的疲劳损坏，减短使用寿命，在研究地铁列车提速的过程中，我们要将扣件失效等情况考虑其中，以免造成严重的后果。

第6章

CHAPTER 6

饱和土中任意排列的排桩屏障对平面 P 波的多重散射

　　随着我国经济高速发展，城市轨道交通建设需求日益增大。近几年，地铁、高铁等轨道交通的建设和使用带来的环境振动污染问题越来越突出。采用隔振屏障是治理该环境振动污染的有效措施，以排桩为代表的非连续屏障在实际工程中已取得较好的屏蔽效果。

　　本章基于 Biot 饱和土理论、声学和电磁学的多重散射理论、波函数展开法等，建立任意排列、任意半径圆柱形散射体对 P 波散射的分析模型。根据不同桩体与土体的边界条件，求得散射系数。求解散射体为圆柱形空腔时，饱和土中 P 波散射的散射波场。根据空腔和土体的应力与位移边界条件求得散射系数。通过具体算例绘制饱和土中无量纲位移随空腔排间距变化的等高线图、随桩间距变化的三维网格图、随桩数量变化的曲线图及布置方式不同的等高线图。通过无量纲位移的变化情况，分析屏障隔振的效果。求解散射体为弹性桩时，饱和土中 P 波散射的散射波场。根据弹性桩与土体的应力与位移条件，求得散射系数，通过具体算例分析主要参数如排间距、桩间距、桩土剪切模量、桩数、布置方式等对隔振效果的影响。基于格拉夫（Graf）加法定理，通过将其余散射体的散射波场坐标系转化到目标散射体坐标系，推导饱和土中任意排列排桩屏障对 P 波的多重散射理论公式，求得多重散射的复系数，并进行算例分析。将排桩具体化为弹性桩，研究散射重数、排间距、桩间距、桩数、布置方式等参数对隔振效果的影响。

6.1 饱和土中任意排列、任意半径圆柱体对P波的散射

6.1.1 饱和土波动方程及求解

饱和土体存在第一压缩波（P_1波）、第二压缩波（P_2波）和剪切波（S波）三种波，P_1波、P_2波和S波具有衰减性和弥散性。饱和土体中P_2波衰减较快，且占总弹性波能量比例较小，因此对爆炸、交通、重工业厂房等常见振动问题，通常不考虑P_2波的入射。对于振源较远的工程问题，只考虑P_1波的影响，故本章仅对入射P_1波（简称P波）对排桩屏障的散射进行理论研究和算例分析。

根据Biot波动理论[161]，饱和土基本控制方程为土体应力-应变关系为：

$$\sigma_{ij} = \lambda u_{i,i}\delta_{ij} + 2G\varepsilon_{ij} - \alpha p_f \delta_{ij} \tag{6-1a}$$

渗流连续性方程为：

$$-p_f = Mw_{i,i} + \alpha Mu_{i,i} \tag{6-1b}$$

土体运动方程（不计体力）为：

$$\sigma_{ij,j} = \rho \ddot{u}_i + \rho_f \ddot{w}_i \tag{6-1c}$$

流体运动方程为：

$$-p_{f,i} = \rho_f \ddot{u}_i + m\ddot{w}_i + b\dot{w}_i \tag{6-1d}$$

其中，p_f为孔隙流体压力；λ，G，$\ddot{u}$为固相土骨架位移；w为孔隙流体相对土骨架位移；M，η分别为土颗粒、孔隙流体的压缩性系数；δ_{ij}为Kronecker Delta符号；$\rho = f\rho_f + (1-f)\rho_s$为饱和土总体密度，$\rho_s$为土颗粒密度；$\rho_f$为孔隙流体密度；$f$为饱和土孔隙率；$m = \rho_f/f$；$b = \eta/k_d$；$\eta$，$k_d$分别为孔隙流体彩滞、渗透系数。

将式（6-1a），（6-1b）代入式（6-1c）；式（6-1b）代入式（6-1d）后，整理可得饱和土体波动问题矢量方程为：

$$G\nabla^2 u + (\lambda_c + G)\nabla u_{i,i} + \eta M\nabla w_{i,i} = \rho \ddot{u} + \rho_f \ddot{w} \tag{6-2a}$$

$$M(\eta\nabla u_{i,i} + w_{i,i}) = \rho_f \ddot{u} + m\ddot{w} + b\dot{w} \tag{6-2b}$$

其中，$\lambda_c = \lambda + \eta^2 \times M$，$\nabla^2$ 为拉普拉斯算符，$\nabla^2 = \dfrac{\partial^2}{\partial r_s^2} + \dfrac{1}{r_s}\dfrac{\partial}{\partial r_s} + \dfrac{1}{r_s^2}\dfrac{\partial^2}{\partial \theta^2} + \dfrac{\partial^2}{\partial z^2}$。

求解波动方程解的问题转化成求解 K 点的位移矢量问题。为了得到土骨架位移 u，流体相对于骨架位移 w，需要引入土骨架、流体中的波函数，矢量势为 Ψ、Ψ_f，标量势为 φ_i、ϕ_i，则波场可以分解为：

$$u = \nabla \varphi_i + \nabla \Psi \tag{6-3a}$$

$$w = \nabla \phi_i + \nabla \Psi_f \tag{6-3b}$$

将式（6-3a）和（6-3b）代入式（6-2a）和（6-2b）得到饱和土体的波动方程为：

$$\begin{bmatrix} \lambda_c + 2G & \eta M \\ \eta M & M \end{bmatrix}\begin{pmatrix} \nabla^2 \varphi_i \\ \nabla^2 \phi_i \end{pmatrix} + \begin{bmatrix} \rho \nu^2 & \rho_f \omega^2 \\ \rho_f \nu^2 & Q \end{bmatrix}\begin{pmatrix} \varphi_i \\ \phi_i \end{pmatrix} = \begin{pmatrix} 0 \\ 0 \end{pmatrix} \tag{6-4a}$$

$$\begin{bmatrix} G & 0 \\ 0 & 0 \end{bmatrix}\begin{pmatrix} \nabla^2 \Psi \\ \nabla^2 \Psi_f \end{pmatrix} + \begin{bmatrix} \rho \nu^2 & \rho_f \omega^2 \\ \rho_f \nu^2 & Q \end{bmatrix}\begin{pmatrix} \Psi \\ \Psi_f \end{pmatrix} = \begin{pmatrix} 0 \\ 0 \end{pmatrix} \tag{6-4b}$$

其中，ν 为入射频率；$Q = m\nu^2 + i\nu b$。

根据修正的 Biot 模型，可求得饱和土中 P_1 波，P_2 波及 S 波的波数为 α_{1s}，α_{2s} 和 β_s：

$$\alpha_{1s,2s}^2 = \frac{B \mp \sqrt{B^2 - 4AC}}{2A} \tag{6-5a}$$

$$\beta_s^2 = \frac{C}{Q\mu} \tag{6-5b}$$

其中，$A = (\lambda + 2G)M$；$B = (\lambda + 2G + \eta^2 M)Q + \rho\omega'^2 M - 2\rho_f\omega'^2\eta M$；$C = \rho_f^2\omega^4 + \rho\omega'^2 Q$；$Q = m\nu^2 + i\nu b$；i 为虚数单位，$i = \sqrt{-1}$；$b = \eta/k_f$；$\eta$ 为孔隙流体黏滞系数；k_f 为孔隙流体渗透系数。

用势函数 ϕ_1，ϕ_2，ψ 分别表示土骨架中 P_1 波，P_2 波，S 波；Ψ_1，Ψ_2，ψ_f 分别表示孔隙流体中 P_1 波，P_2 波，S 波波场；代入式（6-4），依据式（6-5）可得势函数 Ψ_1，Ψ_2，ψ_f 与 ϕ_1，ϕ_2，ψ 之间转换关系式为：

$$\Psi_1 = \alpha_{1p}\phi_1, \Psi_2 = \alpha_{2p}\phi_2, \psi_f = \beta_p\psi \tag{6-5c}$$

其中，α_{1p}，α_{2p}，β_p 的表达式为：

$$\alpha_{1p,2p}=\frac{-\left(\lambda_c+2G\right)\alpha_{1_s,2_s}^2+\rho\omega^2}{\eta M\alpha_{1_s,2_s}^2-\rho_f\omega^2}\ ,\ \beta_p=-\frac{\rho_f\omega^2}{Q} \tag{6-5d}$$

6.1.2　P波在单个圆柱体表面的散射

入射平面P波随时间的简谐变化，可以表示成：

$$\phi^{\text{inc}}=\phi_0 e^{i(ax-wt)} \tag{6-6a}$$

其中，$\alpha=\omega/c_P$，c_P为P波波数；ϕ_0为常振幅；ω为角频率。

P波入射单个圆柱体的分析模型如图6-1所示。

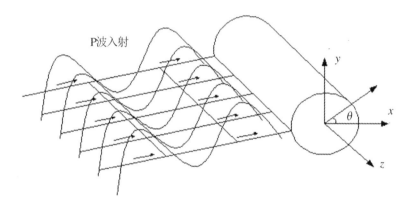

图6-1　P波入射单个圆柱体模型

入射波函数用级数展开可表示成：

$$\phi^{\text{inc}}(r,\theta,t)=\phi_0\sum_{n=-\infty}^{+\infty} i^n J_n(\alpha r)e^{in\theta}e^{-iwt} \tag{6-6b}$$

对饱和土而言，P波入射会产生三种波从圆柱体表面散射出来，即耦合散射，三种波分别为P_1波、P_2波和S波：

$$\phi^{\text{sc}}=\sum_{n=-\infty}^{+\infty} A_m H_n\left(\alpha_{1_s}r\right)e^{i(ax-wt)} \tag{6-7a}$$

$$\phi^{\text{sc}}=\sum_{n=-\infty}^{+\infty} B_m H_n\left(\alpha_{2_s}r\right)e^{i(ax-wt)} \tag{6-7b}$$

$$\psi^{\text{sc}}=\sum_{n=-\infty}^{+\infty} C_m H_n\left(\beta_s r\right)e^{i(ax-wt)} \tag{6-7c}$$

散射波从原点发出，P_1 波的波数为 α_{1s}，P_2 波的波数为 α_{2s}，S 波的波数为 β_s。其中，A_m，B_m，C_m 为波函数展开式系数，根据边界条件可以确定待定系数。

总波场振幅等于入射波加散射波：

$$\phi = \phi^{\mathrm{inc}} + \phi^{\mathrm{sc}} \tag{6-8a}$$

$$\psi = \psi^{\mathrm{sc}} \tag{6-8b}$$

将表达式代入得：

$$\phi_0 = \sum_{n=-\infty}^{+\infty} \left[\mathrm{i}^n J_n(\alpha r) + A_m H_n(\alpha r) + B_m H_n(\alpha r) \right] \mathrm{e}^{in\theta} \mathrm{e}^{-i\omega t} \tag{6-9a}$$

$$\psi^{\mathrm{sc}} = \sum_{n=-\infty}^{+\infty} C_m H_n(\beta_s r) \mathrm{e}^{in\theta} \mathrm{e}^{-i\omega t} \tag{6-9b}$$

为了求解散射系数，不同条件下的边界条件如下。

（1）弹性圆柱体

如果圆柱体为弹性，剪切模量为 G，密度为 P，入射波传播到圆柱体内形成透射驻波，透射波中包含 P_1 波、P_2 波和 S 波（纵向偏振横波），则透射波函数表达式为：

$$\phi^{\mathrm{t}} = \sum_{n=-\infty}^{+\infty} D_m H_n(\alpha_{1p} r) \mathrm{e}^{i(\alpha x - \omega t)} \tag{6-10a}$$

$$\phi^{\mathrm{t}} = \sum_{n=-\infty}^{+\infty} E_m H_n(\alpha_{2p} r) \mathrm{e}^{i(\alpha x - \omega t)} \tag{6-10b}$$

$$\psi^{\mathrm{t}} = \sum_{n=-\infty}^{+\infty} F_m H_n(\beta_p r) \mathrm{e}^{i(\alpha x - \omega t)} \tag{6-10c}$$

圆柱体入射波的总位移为 $u_{ir}(r, \theta, t)$，$u_{i\theta}(r, \theta, t)$，散射波的总位移为 $u_{ir}^{\mathrm{t}}(r, \theta, t)$，$u_{i\theta}^{\mathrm{t}}(r, \theta, t)$。P 波散射体的边界条件需要满足位移连续和应力在介质交界面处连续，入射波总应力为 $\sigma_{irr}(r, \theta, t)$，$\sigma_{ir\theta}(r, \theta, t)$，透射波应力为 $\sigma_{irr}^{\mathrm{t}}(r, \theta, t)$，$\sigma_{ir\theta}^{\mathrm{t}}(r, \theta, t)$。

假设圆柱体对 P 波散射，则当 $r = a$ 时，边界条件为：

$$u_{ir}(r, \theta, t) = u_{ir}^{\mathrm{inc}} + u_{ir}^{\mathrm{sc}} = u_{ir}^{t}(a, \theta, t) \tag{6-11a}$$

$$u_{i\theta}(r, \theta, t) = u_{i\theta}^{\mathrm{inc}} + u_{i\theta}^{\mathrm{sc}} = u_{i\theta}^{t}(a, \theta, t) \tag{6-11b}$$

$$\sigma_{irr}(r, \theta, t) = \sigma_{irr}^{\mathrm{inc}} + \sigma_{irr}^{\mathrm{sc}} = \sigma_{irr}^{t}(a, \theta, t) \tag{6-11c}$$

$$\sigma_{ir\theta}(r, \theta, t) = \sigma_{ir\theta}^{\mathrm{inc}} + \sigma_{ir\theta}^{\mathrm{sc}} = \sigma_{ir\theta}^{t}(a, \theta, t) \tag{6-11d}$$

$$p_f(r, \theta, t) = p_f^{\text{inc}} + p_f^{\text{sc}} = p_f{}^t(a, \theta, t),\ 0 \leqslant \theta_s \leqslant 2\pi,\ r = a \qquad (6\text{-}11\text{e})$$

以上边界条件满足圆柱状为实心圆柱体。

（2）圆柱形空腔

对于饱和土中设置圆柱形空腔屏障，当$r=\alpha$时，应力自由，$\sigma_{irr}=0$，$\sigma_{ir\theta}=0$，即

$$\sigma_{irr}(r, \theta, t) = \sigma_{irr}^{\text{inc}} + \sigma_{irr}^{\text{sc}} = 0 \qquad (6\text{-}12\text{a})$$

$$\sigma_{ir\theta}(r, \theta, t) = \sigma_{ir\theta}^{\text{inc}} + \sigma_{ir\theta}^{\text{sc}} = 0 \qquad (6\text{-}12\text{b})$$

当界面透水时，

$$p_f(r, \theta, t) = p_f^{\text{inc}} + p_f^{\text{sc}} = 0 \qquad (6\text{-}12\text{c})$$

饱和土圆柱坐标下势函数与位移、应力和孔隙水压力的关系式为：

$$u_{ir_s} = \frac{\partial_f \phi_{is}}{\partial r_s} + \frac{1}{r_s} \frac{\partial \psi_{is}}{\partial \theta_s} \qquad (6\text{-}13\text{a})$$

$$u_{i\theta_s} = \frac{1}{r_s} \frac{\partial_f \phi_{is}}{\partial \theta_s} - \frac{\partial \psi_{is}}{\partial r_s} \qquad (6\text{-}13\text{b})$$

$$w_{ir_s} = \frac{\partial_s \phi_{is}}{\partial r_s} + \frac{1}{r_s} \frac{\partial \psi_{is}}{\partial \theta_s} \qquad (6\text{-}13\text{c})$$

$$\sigma_{irr} = \lambda_i \left(\frac{\partial_f^2 \phi_{is}}{\partial r_s^2} + \frac{1}{r_s} \frac{\partial_f \phi_{is}}{\partial r_s} + \frac{1}{r_s^2} \frac{\partial_f^2 \phi_{is}}{\partial \theta_s^2} \right)$$

$$+ 2G_i \left(\frac{\partial^2 \psi_{is}}{\partial r_s^2} + \frac{1}{r_s} \frac{\partial^2 \psi_{is}}{\partial r_s \partial \theta_s} - \frac{1}{r_s^2} \frac{\partial \psi_{is}}{\partial \theta_s} \right)$$

$$+ \eta M_i \left(\frac{\partial_s^2 \phi_{is}}{\partial r_s^2} + \frac{1}{r_s} \frac{\partial_s \phi_{is}}{\partial r_s} + \frac{1}{r_s^2} \frac{\partial_s^2 \phi_{is}}{\partial \theta_s^2} \right) \qquad (6\text{-}13\text{d})$$

$$\sigma_{ir\theta} = G_i \left(\frac{2}{r_s} \frac{\partial_f^2 \phi_{is}}{\partial r_s \partial \theta_s} - \frac{2}{r_s^2} \frac{\partial_f \phi_{is}}{\partial \theta_s} + \frac{1}{r_s^2} \frac{\partial^2 \psi_{is}}{\partial \theta_s^2} - \frac{\partial^2 \psi_{is}}{\partial r_s^2} + \frac{1}{r_s} \frac{\partial \psi_{is}}{\partial r_s} \right) \qquad (6\text{-}13\text{e})$$

$$-_f p_i = M_i \left(\frac{\partial_s^2 \phi_{is}}{\partial r_s^2} + \frac{1}{r_s} \frac{\partial_s \phi_{is}}{\partial r_s} + \frac{1}{r_s^2} \frac{\partial_s^2 \phi_{is}}{\partial \theta_s^2} \right) + \eta M_i \left(\frac{\partial_f^2 \phi_{is}}{\partial r_s^2} + \frac{1}{r_s} \frac{\partial_f \phi_{is}}{\partial r_s} + \frac{1}{r_s^2} \frac{\partial_f^2 \phi_{is}}{\partial \theta_s^2} \right)$$

$$(6\text{-}13\text{f})$$

根据边界条件，可以求解散射系数和散射波场的总位移。

6.1.3　基本模型和理论推导

（1）模型建立

任意排列、任意半径的圆柱形散射体对平面波的散射分析模型见图 6-2，散射体外的介质是饱和土，介质的 Lame 常数为 λ 和 G，质量密度为 ρ，土体压缩模量为 M，图中散射体均匀分布在饱和土体中。散射体的轴线假定为无限延伸，当轴线上的位移为 0 时，则为固定散射体。该复杂的三维问题可以简化为二维平面应变问题。

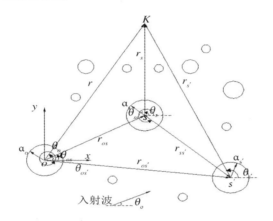

图 6-2　任意排列、任意半径的圆柱形散射体对平面波的散射分析模型

为了把复杂的隔振问题简单化，我们先把圆柱散射体中的任意一个 K 点作为研究对象，散射体 s 的形心作为 x 轴与 y 轴交点，即笛卡儿坐标系的原点或者是 r-θ 极坐标系统的原点，圆柱散射体 s，s' 的半径分别为 α_s，$\alpha_{s'}$。K 点作为远场隔振的一点，相对于散射体 s，s'，坐标为 r_s，θ_s，$r_{s'}$，$\theta_{s'}$。以此类推，对于 s'' 散射体而言，散射体坐标为 $r_{s'}$，$\theta_{s'}$。s' 散射体相对于 s 散射体的坐标为 $r_{ss'}$，$\theta_{ss'}$。假定 P 波入射下入射角为 θ_0，则该问题转化为平面应变问题，无须考虑剪切波 S 的影响。

平面波入射到圆柱体产生散射，其物理变化过程分析如下：选取任意一个散射体 s 作为分析对象，将入射波的波函数表达式转换到散射体 s 坐标上，s 散射体受到入射波的激发，产生波动响应，可作为第一重散射；第 s 散射体又可以作为次声波源继续向其他散射体入射，再次产生散射，即第二重散射，第二重散射是由第一重散射引起的。第二重散射波又作为次生波源产生第三重及更多重散射。将 s 散射体的第二重散射的研究对象通过 Graf 加法定理后，波场中的其他散射体的波函数可以写成关于 s 坐标下的波函数表达式。以此类推到所有散射体，可以得到前后两重散射的波函数迭代关系，从而将所有散射体的各重散射累加起来得到总的散射波场。

（2）理论推导

在无限均匀饱和土体中，有一无限长圆柱体，圆柱体轴线沿 x 方向，桩半径为 a。设饱和土体中频率为 ω 的 P 波沿 z 方向垂直入射弹性桩，则其在饱和土体中将在散射体上耦合散射，即散射波中的 P_1 波、P_2 波和 S 波。

P 波在饱和土中入射时，入射波的表达式为：

$$\phi^{inc} = \phi_0 e^{i(\alpha_{s1}x - \omega t)} \tag{6-14a}$$

将入射波函数表达式转化成傅里叶－贝塞尔（Fourier-Bessel）级数形式，即

$$_f^s\phi^{inc} = e^{i\alpha_{s1}r_{0s}(\theta_0 + \theta_{0s})} \sum_{n=-\infty}^{+\infty} J_n(\alpha_{1s}r_s) e^{in\varphi_s} \tag{6-14b}$$

而 $\varphi_s = \theta_s + \theta_0 + \dfrac{\pi}{2}$，同时简化计算忽略时间因子 t 和 ϕ_{00}。

入射波通过非连续屏障产生散射，会有 P_1 波、P_2 波、S 波三种波的存在。散射体的位移势函数展开式为：

$$_f^s\phi_m^{sc} = \sum_{n=-\infty}^{+\infty} {}^sA_m H_n(\alpha_{1s}r_s) e^{in\theta_s} \tag{6-15a}$$

$$_f^s\phi_m^{sc} = \sum_{n=-\infty}^{+\infty} {}^sB_m H_n(\alpha_{2s}r_s) e^{in\theta_s} \tag{6-15b}$$

$$_f^s\psi_m^{sc} = \sum_{n=-\infty}^{+\infty} {}^sC_m H_n(\beta_s r_s) e^{in\theta_s} \tag{6-15c}$$

$$_f^s\phi_m^t = \sum_{n=-\infty}^{+\infty} {}^sD_m J_n(\alpha_{1p}r_s) e^{in\theta_s} \tag{6-15d}$$

$$_f^s\phi_m^t = \sum_{n=-\infty}^{+\infty} {}^sE_m J_n(\alpha_{2p}r_s) e^{in\theta_s} \tag{6-15e}$$

$$_f^s\psi_m^t = \sum_{n=-\infty}^{+\infty} {}^sF_m J_n(\beta_p r_s) e^{in\theta_s} \tag{6-15f}$$

其中，散射体的 m 重散射系数 ${}^sA_m$、${}^sB_m$、${}^sC_m$、${}^sD_m$、${}^sE_m$、${}^sF_m$ 分别与 P_1 波、P_2 波、S 波相对应。α_{1s}，α_{2s}，β_s，α_{1p}，α_{2p}，β_p 分别代表波数。散射体的总波场是入射波势函数与散射波势函数之和。根据不同桩体的边界条件确定第一重散射系数。为了求得更高阶的散射系数，需要通过 Graf 加法原理，迭代求出第 m 重散射系数。整理数据结果可以得到多重散射系数。

为了确定 ${}^sA_m$、${}^sB_m$、${}^sC_m$、${}^sD_m$、${}^sE_m$、${}^sF_m$ 的数值，必须应用界面处的边界条件。假定饱和土1和饱和土2在圆柱体交界面处完全连结，则界面条件表达如下。

骨架位移连续时为：

$$\left[u_{1r_s}^{inc}(r_s,\theta_s) + {}^s u_{1mr_s}^{sc}(r_s,\theta_s) \right]\Big|_{r_s=a_s} = {}^s u_{2mr_s}^t(r_s,\theta_s)\Big|_{r_s=a_s} \tag{6-16a}$$

$$\left[u_{1\theta_s}^{inc}(r_s,\theta_s) + {}^s u_{1m\theta_s}^{sc}(r_s,\theta_s) \right]\Big|_{r_s=a_s} = {}^s u_{2m\theta_s}^t(r_s,\theta_s)\Big|_{r_s=a_s} \tag{6-16b}$$

流体径向相对位移连续时为：

$$\left[w_{1r_s}^{inc}(r_s,\theta_s) + {}^s w_{1mr_s}^{sc}(r_s,\theta_s) \right]\Big|_{r_s=a_s} = {}^s w_{2mr_s}^t(r_s,\theta_s)\Big|_{r_s=a_s} \tag{6-16c}$$

总应力连续时为：

$$\left[\sigma_{1r_s r_s}^{inc}(r_s,\theta_s) + {}^s\sigma_{1mr_s r_s}^{sc}(r_s,\theta_s) \right]\Big|_{r_s=a_s} = {}^s\sigma_{2mr_s r_s}^t(r_s,\theta_s)\Big|_{r_s=a_s} \tag{6-16d}$$

$$\left[\sigma_{1r_s\theta_s}^{inc}(r_s,\theta_s) + {}^s\sigma_{1mr_s\theta_s}^{sc}(r_s,\theta_s) \right]\Big|_{r_s=a_s} = {}^s\sigma_{2mr_s\theta_s}^t(r_s,\theta_s)\Big|_{r_s=a_s} \tag{6-16e}$$

流体压力连续时为：

$$\left[{}_f p_1^{inc}(r_s,\theta_s) + {}_f^s p_{1m}^{sc}(r_s,\theta_s) \right]\Big|_{r_s=a_s} = {}_f^s p_{2m}^t(r_s,\theta_s)\Big|_{r_s=a_s} \tag{6-16f}$$

在饱和土中，圆柱坐标系下势函数与位移、应力的关系参考式（6-13）。

将式（6-2）、（6-14）和（6-15）代入边界条件式（6-16），可得到：

$$\alpha_{1s}\cdot e^{ia_{s1}r_{0s}(\theta_0+\theta_{0s})}\sum_{n=-\infty}^{+\infty} J_n'(\alpha_{1s}a_s)e^{in(\theta_0+\frac{\pi}{2})} + \alpha_{1s}\sum_{n=-\infty}^{+\infty} {}^sA_1 H_n'(\alpha_{1s}a_s) + \frac{in}{a_s}\sum_{n=-\infty}^{+\infty} C_1 H_n(\beta_s a_s)$$
$$= \alpha_{1p}\sum_{n=-\infty}^{+\infty} {}^sD_1 J_n'(\alpha_{1p}a_s) + \frac{in}{a_s}\sum_{n=-\infty}^{+\infty} {}^sF_1 J_n(\beta_p a_s) \tag{6-17a}$$

$$\frac{in}{a_s} \cdot e^{ia_{s1}r_{0s}(\theta_0+\theta_{0s})} \sum_{n=-\infty}^{+\infty} J_n(\alpha_{1s}a_s) e^{in(\theta_0+\frac{\pi}{2})} + \frac{in}{a_s} \sum_{n=-\infty}^{+\infty} {}^sA_1 H_n(\alpha_{1s}a_s) - \beta_s \sum_{n=-\infty}^{+\infty} {}^sC_1 H_n{}'(\beta_s a_s)$$

$$= \frac{in}{a_s} \sum_{n=-\infty}^{+\infty} {}^sD_1 J_n(\alpha_{1p}a_s) - \beta_p \sum_{n=-\infty}^{+\infty} {}^sF_1 J_n{}'(\beta_p a_s)$$

$$(6\text{-}17\text{b})$$

$$\alpha_{2s} \sum_{n=-\infty}^{+\infty} {}^sB_1 H_n{}'(\alpha_{2s}a_s) + \frac{in}{a_s} \sum_{n=-\infty}^{+\infty} {}^sC_1 H_n(\beta_s a_s)$$

$$= \alpha_{2p} \sum_{n=-\infty}^{+\infty} {}^sE_1 J_n{}'(\alpha_{2p}a_s) \frac{in}{a_s} \sum_{n=-\infty}^{+\infty} {}^sF_1 J_n(\beta_p a_s) \qquad (6\text{-}17\text{c})$$

$$\lambda_1 \Bigg[\alpha_{1s}^2 e^{ia_{s1}r_{0s}(\theta_0+\theta_{0s})} \sum_{n=-\infty}^{+\infty} J_n{}''(\alpha_{1s}a_s) e^{in(\theta_0+\frac{\pi}{2})} + \frac{\alpha_{1s}}{a_s} e^{ia_{s1}r_{0s}(\theta_0+\theta_{0s})} \sum_{n=-\infty}^{+\infty} J_n{}'(\alpha_{1s}a_s) e^{in(\theta_0+\frac{\pi}{2})}$$

$$- \frac{n^2}{a_s^2} e^{ia_{s1}r_{0s}(\theta_0+\theta_{0s})} \sum_{n=-\infty}^{+\infty} J_n(\alpha_{1s}a_s) e^{in(\theta_0+\frac{\pi}{2})} + \alpha_{1s}^2 \sum_{n=-\infty}^{+\infty} {}^sA_1 H_n{}''(\alpha_{1s}a_s)$$

$$+ \frac{\alpha_{1s}}{a_s} \sum_{n=-\infty}^{+\infty} {}^sA_1 H_n{}'(\alpha_{1s}a_s) - \frac{n^2}{a_s^2} \sum_{n=-\infty}^{+\infty} {}^sA_1 H_n(\alpha_{1s}a_s) \Bigg]$$

$$+ 2G_1 \Bigg[\beta_s^2 \sum_{n=-\infty}^{+\infty} {}^sC_1 H_n{}''(\beta_s a_s) + \frac{in\beta_s}{a_s} \sum_{n=-\infty}^{+\infty} {}^sC_1 H_n{}'(\beta_s a_s) - \frac{in}{\beta_s^2} \sum_{n=-\infty}^{+\infty} {}^sC_1 H_n(\beta_s a_s) \Bigg]$$

$$+ \eta M_1 \Bigg[\alpha_{2s}^2 \sum_{n=-\infty}^{+\infty} {}^sB_1 H_n{}''(\alpha_{2s}a_s) + \frac{\alpha_{2s}}{a_s} \sum_{n=-\infty}^{+\infty} {}^sB_1 H_n{}'(\alpha_{2s}a_s) - \frac{n^2}{a_s^2} \sum_{n=-\infty}^{+\infty} {}^sB_1 H_n(\alpha_{2s}a_s) \Bigg]$$

$$= \lambda_2 \Bigg[\alpha_{1p}^2 \sum_{n=-\infty}^{+\infty} {}^sD_1 J_n{}''(\alpha_{1p}a_s) + \frac{\alpha_{1p}}{a_s} \sum_{n=-\infty}^{+\infty} {}^sD_1 J_n{}'(\alpha_{1p}a_s) - \frac{n^2}{a_s^2} \sum_{n=-\infty}^{+\infty} {}^sD_1 J_n(\alpha_{1p}a_s) \Bigg]$$

$$+ 2G_2 \Bigg[\beta_p^2 \sum_{n=-\infty}^{+\infty} {}^sF_1 J_n{}''(\beta_p a_s) + \frac{in\beta_p}{a_s} \sum_{n=-\infty}^{+\infty} {}^sF_1 J_n{}'(\beta_p a_s) - \frac{in}{\beta_p^2} \sum_{n=-\infty}^{+\infty} {}^sF_1 J_n(\beta_p a_s) \Bigg]$$

$$+ \eta M_2 \Bigg[\alpha_{2p}^2 \sum_{n=-\infty}^{+\infty} {}^sE_1 J_n{}''(\alpha_{2p}a_s) + \frac{\alpha_{2p}}{a_s} \sum_{n=-\infty}^{+\infty} {}^sE_1 J_n{}'(\alpha_{2p}a_s) - \frac{n^2}{a_s^2} \sum_{n=-\infty}^{+\infty} {}^sE_1 J_n(\alpha_{2p}a_s) \Bigg]$$

$$(6\text{-}17\text{d})$$

$$G_1\left[\frac{2in\alpha_{1s}}{a_s}e^{ia_{s1}r_{0s}(\theta_0+\theta_{0s})}\sum_{n=-\infty}^{+\infty}J_n{'}(\alpha_{1s}a_s)e^{in(\theta_0+\frac{\pi}{2})} - \frac{2in}{a_s^2}e^{ia_{s1}r_{0s}(\theta_0+\theta_{0s})}\sum_{n=-\infty}^{+\infty}J_n(\alpha_{1s}a_s)e^{in(\theta_0+\frac{\pi}{2})}\right.$$

$$+\frac{2in\alpha_{1s}}{a_s}\sum_{n=-\infty}^{+\infty}{}^sA_1H_n{'}(\alpha_{1s}a_s) - \frac{2in}{a_s^2}\sum_{n=-\infty}^{+\infty}{}^sA_1H_n(\alpha_{1s}a_s)$$

$$\left.-\frac{n^2}{a_s^2}\sum_{n=-\infty}^{+\infty}{}^sC_1H_n(\beta_sa_s) - \beta_s^2\sum_{n=-\infty}^{+\infty}{}^sC_1H_n{''}(\beta_sa_s) + \frac{\beta_s}{a_s}\sum_{n=-\infty}^{+\infty}{}^sC_1H_n{'}(\beta_sa_s)\right]$$

$$=G_2\left[\frac{2in\alpha_{1p}}{a_s}\sum_{n=-\infty}^{+\infty}{}^sD_1J_n{'}(\alpha_{1p}a_s) - \frac{in}{a_s^2}\sum_{n=-\infty}^{+\infty}{}^sD_1J_n(\alpha_{1p}a_s) - \frac{n^2}{a_s^2}\sum_{n=-\infty}^{+\infty}{}^sF_1J_n(\beta_pa_s)\right.$$

$$\left.-\beta_p^2\sum_{n=-\infty}^{+\infty}{}^sF_1J_n{''}(\beta_pa_s) + \frac{\beta_p}{a_s}\sum_{n=-\infty}^{+\infty}{}^sF_1J_n{'}(\beta_pa_s)\right]$$

$$(6-17e)$$

$$\eta M_1\left[e^{ia_{s1}r_{0s}(\theta_0+\theta_{0s})}\alpha_{1s}^2\sum_{n=-\infty}^{+\infty}J{''}_n(\alpha_{1s}a_s)e^{in(\theta_0+\frac{\pi}{2})}\right.$$

$$+\frac{1}{a_s}e^{ia_{s1}r_{0s}(\theta_0+\theta_{0s})}\alpha_{1s}\sum_{n=-\infty}^{+\infty}J_n{'}(\alpha_{1s}a_s)e^{in(\theta_0+\frac{\pi}{2})}$$

$$\left.-\frac{n^2}{a_s^2}e^{ia_{s1}r_{0s}(\theta_0+\theta_{0s})}\sum_{n=-\infty}^{+\infty}J_n(\alpha_{1s}a_s)e^{in(\theta_0+\frac{\pi}{2})} + \alpha_{1s}^2\sum_{n=-\infty}^{+\infty}{}^sA_1H{''}_n(\alpha_{1s}a_s)\right.$$

$$\left.+\frac{\alpha_{1s}}{a_s}\sum_{n=-\infty}^{+\infty}{}^sA_1H_n{'}(\alpha_{1s}a_s) - \frac{n^2}{a_s^2}\sum_{n=-\infty}^{+\infty}{}^sA_1H_n(\alpha_{1s}a_s)\right]$$

$$+M_1\left[\alpha_{2s}^2\sum_{n=-\infty}^{+\infty}{}^sB_1H{''}_n(\alpha_{2s}a_s) + \frac{\alpha_{2s}}{a_s}\sum_{n=-\infty}^{+\infty}{}^sB_1H_n{'}(\alpha_{2s}a_s) - \frac{n^2}{a_s^2}\sum_{n=-\infty}^{+\infty}{}^sB_1H_n(\alpha_{2s}a_s)\right]$$

$$=\eta M_2\left[\alpha_{1p}^2\sum_{n=-\infty}^{+\infty}{}^sD_1J_n{''}(\alpha_{1p}a_s) + \frac{\alpha_{1p}}{a_s}\sum_{n=-\infty}^{+\infty}{}^sD_1J_n{'}(\alpha_{1p}a_s) - \frac{n^2}{a_s^2}\sum_{n=-\infty}^{+\infty}{}^sD_1J_n(\alpha_{1p}a_s)\right]$$

$$+\left[\alpha_{2p}^2\sum_{n=-\infty}^{+\infty}{}^sE_1J_n{''}(\alpha_{2p}a_s) + \frac{\alpha_{2p}}{a_s}\sum_{n=-\infty}^{s+\infty}{}^sE_1J_n{'}(\alpha_{2p}a_s) - \frac{n^2}{a_s^2}\sum_{n=-\infty}^{+\infty}{}^sE_1J_n(\alpha_{2p}a_s)\right]$$

$$s=0,1,2,\cdots,N, 0\leqslant\theta_s\leqslant2\pi \quad (6-17f)$$

假设桩为弹性桩，则弹性压缩模量 M_2 为 0。整理式（6-17）可得到矩阵方程式 $AX=Q$，Q 表示等式不包含散射系数的项。A 为系数矩阵，$X=[{}^sA_1,{}^sB_1,{}^sC_1,{}^sD_1,{}^sE_1,{}^sF_1]^T$。

$$\begin{bmatrix} a_{11} & a_{12} & a_{13} & a_{14} & a_{15} & a_{16} \\ a_{21} & a_{22} & a_{23} & a_{24} & a_{25} & a_{26} \\ a_{31} & a_{32} & a_{33} & a_{34} & a_{35} & a_{36} \\ a_{41} & a_{42} & a_{43} & a_{44} & a_{45} & a_{46} \\ a_{51} & a_{52} & a_{53} & a_{54} & a_{55} & a_{56} \\ a_{61} & a_{62} & a_{63} & a_{64} & a_{65} & a_{66} \end{bmatrix} \begin{bmatrix} {}^sA_1 \\ {}^sB_1 \\ {}^sC_1 \\ {}^sD_1 \\ {}^sE_1 \\ {}^sF_1 \end{bmatrix} = \begin{bmatrix} Q_{11} \\ Q_{21} \\ Q_{31} \\ Q_{41} \\ Q_{51} \\ Q_{61} \end{bmatrix}$$

可以用克拉默（Cramer）法则求出散射系数 ${}^sA_1$，${}^sB_1$，${}^sC_1$，${}^sD_1$，${}^sE_1$，${}^sF_1$。a_{ij}，Q_{i1} 的数值见附录 I。

基于以上分析，可求得弹性波被弹性实心圆柱散射的位移场和应变场的精确解。

6.2 饱和土中任意排列圆柱形空腔对 P 波的散射

6.2.1 任意排列圆柱形空腔对 P 波的散射

本节采用与 6.1 节相同的分析模型和假定，对饱和土中任意排列、任意半径的圆柱形空腔对 P 波的散射进行理论推导与求解。

入射波、散射波和透射波的表达见式（6-6）、（6-7）和（6-8），饱和土圆柱坐标下势函数与位移、应力和孔隙水压力的关系见式（6-12）。

求解散射系数 ${}^sA_1$，${}^sB_1$，${}^sC_1$，D_1，${}^sE_1$，${}^sF_1$ 需要考虑圆柱形空腔与饱和土体的边界条件，即散射体为圆柱形空腔，边界条件需满足如下要求。

骨架位移连续：

$$\left[u_{1r_s}^{inc}(r_s,\theta_s) + {}^su_{1mr_s}^{sc}(r_s,\theta_s) \right]\Big|_{r_s=a_s} = {}^su_{2mr_s}^{t}(r_s,\theta_s)\Big|_{r_s=a_s} \tag{6-18a}$$

$$\left[u_{1\theta_s}^{inc}(r_s,\theta_s) + {}^su_{1m\theta_s}^{sc}(r_s,\theta_s) \right]\Big|_{r_s=a_s} = {}^su_{2m\theta_s}^{t}(r_s,\theta_s)\Big|_{r_s=a_s} \tag{6-18b}$$

流体径向相对位移连续：

$$\left[w_{1r_s}^{inc}(r_s,\theta_s) + {}^sw_{1mr_s}^{sc}(r_s,\theta_s) \right]\Big|_{r_s=a_s} = {}^sw_{2mr_s}^{t}(r_s,\theta_s)\Big|_{r_s=a_s} \tag{6-18c}$$

总应力连续：

$$\left[\, \sigma_{1r_s r_s}^{\mathrm{inc}}\left(r_s,\theta_s\right) + {}_s\sigma_{1mr_s r_s}^{\mathrm{sc}}\left(r_s,\theta_s\right)\,\right]\Big|_{r_s = a_s} = 0 \qquad (6\text{-}18\mathrm{d})$$

$$\left[\, \sigma_{1r_s \theta_s}^{\mathrm{inc}}\left(r_s,\theta_s\right) + {}_s\sigma_{1mr_s \theta_s}^{\mathrm{sc}}\left(r_s,\theta_s\right)\,\right]\Big|_{r_s = a_s} = 0 \qquad (6\text{-}18\mathrm{e})$$

流体压力连续：

$$\left[\, {}_f p_1^{\mathrm{inc}}\left(r_s,\theta_s\right) + {}_f p_{1m}^{\mathrm{sc}}\left(r_s,\theta_s\right)\,\right]\Big|_{r_s = a_s} = 0 \qquad (6\text{-}18\mathrm{f})$$

将式（6-6）、（6-7）、（6-8）、（6-12）代入式（6-16），可得

$$\alpha_{1s} \cdot \mathrm{e}^{\mathrm{i}a_{s1}r_{0s}\left(\theta_0 + \theta_{0s}\right)} \sum_{n=-\infty}^{+\infty} J_n{}'\left(\alpha_{1s}a_s\right)\mathrm{e}^{\mathrm{i}n\left(\theta_0 + \frac{\pi}{2}\right)} + \alpha_{1s}\sum_{n=-\infty}^{+\infty} {}^s A_1 H_n{}'\left(\alpha_{1s}a_s\right)$$

$$+ \frac{\mathrm{i}n}{a_s}\sum_{n=-\infty}^{+\infty} {}^s C_1 H_n\left(\beta_s a_s\right) = \alpha_{1p}\sum_{n=-\infty}^{+\infty} {}^s D_1 J_n{}'\left(\alpha_{1p}a_s\right) + \frac{\mathrm{i}n}{a_s}\sum_{n=-\infty}^{+\infty} {}^s F_1 J_n\left(\beta_p a_s\right)$$

$$(6\text{-}19\mathrm{a})$$

$$\frac{\mathrm{i}n}{a_s} \cdot \mathrm{e}^{\mathrm{i}a_{s1}r_{0s}\left(\theta_0 + \theta_{0s}\right)} \sum_{n=-\infty}^{+\infty} J_n\left(\alpha_{1s}a_s\right)\mathrm{e}^{\mathrm{i}n\left(\theta_0 + \frac{\pi}{2}\right)} + \frac{\mathrm{i}n}{a_s}\sum_{n=-\infty}^{+\infty} {}^s A_1 H_n\left(\alpha_{1s}a_s\right)$$

$$- \beta_s\sum_{n=-\infty}^{+\infty} {}^s C_1 H_n{}'\left(\beta_s a_s\right) = \frac{\mathrm{i}n}{a_s}\sum_{n=-\infty}^{+\infty} {}^s D_1 J_n\left(\alpha_{1p}a_s\right) - \beta_p\sum_{n=-\infty}^{+\infty} {}^s F_1 J_n{}'\left(\beta_p a_s\right)$$

$$(6\text{-}19\mathrm{b})$$

$$\alpha_{2s}\sum_{n=-\infty}^{+\infty} {}^s B_1 H_n{}'\left(\alpha_{2s}a_s\right) + \frac{\mathrm{i}n}{a_s}\sum_{n=-\infty}^{+\infty} {}^s C_1 H_n\left(\beta_s a_s\right)$$

$$= \alpha_{2p}\sum_{n=-\infty}^{+\infty} {}^s E_1 J_n{}'\left(\alpha_{2p}a_s\right) + \frac{\mathrm{i}n}{a_s}\sum_{n=-\infty}^{+\infty} {}^s F_1 J_n\left(\beta_p a_s\right) \qquad (6\text{-}19\mathrm{c})$$

$$\lambda_1\Bigg[\alpha_{1s}^2 \mathrm{e}^{\mathrm{i}a_{s1}r_{0s}\left(\theta_0 + \theta_{0s}\right)} \sum_{n=-\infty}^{+\infty} J_n{}''\left(\alpha_{1s}a_s\right)\mathrm{e}^{\mathrm{i}n\left(\theta_0 + \frac{\pi}{2}\right)} + \frac{\alpha_{1s}}{a_s}\mathrm{e}^{\mathrm{i}a_{s1}r_{0s}\left(\theta_0 + \theta_{0s}\right)} \sum_{n=-\infty}^{+\infty} J_n{}'\left(\alpha_{1s}a_s\right)\mathrm{e}^{\mathrm{i}n\left(\theta_0 + \frac{\pi}{2}\right)}$$

$$- \frac{n^2}{a_s^2}\mathrm{e}^{\mathrm{i}a_{s1}r_{0s}\left(\theta_0 + \theta_{0s}\right)} \sum_{n=-\infty}^{+\infty} J_n\left(\alpha_{1s}a_s\right)\mathrm{e}^{\mathrm{i}n\left(\theta_0 + \frac{\pi}{2}\right)} + \alpha_{1s}^2\sum_{n=-\infty}^{+\infty} {}^s A_1 H_n{}''\left(\alpha_{1s}a_s\right)$$

$$+ \frac{\alpha_{1s}}{a_s}\sum_{n=-\infty}^{+\infty} {}^s A_1 H_n{}'\left(\alpha_{1s}a_s\right) - \frac{n^2}{a_s^2}\sum_{n=-\infty}^{+\infty} {}^s A_1 H_n\left(\alpha_{1s}a_s\right)\Bigg]$$

$$+ 2G_1\Bigg[\beta_s^2\sum_{n=-\infty}^{+\infty} {}^s C_1 H_n{}''\left(\beta_s a_s\right) + \frac{\mathrm{i}n\beta_s}{a_s}\sum_{n=-\infty}^{+\infty} {}^s C_1 H_n{}'\left(\beta_s a_s\right) - \frac{\mathrm{i}n}{\beta_s^2}\sum_{n=-\infty}^{+\infty} {}^s C_1 H_n\left(\beta_s a_s\right)\Bigg]$$

$$+ \eta M_1\Bigg[\alpha_{2s}^2\sum_{n=-\infty}^{+\infty} {}^s B_1 H_n{}''\left(\alpha_{2s}a_s\right) + \frac{\alpha_{2s}}{a_s}\sum_{n=-\infty}^{+\infty} {}^s B_1 H_n{}'\left(\alpha_{2s}a_s\right) - \frac{n^2}{a_s^2}\sum_{n=-\infty}^{+\infty} {}^s B_1 H_n\left(\alpha_{2s}a_s\right)\Bigg] = 0$$

$$(6\text{-}19\mathrm{d})$$

$$G_1\left[\frac{2in\alpha_{1s}}{a_s}e^{i\alpha_{s1}r_{0s}(\theta_0+\theta_{0s})}\sum_{n=-\infty}^{+\infty}J_n'(\alpha_{1s}a_s)e^{in(\theta_0+\frac{\pi}{2})}-\frac{2in}{a_s^2}e^{i\alpha_{s1}r_{0s}(\theta_0+\theta_{0s})}\sum_{n=-\infty}^{+\infty}J_n(\alpha_{1s}a_s)e^{in(\theta_0+\frac{\pi}{2})}\right.$$

$$+\frac{2in\alpha_{1s}}{a_s}\sum_{n=-\infty}^{+\infty}{}^sA_1H_n'(\alpha_{1s}a_s)-\frac{2in}{a_s^2}\sum_{n=-\infty}^{+\infty}{}^sA_1H_n(\alpha_{1s}a_s)-\frac{n^2}{a_s^2}\sum_{n=-\infty}^{+\infty}{}^sC_1H_n(\beta_sa_s)$$

$$\left.-\beta_s^2\sum_{n=-\infty}^{+\infty}{}^sC_1H_n''(\beta_sa_s)+\frac{\beta_s}{a_s}\sum_{n=-\infty}^{+\infty}{}^sC_1H_n'(\beta_sa_s)\right]=0 \qquad (6-19e)$$

$$\eta M_1\left[e^{i\alpha_{s1}r_{0s}(\theta_0+\theta_{0s})}\alpha_{1s}^2\sum_{n=-\infty}^{+\infty}J_n''(\alpha_{1s}a_s)e^{in(\theta_0+\frac{\pi}{2})}+\frac{1}{a_s}e^{i\alpha_{s1}r_{0s}(\theta_0+\theta_{0s})}\alpha_{1s}\sum_{n=-\infty}^{+\infty}J_n'(\alpha_{1s}a_s)e^{in(\theta_0+\frac{\pi}{2})}\right.$$

$$-\frac{n^2}{a_s^2}e^{i\alpha_{s1}r_{0s}(\theta_0+\theta_{0s})}\sum_{n=-\infty}^{+\infty}J_n(\alpha_{1s}a_s)e^{in(\theta_0+\frac{\pi}{2})}+\alpha_{1s}^2\sum_{n=-\infty}^{+\infty}{}^sA_1H_n''(\alpha_{1s}a_s)$$

$$\left.+\frac{\alpha_{1s}}{a_s}\sum_{n=-\infty}^{+\infty}{}^sA_1H_n'(\alpha_{1s}a_s)-\frac{n^2}{a_s^2}\sum_{n=-\infty}^{+\infty}{}^sA_1H_n(\alpha_{1s}a_s)\right]$$

$$+M_1\left[\alpha_{2s}^2\sum_{n=-\infty}^{+\infty}{}^sB_1H_n''(\alpha_{2s}a_s)+\frac{\alpha_{2s}}{a_s}\sum_{n=-\infty}^{+\infty}{}^sB_1H_n'(\alpha_{2s}a_s)-\frac{n^2}{a_s^2}\sum_{n=-\infty}^{+\infty}{}^sB_1H_n(\alpha_{2s}a_s)\right]$$

$$=0$$

$$s=0,1,2,\cdots,N,\ 0\leqslant\theta_s\leqslant2\pi \qquad (6-19f)$$

化简式（6-19）可得到矩阵方程式 $bX=Y$，b_{ij} 为系数矩阵，Y_{i1} 为等式中不含散射系数的项。b_{ij}，Y_{i1} 的数值见附录Ⅱ，$X=[{}^sA_1,\ {}^sB_1,\ {}^sC_1,\ {}^sD_1,\ {}^sE_1,\ {}^sF_1]^T$。

$$\begin{bmatrix}b_{11}&0&b_{13}&b_{14}&0&b_{16}\\b_{21}&0&b_{23}&b_{24}&0&b_{26}\\0&b_{32}&b_{33}&0&b_{35}&b_{36}\\b_{41}&b_{42}&b_{43}&0&0&0\\b_{51}&0&b_{53}&0&0&0\\b_{61}&b_{62}&0&0&0&0\end{bmatrix}\begin{bmatrix}{}^sA_1\\{}^sB_1\\{}^sC_1\\{}^sD_1\\{}^sE_1\\{}^sF_1\end{bmatrix}=\begin{bmatrix}Y_{11}\\Y_{21}\\0\\Y_{41}\\Y_{51}\\Y_{61}\end{bmatrix}$$

可以用 Cramer 法则求出散射系数 ${}^sA_1$，${}^sB_1$，${}^sC_1$，${}^sD_1$，${}^sE_1$，${}^sF_1$。

6.2.2 单排或多排圆柱形空腔屏障的算例与分析

圆柱形空腔对 P 波散射的模型与实心桩的分析模型见图6-3。

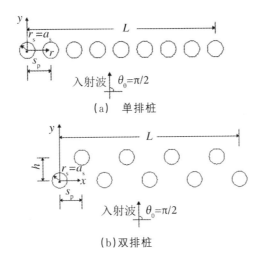

（a） 单排桩

（b）双排桩

图6-3　圆柱形空腔屏障对弹性波散射的分析模型$(N=9)$

　　假定圆柱形空腔为无限长，空腔的半径为a_s，数量为N，空腔孔间距为s_p，排间距为h，屏障总宽度$L=(N-1) \times s_p$；入射波为稳态P波垂直入射到空腔屏障；入射角$\theta_0 = \pi/2$。

　　为了计算方便，对入射波在饱和土中的频率进行无量纲化。

$$\eta_{ps} = 2a_s/\lambda_{ps} = \frac{\alpha_{1s} a_s}{\pi} \qquad (6\text{-}20a)$$

$$\eta_{pf} = 2a_s/\lambda_{pf} = \frac{\alpha_{2s} a_s}{\pi} \qquad (6\text{-}20b)$$

$$\eta_{ss} = 2a_s/\lambda_{ss} = \frac{\beta_s a_s}{\pi} \qquad (6\text{-}20c)$$

$$\eta_{pp} = 2a_s/\lambda_{pp} = \frac{\alpha_{2p} a_s}{\pi} \qquad (6\text{-}20d)$$

$$\eta_{pf} = 2a_s/\lambda_{pf} = \frac{\alpha_{2p} a_s}{\pi} \qquad (6\text{-}20e)$$

$$\eta_{sp} = 2a_s/\lambda_{sp} = \frac{\beta_s a_s}{\pi} \qquad (6\text{-}20f)$$

其中，频率η与波长λ的角标字母p表示p波入射，字母s表示土体，f表示流体，p表示桩体。

采用无量纲化位移振幅$|u/u_0|$表示入射波和桩体的散射波总位移振幅之和与入射波位移振幅的比值，并且各几何参数都对桩半径进行无量纲化。

表6-1　饱和土物理力学参数

G_1/MPa	M/MPa	P_s/（kg·m^{-3}）	P_f/（kg·m^{-3}）	η	η_f	v_s	v_f
43.6	5000	1850	1000	0.94	0.65	0.4	0.5

（1）空腔间距的影响

双排空腔屏障后，位移振幅随空腔间距的三维网格见图6-4。为了更好地展现散射效果，选取的隔振区域为$0 \leqslant x/a_s \leqslant 25$，$0 \leqslant y/a_s \leqslant 600$，$0.2 \leqslant |u/u_0| \leqslant 1$。分析四幅网格图发现，空腔间距$s_p$从$2.5a_s$增大到$4.0a_s$，$|u/u_0|$的最小数值从0.45增大到0.6，最佳隔振效果降低了15%。距离屏障一段距离后出现凹陷区域，位移幅值最小，隔振效果最好。故隔振效果的最佳区域在距离屏障一段距离处。

两侧位移幅值逐渐增大，隔振效果逐渐变差。越靠近屏障处，位移振幅波动范围越大，这是因为入射波遇到空腔屏障会出现位移放大现象。随着空腔间距的增大，$|u/u_0|$的值逐渐增大，隔振效果逐渐变差。超过一段距离后，无量纲位移幅值趋于稳定，即隔振效果不再变化。分析图6-4（b）和图6-4（c），可知凹陷区域的范围增大，隔振最佳区域面积增加。因此在进行隔振设计时，应控制排间距在$2.5a_s \leqslant s_p \leqslant 3.5a_s$，另外，应尽量把被保护区域设置在凹陷区域，减少振动造成的危害。

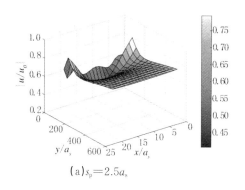

（a）$s_p=2.5a_s$

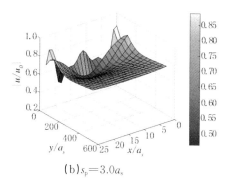

（b）$s_p=3.0a_s$

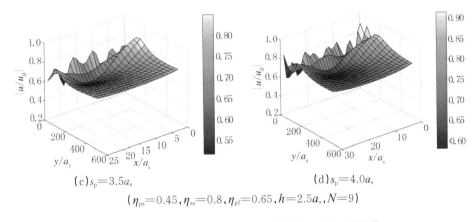

(c)$s_p = 3.5a_s$ 　　　　　　　(d)$s_p = 4.0a_s$

($\eta_{ps} = 0.45$, $\eta_{ss} = 0.8$, $\eta_{pf} = 0.65$, $h = 2.5a_s$, $N = 9$)

图6-4　双排空腔屏障位移振幅随空腔间距的三维网格

（2）排间距的影响

图6-5（a）为单排9个空腔屏障对P波散射的无量纲位移等高线，图6-5（b）、图6-5（c）、图6-5（d）表示双排六边形布置的空腔屏障对P波散射的无量纲位移等高线图，屏障后选取的区域为$0 \leqslant x/a_s \leqslant 20$，$30 \leqslant y/a_s \leqslant 500$。对此分析图6-5（a）和图6-5（b），可得单排桩空腔屏障能够隔离45%的散射波，而双排空腔屏障能够隔离55%的散射波，因此双排空腔的隔振效果比单排空腔好。从图6-5（b）和图6-5（c）可以看出，在其他条件相同的情况下，只改变排间距的大小，屏障的隔振效果差别很大。隔振效果从55%减小到40%，降低了15%。而排间距为$3.0a_s$时，最佳隔离区的范围为$5 \leqslant x/a_s \leqslant 15$，$60 \leqslant y/a_s \leqslant 160$；排间距为$4.0a_s$时，最佳隔离区的范围为$0 \leqslant x/a_s \leqslant 20$，$60 \leqslant y/a_s \leqslant 300$；隔振效果相差不大，排间距增加一倍空腔半径，隔振最佳区域的范围略微增大。故在进行空腔屏障设计时，应设置成双排形式，并控制排间距在2.5倍空腔半径。

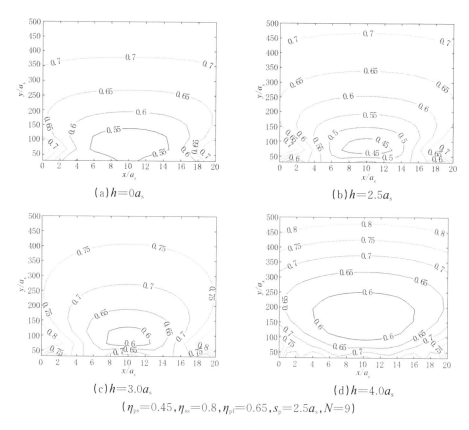

$(\eta_{ps}=0.45, \eta_{ss}=0.8, \eta_{pf}=0.65, s_p=2.5a_s, N=9)$

图6-5　饱和土中空腔屏障无量纲位移随排间距变化的等高线

（3）空腔数量的影响

饱和土中不同空腔数量无量纲位移幅值$|u/u_0|$随y/a_s的变化曲线见图6-6。排桩数量从6增加到12，数量增加1倍，屏障宽度增加1倍。随着空腔数量的增加，无量纲位移幅值$|u/u_0|$先急剧减小，后逐渐增加，但增加幅度很小。$0 \leqslant y/a_s \leqslant 100$范围内无量纲位移比值$|u/u_0|$最小，隔振效果最好。随着空腔数量的增加，无量纲位移最小值向后推移，即隔振最佳的区域增大。隔振最佳范围在距离空腔屏障一段距离内，且空腔数量越大，无量纲位移幅值越小。屏障宽度增加隔振效果越好。

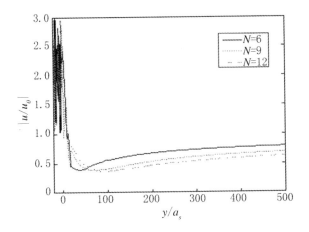

$(\eta_{ps}=0.45, \eta_{ss}=0.8, \eta_{pf}=0.65, s_p=2.5a_s, h=2.5a_s)$

图 6-6　饱和土中不同空腔数量无量纲位移幅值随 y/a 的变化曲线

（4）布置方式的影响

考虑排桩布置方式的整齐性，模型中为 9 根桩，为了便于对比分析，梅花形和矩形均布置 8 根，研究弹性桩屏障的隔振效果，矩形布置和梅花形布置的分析模型与参考坐标系见图 6-7。

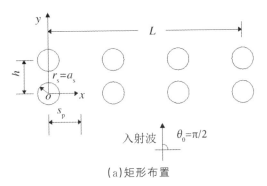

（a）矩形布置

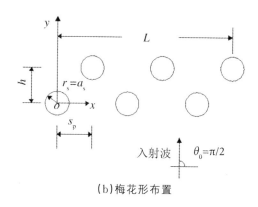

（b）梅花形布置

图6-7　双排桩对P波散射的分析模型和参考坐标系（矩形布置，$N=8$）

　　矩形与梅花形屏障布置后无量纲位移振幅等高线见图6-8。由于入射波不在矩形模型的正中心，故屏障后无量纲位移等高线图不是对称的，为了等高线图显示对称，隔振区域为$-5\leqslant x/a_s\leqslant21$，$30\leqslant x/a_s\leqslant500$，对比分析图6-8（a）和图6-8（b），在桩数量相同及其他条件相同时，仅改变布置方式，梅花形空腔屏障能够隔离55%的入射波，而矩形屏障能够隔离约45%的入射波，且隔离的最佳区域范围很小，即梅花形屏障的隔振效果比矩形更好，可以作为隔振桩设计依据。

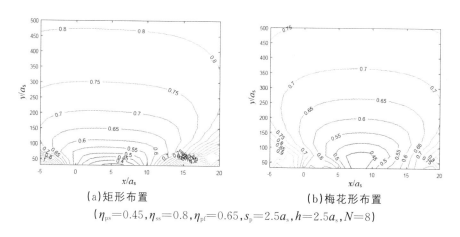

（a）矩形布置　　　　　　　　　　　　　　（b）梅花形布置

（$\eta_{ps}=0.45$，$\eta_{ss}=0.8$，$\eta_{pf}=0.65$，$s_p=2.5a_s$，$h=2.5a_s$，$N=8$）

图6-8　矩形与梅花形屏障布置后无量纲位移振幅等高线

6.3 饱和土中任意排列弹性实心桩对P波的散射

6.3.1 任意排列弹性实心桩对P波的散射

非连续性屏障作为屏障隔振的方式，起步虽然比连续性屏障晚，但在我国沿海地区得到广泛的应用。尤其是在地下水位较高和软土地区，地基土含水量大，排桩隔振可以解决连续性屏障施工困难的问题，而且能够隔离连续性屏障（开口沟渠、空沟）无法隔离的较长波长入射波。非连续屏障的代表为排桩，因其施工方便、造价低、隔振效果比较好等优点被广泛应用。

本节通过数值算例分析桩土剪切模量之比、排间距、桩间距等主要参数对弹性圆柱体对P波散射隔振效果的影响。将散射体假定为弹性桩，饱和土体和弹性桩的边界条件与6.1节的理论计算公式假定的桩土边界条件相同，故理论计算的矩阵方程参考6.1节，这里不再进行赘述。

6.3.2 单排或多排弹性实心桩屏障的算例与分析

弹性桩屏障对P波散射的模型与实心桩的分析模型见图6-9。假定弹性桩为无限长，弹性桩的半径为 a_s，数量为 N，桩间距为 s_p，排间距为 h，屏障总宽度 $L=(N-1)\times s_p$；入射波为稳态P波，垂直入射到弹性桩屏障。初始振幅为 ϕ_0，ψ_0，ω_0 的稳态P波垂直入射到屏障，入射角 $\theta_0=\pi/2$。

无量纲位移振幅 $|u/u_0|$ 表示总位移振幅与入射波位移振幅的比值。对入射平面波在饱和土体介质中的频率进行无量纲化，表达见式（6-17），所有排桩的几何参数对桩半径进行无量纲化，$|u/u_0|$ 的定义同前。数值计算中考虑了单排任意半径、任意分布桩对P波的振动隔离情况。当入射波为P波时，可根据弹性桩与饱和土体边界条件，求得散射系数。

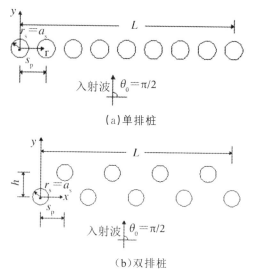

(a)单排桩

(b)双排桩

图6-9　实心桩屏障对弹性波散射的分析模型($N=9$)

（1）排间距的影响

多排弹性桩屏障后位移振幅随排间距变化的等高线见图6-10。图中为 $h=0a_s$，$h=2.5a_s$，$h=3.0a_s$，$h=4.0a_s$ 处的等高线。分析图6-10（a）可知，$h=0$ 时，排桩为单排桩，在隔离区 $4 \leqslant x/a_s \leqslant 16$，$0 \leqslant y/a_s \leqslant 150$，无量纲位移幅值 $|u/u_0|$ 从0.5增加到0.6，单排桩屏障可以隔离40%～50%的入射波；当 $h=3.0a_s$ 时，屏障为双排桩，在隔离区 $4 \leqslant x/a_s \leqslant 16$，$0 \leqslant y/a_s \leqslant 250$，$|u/u_0|$ 从0.45增加到0.6，屏障可以隔离40%～55%的入射波。

在饱和土中，桩数相同的条件下，双排桩的隔振效果优于单排桩。屏障宽度越宽，对入射波的隔离效果越好。当 $h=3.0a_s$ 时，在隔离区 $4 \leqslant x/a_s \leqslant 16$，$0 \leqslant y/a_s \leqslant 150$，无量纲位移幅值 $|u/u_0|$ 从0.6增加到0.75，而排间距 h 增大到 $4a_s$ 时，无量纲位移幅值 $|u/u_0|$ 的最小值为0.75，距离振源的距离减小，散射现象减弱。这意味着当排桩的间距增大，排桩不能作为整体屏障进行隔振。不管是单排还是多排，弹性桩屏障隔离了小于45%的波，在振动作用范围内的基础排桩设计时，应考虑排桩的间距为 $2.5s_p$ 到 $3.0s_p$。

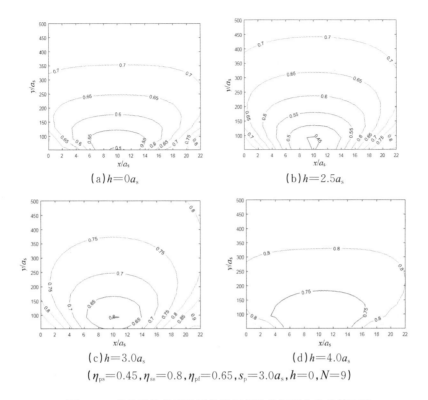

（a）$h=0a_s$　　　　　　　　（b）$h=2.5a_s$

（c）$h=3.0a_s$　　　　　　　　（d）$h=4.0a_s$

（$\eta_{ps}=0.45, \eta_{ss}=0.8, \eta_{pf}=0.65, s_p=3.0a_s, h=0, N=9$）

图6-10　多排弹性桩屏障后位移振幅随排间距变化的等高线

（2）桩土剪切模量之比的影响

不同剪切模量情况下屏障后无量纲位移幅值$|u/u_0|$等高线见图6-11，对于入射P_1波，由图6-11（a）可以看出，无量纲位移振幅最小值出现在$50 \leqslant y/a_s \leqslant 200, 9 \leqslant x/a_s \leqslant 15$，弹性桩中心趋于的振幅减小量为40%~45%，两侧的振幅减小25%~30%。说明屏障中心处的隔振效果比屏障偏远处的隔振效果好。剪切模量$G_r=10$增加10倍，隔振效果从45%减小到35%，降低10%。

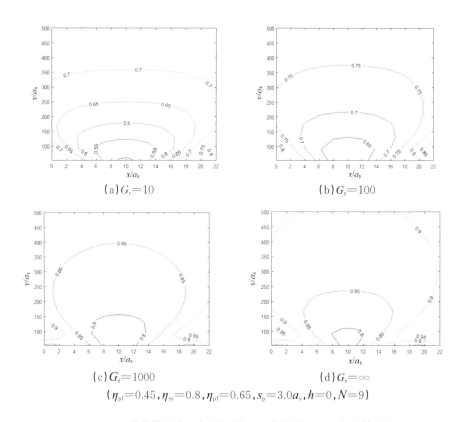

(a) $G_r=10$ (b) $G_r=100$

(c) $G_r=1000$ (d) $G_r=\infty$

($\eta_{pf}=0.45$, $\eta_{ss}=0.8$, $\eta_{pf}=0.65$, $s_p=3.0a_s$, $h=0$, $N=9$)

图6-11 弹性桩屏障隔振剪切模量比变化的无量纲位移等高线

桩土剪切模量比扩大10倍，无量纲位移幅值$|u/u_0|$越来越大，隔振效果越来越差，即随着桩土剪切模量的增加，排桩屏障对P波的隔振效果越来越差。当隔振为非连续性屏障时，空沟的隔振剪切模量很小，但是空沟的隔振效果很好[162]。剪切模量越大，弹性桩的刚度越大，但是在饱和土中，流体的存在使得刚度越小反而隔振效果越好。随着剪切模量比的增大，桩体逐渐趋于刚性化，而饱和土中排桩的隔振效果越来越差。分析图6-11（c）和图6-11（d），可知在$G_r=1000$或$G_r=\infty$时，位移增幅变化缓慢，即桩土剪切模量比越大，对屏障隔振的效果越差。

（3）桩数的影响

双排弹性桩屏障后随y/a_s的变化曲线见图6-12，P波入射，距离屏障较

近的位置无量纲位移幅值增大，这是入射波和散射波在屏障中心相互作用的结果。由于饱和土中波散射过程孔隙水压力的作用。等高线靠近排桩处变密，位移幅值变动较大，随着距离入射波位置变远，无量纲位移幅值减小，隔振效果越来越好。随着桩数的增加，隔振区域界限也越来越明显。距离屏障一段距离，无量纲位移幅值 $|u/u_0|$ 最小，最佳隔离区域不是靠近屏障处，而是在距离屏障一段距离处。随着桩数的增加，无量纲位移幅值逐渐减小，隔振效果越来越好。本章排桩的布置方式是梅花形，桩数从 6 增加到 12，相当于屏障长度增加了一倍，隔振效果越来越好。故适当增加排桩数量可以增加排桩对波的隔振作用，从而有效减少振动造成的损害。

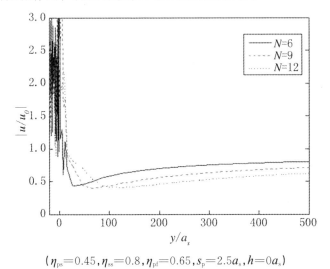

$(\eta_{ps}=0.45, \eta_{ss}=0.8, \eta_{pf}=0.65, s_p=2.5a_s, h=0a_s)$

图 6-12　弹性桩屏障无量纲位移振幅随桩数变化的曲线

（4）桩间距的影响

饱和土中不同桩间距下的无量纲位移振幅值 $|u/u_0|$ 随 y/a_s 变化的三维网格见图 6-13，排间距从 $s_p=2.5$ 到 $s_p=4$，距离振源最近的区域出现凹陷，凹陷越深，位移波动越大，即靠近排桩位置振幅波动加剧，但远离排桩后波动趋于平缓。屏障中心凹陷最深，隔振效果好；相反，远离屏障中心，隔振效果变差，最后趋于稳定。当桩间距增加到 $3.5a_s$ 时，距离屏障中心处的波动减缓，向两边转移，凹陷的位置向后推移，隔振最佳区域在距离排桩一段距

离。在距离排桩相同位置处，桩间距越大，无量纲位移幅值$|u/u_0|$越大，隔振效果越来越差。随着桩间距的增大，位移幅值最小值越来越大，排桩的最佳隔离区范围扩大，隔振效果变差。控制桩间距s_p为3.0～3.5时，才能保证更好的隔振效果。

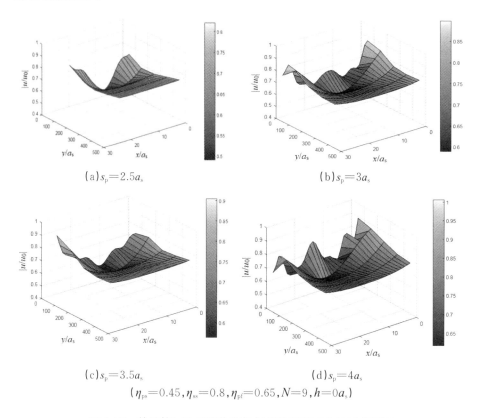

(a)$s_p=2.5a_s$ (b)$s_p=3a_s$

(c)$s_p=3.5a_s$ (d)$s_p=4a_s$

($\eta_{ps}=0.45,\eta_{ss}=0.8,\eta_{pf}=0.65,N=9,h=0a_s$)

图6-13 单排桩后无量纲位移振幅随桩间距变化的三维网格

（5）布置方式的影响

考虑排桩布置方式整齐，模型由9根桩建立，为了便于对比分析布置方式对隔振效果的影响，将梅花形和矩形布置模型都布置成8根。矩形布置模型与参考坐标系见图6-14，在其他条件相同的条件下，仅改变布置方式，对比分析图6-14（a）和图6-14（b）可以看出，梅花形布置模型能够隔离35%的入射波，而矩形布置能够隔离20%的入射波，因此梅花形布置模型有更好的隔振效果。梅花形布置模型不能隔离一个半的入射波，双排弹性桩屏障的效果不是很理想。

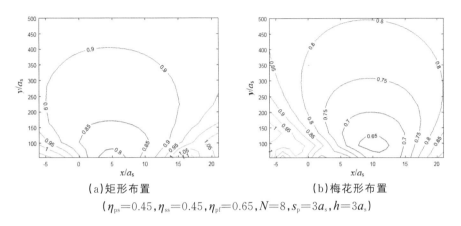

（a）矩形布置　　　　　　　　　（b）梅花形布置

$(\eta_{ps}=0.45, \eta_{ss}=0.45, \eta_{pf}=0.65, N=8, s_p=3a_s, h=3a_s)$

图 6-14　双排不同布置方式弹性桩屏障后无量纲位移振幅等高线

6.4　饱和土中任意排列弹性桩对 P 波的多重散射

6.4.1　Graf 加法定理

参考文献[163]得到的表达式和分析（见图 6-15）如下。

$$e^{iv\psi} J_v(\varpi) = \sum_{m=-\infty}^{+\infty} J_{v+m}(Z) J_m(z) e^{im\phi} \tag{6-21a}$$

$$e^{-iv\psi} J_v(\varpi) = \sum_{m=-\infty}^{+\infty} J_{v+m}(Z) J_m(z) e^{-im\phi} \tag{6-21b}$$

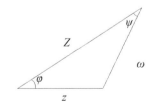

图 6-15　角度转换分析

本章的表达式和模型（见图6-16）如下。

$$\mathrm{e}^{in'\left(\pi-\theta_{ss'}+\theta_{s}\right)}H_{n}\left(kr_{s}\right)=\sum_{m=-\infty}^{+\infty}H_{n+m'}\left(kr_{ss'}\right)J_{m}\left(kr_{s}\right)\mathrm{e}^{im\left(\theta_{ss'}-\theta_{s}\right)} \qquad (6\text{-}22)$$

用$-n$代换m得：

$$\mathrm{e}^{in'\theta_{s}}H_{n}\left(kr_{s}\right)=\sum_{m=-\infty}^{+\infty}H_{n-n'}\left(kr_{ss'}\right)J_{-n}\left(kr_{s}\right)\mathrm{e}^{in\theta_{s}+\mathrm{i}\left(n'-n\right)\theta_{ss'}-in'\pi} \qquad (6\text{-}23a)$$

其中，$J_{-n}\left(kr_{s}\right)=\left(-1\right)^{n}J_{n}\left(kr_{s}\right) \quad J_{-n}\left(kr_{s}\right)=\left(-1\right)^{n}J_{n}\left(kr_{s}\right) \quad J_{-n}\left(kr_{s}\right)=\left(-1\right)^{n}J_{n}\left(kr_{s}\right)$，由$\mathrm{e}^{in\pi}=-1$得：

$$\mathrm{e}^{in'\theta_{s}}H_{n}\left(kr_{s}\right)=\sum_{m=-\infty}^{+\infty}H_{n-n'}\left(kr_{ss'}\right)J_{n}\left(kr_{s}\right)\mathrm{e}^{in\theta_{s}-\mathrm{i}\left(n-n'\right)\theta_{ss'}} \qquad (6\text{-}23b)$$

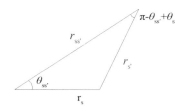

图6-16　本章理论模型

6.4.2　任意排列圆柱形弹性桩对P波的多重散射

入射波场位移波函数表达式可以作为第s个散射体的波函数表达式：

$$^{s}\phi^{\mathrm{inc}}=\mathrm{e}^{\mathrm{i}\alpha_{s1}r_{0s}\left(\theta_{0}+\theta_{0s}\right)}\sum_{n=-\infty}^{+\infty}J_{n}\left(\alpha_{s1}r_{s}\right)\mathrm{e}^{in\left(\theta_{s}+\theta_{0}+\frac{\pi}{2}\right)} \qquad (6\text{-}24)$$

其中，上标inc表示入射波，波函数中都含有时间因子，故可以在等式中消去。

本章以求散射系数$^{s}A_{m}$为例推导多重散射的理论公式。

第s个散射体的位移振幅和为：

$$^{s}\phi_{m}^{\mathrm{sc}}=\sum_{n=-\infty}^{+\infty}{}^{s}A_{m}H_{n}\left(\alpha_{1s}r_{s}\right)\mathrm{e}^{in\theta_{s}} \qquad (6\text{-}25)$$

上标sc表示散射波，$^{s}A_{m}$表示研究对象，即散射体s随散射重数m变化的待定系数。介质中所以散射体的位移振幅之和为：

$$u^{sc} = \sum_{s=0}^{N} \sum_{m=1}^{+\infty} u_m^{sc} = \sum_{s=0}^{N} \sum_{m=1}^{+\infty} H_n(\alpha_{1s} r_s) e^{in\theta_s} \sum_{m=1}^{+\infty} {}^s A_m \qquad (6\text{-}26)$$

其中，N 为散射体的数量。

总波场可表示为：

$$u = u^{inc} + u^{sc} \qquad (6\text{-}27)$$

假定饱和土体与散射体的边界固定，即散射体与介质边界满足位移连续，则：

$$u^{inc} + u_1{}^{sc}\big|_{r_s = a_s} = 0 \qquad (6\text{-}28)$$

求解可得到第一重散射系数：

$${}^s A_1 = {}^s A e^{\left[in\left(\theta_0 + \frac{\pi}{2}\right) + i\alpha_{s1} \cdot r_{0s}\right]} \qquad (6\text{-}29)$$

其中，${}^s A = -\dfrac{J_n(\alpha_{s1} \alpha_s)}{H_n(\alpha_{s1} \alpha_s)}$。

次生波源是除散射体 s 以外的其他散射体的散射波，以次生波源作为第二重散射的入射波，假定第二重散射的边界条件为：

$$\sum_{s'=0, s' \neq s}^{N'} {}^s u_1^{sc} + {}^s u_2^{sc}\big|_{r_s = a_s} = 0 \qquad (6\text{-}30)$$

s' 表示 s 以外其他的散射体，n' 表示散射体的数量。

根据边界条件求得第二重散射系数 ${}^s A_2$：

$$\left[\sum_{s'=0, s' \neq s}^{N'} \sum_{n'=-\infty}^{+\infty} {}^s A_1 H_{n'}(\alpha_{1s} r_s) e^{in'\theta_s'} + \sum_{n=-\infty}^{+\infty} {}^s A_2 H_n(\alpha_{1s} r_s) e^{in\theta_s}\right]\Bigg|_{r_s = a_s} = 0 \quad (6\text{-}31)$$

求得散射体 s 的第二重散射系数，并结合采用 Graf 加法定理，进行坐标轴变换。则第二重散射系数可以写成：

$${}^s A_2 = {}^s A \sum_{s'=0, s' \neq s}^{N'} \sum_{n'=-\infty}^{+\infty} {}^{s'} A_1 H_{n-n'}(\alpha_{1s} r_{ss'}) e^{-i(n-n')\theta_{ss'}} \qquad (6\text{-}32)$$

为了计算方便，令 $\coprod = H_{n-n'}(\bullet) e^{-i(n-n')\theta_{ss'}}$。

第三重甚至第 m 重散射可以根据迭代关系求出：

$$
\begin{aligned}
{}^{s}A_m &= {}^{s}A \sum_{\substack{s'=0,s'\neq s}}^{N'} {}'\sum_{n'=-\infty}^{+\infty} {}^{s'}A_{m-1}H_{n-n'}\left(\alpha_{1s}r_{ss'}\right)\mathrm{e}^{-\mathrm{i}\left(n-n'\right)\theta_{ss'}} \\
&= {}^{s}A \sum_{\substack{s'=0,s'\neq s}}^{N'} {}'\sum_{n'=-\infty}^{+\infty} {}^{s'}A_1 H_{n-n'}\left(\alpha_{1s}r_{ss'}\right)\mathrm{e}^{-\mathrm{i}\left(n-n'\right)\theta_{ss'}} \times {}^{s'}A \sum_{\substack{s''=0,s''\neq s'}}^{N''} {}'\sum_{n''=-\infty}^{+\infty} \\
&\quad \times \sum_{s^{(m-1)}=0}^{N^{(m-1)}}(m-1) \sum_{n^{(m-1)}=-\infty}^{+\infty} \times H_{n^{(m-2)}-n^{(m-1)}}\left[\alpha_{1s}r_{s^{(m-2)}s^{(m-1)}}\right]\mathrm{e}^{-\mathrm{i}\left[n^{(m-2)}-n^{(m-1)}\right]\theta_{s^{(m-2)}s^{(m-1)}}} \\
&\quad \times {}^{s^{(m-1)}}A\mathrm{e}^{\mathrm{i}n^{(m-1)}\left(\theta_0+\frac{\pi}{2}\right)+\mathrm{i}a_{s1}r_{os^{(m-1)}}}
\end{aligned}
\tag{6-33a}
$$

化简得到：

$$
\begin{aligned}
{}^{s}A_2 &= {}^{s}A\mathrm{e}^{\mathrm{i}n\left(\theta_0+\frac{\pi}{2}\right)+\mathrm{i}a_{s1}r_{os}}\Bigg[\prod_{\delta=1}^{m-1}\sum_{\substack{s^{\delta}=0,s^{\delta}\neq s^{\delta-1}}}^{N}\sum_{n^{\delta}}^{+\infty}{}^{s^{\delta}}AH_{n^{(\delta-1)}-n^{\delta}}\left[\alpha_{1s}r_{s^{(\delta-1)}s^{\delta}}\right] \\
&\quad \times \mathrm{e}^{-\mathrm{i}\left[n^{(\delta-1)}-n^{\delta}\right]\left[\theta_{s^{\delta}s^{(\delta-1)}}+\theta_0+\frac{\pi}{2}\right]+\mathrm{i}a_{s1}r_{s^{(\delta-1)}s^{\delta}}}\Bigg]
\end{aligned}
\tag{6-33b}
$$

在饱和土中，波在传播过程中受到激发产生透射波。当第 m 重散射满足如下弹性边界条件时，桩土边界的径向与切向位移、应力连续，桩内边界的径向与切向应力自由。

$$
\left[{}^{s}u_{r_s}^{m}\left(r_s,\theta_s\right)+\sum_{\substack{s'=0,s'\neq s}}^{N'}{}^{s'}u_{r_s}^{m-1}\left(r_{s'},\theta_{s'}\right)\right]\Bigg|_{r_s=a_s} = {}^{t}u_{r_s}^{m}\left(r_s,\theta_s\right)|_{r_s=a_s}
\tag{6-34a}
$$

$$
\left[{}^{s}u_{\theta_s}^{m}\left(r_s,\theta_s\right)+\sum_{\substack{s'=0,s'\neq s}}^{N'}{}^{s'}u_{r_s}^{m-1}\left(r_{s'},\theta_{s'}\right)\right]\Bigg|_{r_s=a_s} = {}^{t}u_{r_s}^{m}\left(r_s,\theta_s\right)|_{r_s=a_s}
\tag{6-34b}
$$

$$
\left[{}^{s}w_{r_s}^{m}\left(r_s,\theta_s\right)+\sum_{\substack{s'=0,s'\neq s}}^{N'}{}^{s'}w_{r_s}^{m-1}\left(r_{s'},\theta_{s'}\right)\right]\Bigg|_{r_s=a_s} = {}^{t}w_{r_s}^{m}\left(r_s,\theta_s\right)|_{r_s=a_s}
\tag{6-34c}
$$

$$
\left[{}^{s}\sigma_{r_sr_s}^{m}\left(r_s,\theta_s\right)+\sum_{\substack{s'=0,s'\neq s}}^{N'}{}^{s'}\sigma_{r_sr_s}^{m-1}\left(r_{s'},\theta_{s'}\right)\right]\Bigg|_{r_s=a_s} = {}^{t}\sigma_{r_sr_s}^{m}\left(r_s,\theta_s\right)|_{r_s=a_s}
\tag{6-34d}
$$

$$
\left[{}^{s}\sigma_{r_s\theta_s}^{m}\left(r_s,\theta_s\right)+\sum_{\substack{s'=0,s'\neq s}}^{N'}{}^{s'}\sigma_{r_s\theta_s}^{m-1}\left(r_{s'},\theta_{s'}\right)\right]\Bigg|_{r_s=a_s} = {}^{t}\sigma_{r_s\theta_s}^{m}\left(r_s,\theta_s\right)|_{r_s=a_s}
\tag{6-34e}
$$

$$\left[{}^s_f p^m (r_s, \theta_s) + \sum_{s'=0, s' \neq s}^{N'} {}^{s'}_f p^{m-1} (r_{s'}, \theta_{s'}) \right]\Bigg|_{r_s = a_s} = {}^t p_{r_s}^m (r_s, \theta_s)|_{r_s = a_s}$$

$$s = 0, 1, 2, \cdots, N, \quad 0 \leqslant \theta_s \leqslant 2\pi, \; m \geqslant 2 \tag{6-34f}$$

饱和土中圆柱坐标系下势函数与位移、应力的关系可参考式（6-12）得出：

$$\sum_{n=-\infty}^{+\infty} \left[\alpha_{1s} {}^s A_m H_n'(\alpha_{1s} a_s) + \frac{in}{a_s} \mathrm{i} \, {}^s C_m H_n(\beta_s a_s) \right] \mathrm{e}^{in\theta_s}$$

$$+ \sum_{s'=0, s' \neq s}^{N'} \sum_{n'=-\infty}^{+\infty} \left[\alpha_{1s} {}^{s'} A_{m-1} H_{n'}'(\alpha_{1s} a_{s'}) + \frac{in'}{a_{s'}} \mathrm{i} \, {}^{s'} C_{m-1} H_{n'}(\beta_{s'} a_{s'}) \right] \mathrm{e}^{in'\theta_{s'}}$$

$$= \sum_{n=-\infty}^{n=+\infty} \left[\alpha_{1p} {}^s D_m J_n'(\alpha_{1p} a_s) + \frac{in}{a_s} \mathrm{i} \, {}^s F_m J_n(\beta_p a_s) \right] \mathrm{e}^{in\theta_s} \tag{6-35a}$$

$$\sum_{n=-\infty}^{n=+\infty} \left[\frac{in}{a_s} {}^s A_m H_n(\alpha_{1s} a_s) - \beta_s \mathrm{i} \, {}^s C_m H_n'(\beta_s a_s) \right] \mathrm{e}^{in\theta_s}$$

$$+ \sum_{s'=0, s' \neq s}^{N'} \sum_{n'=-\infty}^{+\infty} \left[\frac{in'}{a_{s'}} {}^{s'} A_{m-1} H_{n'}(\alpha_{1s} a_{s'}) - \beta_{s'} \mathrm{i} \, {}^{s'} C_{m-1} H_{n'}'(\beta_{s'} a_{s'}) \right] \mathrm{e}^{in'\theta_{s'}}$$

$$= \sum_{n=-\infty}^{n=+\infty} \left[\frac{in}{a_s} {}^s D_m J_n(\alpha_{1p} a_s) - \beta_p \mathrm{i} \, {}^s F_m J_n'(\beta_p a_s) \right] \mathrm{e}^{in\theta_s} \tag{6-35b}$$

$$\sum_{n=-\infty}^{+\infty} \left[\alpha_{2s} {}^s B_m H_n'(\alpha_{2s} a_s) + \frac{in}{a_s} \mathrm{i} \, {}^s C_m H_n(\beta_s a_s) \right] \mathrm{e}^{in\theta_s}$$

$$+ \sum_{s'=0, s' \neq s}^{N'} \sum_{n'=-\infty}^{+\infty} \left[\alpha_{2s} {}^{s'} B_{m-1} H_{n'}'(\alpha_{2s} a_{s'}) + \frac{in'}{a_{s'}} \mathrm{i} \, {}^{s'} C_{m-1} H_{n'}(\beta_{s'} a_{s'}) \right] \mathrm{e}^{in'\theta_{s'}}$$

$$= \left[\alpha_{2p} \sum_{n=-\infty}^{+\infty} {}^s E_m J_n'(\alpha_{2p} a_s) + \frac{in}{a_s} \sum_{n=-\infty}^{+\infty} {}^s F_m J_n(\beta_p a_s) \right] \mathrm{e}^{in\theta_s} \tag{6-35c}$$

$$\sum_{n=-\infty}^{+\infty} \lambda_1 \left[\alpha_{1s}^2 \, {}^s A_m H_n''(\alpha_{1s} a_s) + \frac{\alpha_{1s}}{a_s} \, {}^s A_m H_n'(\alpha_{1s} a_s) - \frac{n^2}{a_s^2} \, {}^s A_m H_n(\alpha_{1s} a_s) \right] e^{in\theta_s}$$

$$+ \sum_{n=-\infty}^{+\infty} \eta \, M_1 \left[\alpha_{2s}^2 \, {}^s B_m H_n''(\alpha_{2s} a_s) + \frac{\alpha_{2s}}{a_s} \, {}^s B_m H_n'(\alpha_{2s} a_s) - \frac{n^2}{a_s^2} \, {}^s B_m H_n(\alpha_{2s} a_s) \right] e^{in\theta_s}$$

$$+ \sum_{n=-\infty}^{+\infty} 2 \, G_1 \left[\beta_s^2 \mathrm{i} \, {}^s C_m H_n''(\beta_s a_s) + \frac{in\beta_s}{a_s} \mathrm{i} \, {}^s C_m H_n'(\beta_s a_s) - \frac{in}{\beta_s^2} \mathrm{i} \, {}^s C_m H_n(\beta_s a_s) \right] e^{in\theta_s}$$

$$+ \sum_{s'=0,S'\neq S}^{N'} \sum_{n=-\infty}^{+\infty} \lambda \left[\alpha_{1s}^2 \, {}^{s'} A_{m-1} H_n''(\alpha_{1s} a_{s'}) + \frac{\alpha_{1s}}{a_{s'}} \, {}^{s'} A_{m-1} H_n'(\alpha_{1s} a_{s'}) - \frac{n'^2}{a_{s'}^2} \, {}^{s'} A_{m-1} H_n(\alpha_{1s} a_{s'}) \right] e^{in\theta_{s'}}$$

$$+ \sum_{S'=0,S'\neq S}^{N'} \sum_{n=-\infty}^{+\infty} \eta \, M_1 \left[\alpha_{2s}^2 \, {}^{s'} B_{m-1} H_n''(\alpha_{2s} a_{s'}) + \frac{\alpha_{2s}}{a_{s'}} \, {}^{s'} B_{m-1} H_n'(\alpha_{2s} a_{s'}) - \frac{n'^2}{a_{s'}^2} \, {}^{s'} B_{m-1} H_n(\alpha_{2s} a_{s'}) \right] e^{in\theta_{s'}}$$

$$+ \sum_{S'=0,S'\neq S}^{N'} \sum_{n=-\infty}^{+\infty} 2 \, G_1 \left[\beta_s^2 \mathrm{i} \, {}^{s'} C_{m-1} H_n''(\beta_s a_{s'}) + \frac{in'\beta_s}{a_{s'}} \mathrm{i} \, {}^{s'} C_{m-1} H_n'(\beta_s a_{s'}) - \frac{in'}{\beta_s^2} \mathrm{i} \, {}^{s'} C_{m-1} H_n(\beta_s a_{s'}) \right] e^{in\theta_{s'}}$$

$$= \sum_{n=-\infty}^{+\infty} \lambda_2 \left[\alpha_{1p}^2 \, {}^s D_m J_n''(\alpha_{1p} a_s) + \frac{\alpha_{1p}}{a_s} \, {}^s D_m J_n'(\alpha_{1p} a_s) - \frac{n^2}{a_s^2} \, {}^s D_m J_n(\alpha_{1p} a_s) \right] e^{in\theta_s}$$

$$+ \sum_{n=-\infty}^{+\infty} 2 \, G_2 \left[\beta_p^2 \mathrm{i} \, {}^s F_m J_n''(\beta_p a_s) + \frac{in\beta_p}{a_s} \mathrm{i} \, {}^s F_m J_n'(\beta_p a_s) - \frac{in}{\beta_p^2} \mathrm{i} \, {}^s F_m J_n(\beta_p a_s) \right] e^{in\theta_s}$$

$$+ \sum_{n=-\infty}^{+\infty} \eta \, M_2 \left[\alpha_{2p}^2 \, {}^s E_m J_n''(\alpha_{2p} a_s) + \frac{\alpha_{2p}}{a_s} \, {}^s E_m J_n'(\alpha_{2p} a_s) - \frac{n^2}{a_s^2} \, {}^s E_m J_n(\alpha_{2p} a_s) \right] e^{in\theta_s} \qquad (6\text{-}35\mathrm{d})$$

$$\sum_{n=-\infty}^{+\infty} G_1 \left[\frac{2in\alpha_{1s}}{a_s} \, {}^s A_m H_n'(\alpha_{1s} a_s) - \frac{2in}{a_s^2} \, {}^s A_m H_n(\alpha_{1s} a_s) - \frac{n^2}{a_s^2} \mathrm{i} \, {}^s C_m H_n(\beta_s a_s) \right.$$

$$\left. - \beta_s^2 \mathrm{i} \, {}^s C_m H_n''(\beta_s a_s) + \frac{\beta_s}{a_s} \mathrm{i} \, {}^s C_m H_n'(\beta_s a_s) \right] e^{in\theta_s}$$

$$+ \sum_{s'=0,s'\neq s}^{N'} \sum_{n=-\infty}^{+\infty} G_1 \left[\frac{2in'\alpha_{1s}}{a_{s'}} \, {}^s A_{m-1} H_n'(\alpha_{1s} a_{s'}) \right.$$

$$- \frac{2in'}{a_{s'}^2} \, {}^s A_{m-1} H_n(\alpha_{1s} a_{s'}) - \frac{n'^2}{a_{s'}^2} \mathrm{i} \, {}^s C_{m-1} H_n(\beta_s a_{s'}) - \beta_s^2 \mathrm{i} \, {}^s C_{m-1} H_n''(\beta_s a_{s'})$$

$$\left. + \frac{\beta_s}{a_{s'}} \mathrm{i} \, {}^s C_{m-1} H_n'(\beta_s a_{s'}) \right] e^{in\theta_{s'}}$$

$$= G_2 \sum_{n=-\infty}^{+\infty} \left[\frac{2in\alpha_{1p}}{a_s} \, {}^s D_m J_n'(\alpha_{1p} a_s) - \frac{2in}{a_s^2} \, {}^s D_m J_n(\alpha_{1p} a_s) - \frac{n^2}{a_s^2} \sum_{n=-\infty}^{+\infty} \, {}^s F_m J_n(\beta_p a_s) \right.$$

$$\left. - \beta_p^2 \sum_{n=-\infty}^{+\infty} \, {}^s F_m J_n''(\beta_p a_s) + \frac{\beta_p}{a_s} \sum_{n=-\infty}^{+\infty} \, {}^s F_m J_n'(\beta_p a_s) \right] e^{in\theta_s} \qquad (6\text{-}35\mathrm{e})$$

$$\eta M_1 \sum_{n=-\infty}^{+\infty} \left[\alpha_{1s}^2 {}^s A_m H_n''\left(\alpha_{1s}a_s\right) + \frac{\alpha_{1s}}{a_s} {}^s A_m H_n'\left(\alpha_{1s}a_s\right) - \frac{n^2}{a_s^2} {}^s A_m H_n\left(\alpha_{1s}a_s\right) \right] \mathrm{e}^{\mathrm{i}n\theta_s}$$

$$+ M_1 \sum_{n=-\infty}^{+\infty} \left[\alpha_{2s}^2 {}^s B_m H_n''\left(\alpha_{2s}a_s\right) + \frac{\alpha_{2s}}{a_s} {}^s B_m H_n'\left(\alpha_{2s}a_s\right) - \frac{n^2}{a_s^2} {}^s B_m H_n\left(\alpha_{2s}a_s\right) \right]$$

$$+ \eta M_1 \sum_{s'=0, s'\neq s}^{N'} \sum_{n'=-\infty}^{+\infty} \left[\alpha_{1s'}^2 {}^s A_{m-1} H_{n'}''\left(\alpha_{1s'}a_{s'}\right) + \frac{\alpha_{1s'}}{a_{s'}} {}^s A_{m-1} H_{n'}'\left(\alpha_{1s'}a_{s'}\right) - \frac{n'^2}{a_{s'}^2} {}^s A_{m-1} H_{n'}\left(\alpha_{1s'}a_{s'}\right) \right] \mathrm{e}^{\mathrm{i}n\theta_{s'}}$$

$$+ M_1 \sum_{s'=0, s'\neq s}^{N'} \sum_{n'=-\infty}^{+\infty} \left[\alpha_{2s'}^2 {}^s B_{m-1} H_{n'}''\left(\alpha_{2s'}a_{s'}\right) + \frac{\alpha_{2s'}}{a_{s'}} {}^s B_{m-1} H_{n'}'\left(\alpha_{2s'}a_{s'}\right) - \frac{n'^2}{a_{s'}^2} {}^s B_{m-1} H_{n'}\left(\alpha_{2s'}a_{s'}\right) \right] \mathrm{e}^{\mathrm{i}n\theta_{s'}}$$

$$= \eta M_2 \sum_{n=-\infty}^{+\infty} \left[\alpha_{1p}^2 {}^s D_m J_n''\left(\alpha_{1p}a_s\right) + \frac{\alpha_{1p}}{a_s} {}^s D_m J_n'\left(\alpha_{1p}a_s\right) - \frac{n^2}{a_s^2} {}^s D_m J_n\left(\alpha_{1p}a_s\right) \right]$$

$$+ M_2 \sum_{n=-\infty}^{+\infty} \left[\alpha_{2p}^2 {}^s E_m J_n''\left(\alpha_{2p}a_s\right) + \frac{\alpha_{2p}}{a_s} {}^s E_m J_n'\left(\alpha_{2p}a_s\right) - \frac{n^2}{a_s^2} {}^s E_m J_n\left(\alpha_{2p}a_s\right) \right] \tag{6-35f}$$

由此得到第 m 重散射 ($m \geqslant 2$) 的透射系数与第 ($m-1$) 重的关系：

$$\boldsymbol{AX} = \boldsymbol{BY}$$

其中，$\boldsymbol{A}$ 为系数矩阵，$\boldsymbol{X}$ 为第 m 重散射系数，$\boldsymbol{Y}$ 为散射复系数矩阵，$\boldsymbol{B}$ 为向量。

$$\boldsymbol{X} = \begin{bmatrix} {}^s A_m & {}^s B_m & {}^s C_m & {}^s D_m & {}^s E_m & {}^s F_m \end{bmatrix}^\mathrm{T}$$

$$\boldsymbol{B} = \begin{bmatrix} r_{11} & r_{12} & \cdots & r_{1m} \\ r_{21} & r_{22} & \cdots & r_{2m} \\ \vdots & \vdots & \vdots & \vdots \\ r_{n1} & r_{n2} & \cdots & r_{nm} \end{bmatrix}$$

$$\boldsymbol{Y} = \begin{bmatrix} {}^s A_{m-1} & {}^s B_{m-1} & {}^s C_{m-1} \end{bmatrix}$$

其中，元素 r_{ij} 下标分别为 $i=1, 2, \cdots, n$；$j=1, 2, 3, \cdots, m$。$\boldsymbol{B}$ 矩阵中 $n=6$，$m=4$；系数矩阵 $\boldsymbol{A}$ 的数值见附录 I，r_{ij} 的数值具体见附录 III。

利用 Graf 加法定理可将方程从 s 点坐标转化到 s' 点坐标。利用 Cramer 法则求解上述矩阵方程，可得到饱和土中任意排列弹性桩对 P 波散射的每一重散射与透射复系数，从而求得饱和土中 P 波入射下排桩屏障总散射与透射波场的解。

6.4.3　单排或多排弹性桩屏障多重散射算例与分析

单排或多排弹性桩的分析模型和参考坐标系见图6-9。利用排桩几何参数对桩体半径进行无量纲化，无量纲位移幅值定义同前。

（1）散射重数的影响

不同散射重数下屏障后无量纲位移幅值变化曲线见图6-17。距离屏障越近，位移幅值增大，但离屏障一段距离后，位移幅值逐渐减小且达到最小，隔振效果达到最好。距离屏障中心越远，无量纲位移幅值逐渐增加，散射重数之间位移幅值的增量增加缓慢。当散射重数从三增加到四时，两条曲线基本重合，说明随着散射重数的增加，数值计算的结果是收敛的。随着散射的重数增多，散射波逐渐衰减，说明饱和土中进行多重散射分析的理论是正确的。也说明当计算结果达到第四重时，可以满足计算精度方面的要求。

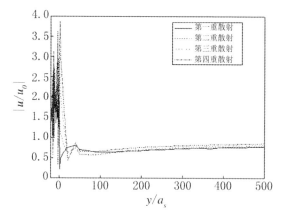

$(\eta_{ps}=0.45,\eta_{ss}=0.8,\eta_{pf}=0.65,s_p=3.0a_s,h=0,1\leqslant m\leqslant 4,N=9)$

图6-17　单排隔振屏障后无量纲位移随散射重数的变化曲线

（2）桩间距的影响

当P波入射时，饱和土中单排弹性桩屏障无量纲位移幅值随桩间距变化的三维网格见图6-18。随着桩间距的增大，位移幅值的最小值在0.2左右，能够隔离80%的入射波，说明单排桩屏障起到很好的隔振效果。但是桩间距不同，隔振的最佳区域范围也不同。当$0\leqslant y/a_s\leqslant 300$时，位移幅值最小，即

为最佳振动隔离区。由图6-18（a）可知，越靠近屏障中心处位移幅值波动越大，这是由入射波与散射波相互干涉造成的。图6-18（b）中，为当桩间距为三倍桩半径时，无量纲位移幅值最小值在靠近屏障中心处出现，凹陷区域位移幅值最小值小于0.2，说明在凹陷区域的隔振效果最好。图6-18（d）中，最佳隔离区出现两个凹陷区域，$|u/u_0|$的值约为0.4。桩间距从三倍的圆柱桩半径增加到四倍的圆柱桩半径，隔离的最佳区域不是靠近屏障处，而是距离屏障一段距离处。无量纲位移幅值大于0.2。图6-18（c）中最佳隔离区的位置与图6-18（b）相同，但是无量纲位移幅值的最小值大于0.2。故在进行排桩屏障设计时，应控制桩间距为三倍桩半径为宜。

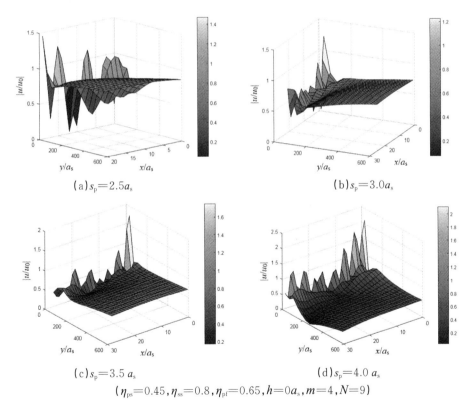

（a）$s_p=2.5a_s$　　　　　　　　　　（b）$s_p=3.0a_s$

（c）$s_p=3.5\,a_s$　　　　　　　　　　（d）$s_p=4.0\,a_s$

（$\eta_{ps}=0.45,\eta_{ss}=0.8,\eta_{pf}=0.65,h=0a_s,m=4,N=9$）

图6-18　单排桩无量纲位移振幅随桩间距变化的三维网格

（3）排间距的影响

当排间距为 0 时，排桩屏障变成单排桩，当屏障范围为 $0 \leqslant x/a_s \leqslant 22$，$0 \leqslant y/a_s \leqslant 200$ 时，饱和土中单排桩屏障能够隔离 40% 的入射波。靠近屏障处单排桩的隔振效果最好。当排间距变为 3 倍桩径时，梅花形布置的排桩屏障能够隔离 40% 的入射波，最佳隔离区的范围为 $6 \leqslant x/a_s \leqslant 16$，$100 \leqslant y/a_s \leqslant 300$，对比分析图 6-19（a）和图 6-19（b），单排桩在 x 轴方向的长度比双排桩长，故其在水平方向上的隔振效果比双排桩好。而双排桩在 y 轴方向长度比单排桩长，故双排桩最佳隔振区域向后推移。故适当增加屏障的宽度或长度可以提高排桩屏障的隔振效果。

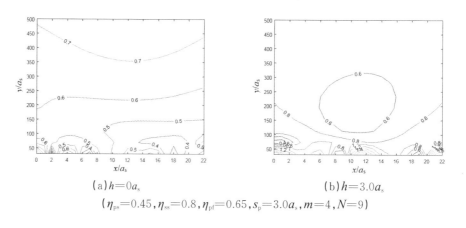

（a）$h = 0a_s$ （b）$h = 3.0a_s$

（$\eta_{ps} = 0.45, \eta_{ss} = 0.8, \eta_{pf} = 0.65, s_p = 3.0a_s, m = 4, N = 9$）

图 6-19　排桩后无量纲位移幅值随排间距变化的等高线

（4）桩数的影响

排桩数量的变化对屏障隔振效果的影响是一个不可忽略的重要因素。如图 6-20 所示，距离屏障较近处，位移振幅会出现振荡。这是因为波遇到屏障会产生散射波，入射波与散射波会相互干涉。靠近屏障处位移幅值最小，隔振效果达到最好。距离屏障较远时，无量纲位移幅值逐渐增加，隔振效果逐渐变差。随着排桩数量的增加，无量纲位移幅值增加缓慢。在远离屏障处，当排桩数量为 12 时，$|u/u_0|$ 的数值最小，其次是排桩数量为 9，排桩数量为 6 时无量纲位移幅值最大。即双排桩屏障为 6 根桩的隔振效果没有 9 根桩的隔振效果好，屏障布置成 9 根桩的隔振效果没有 12 根桩的隔振好。由此说明，

桩数增加可以提高隔振效果。

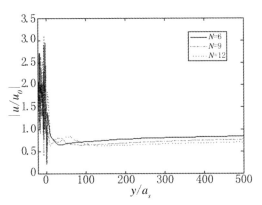

$(\eta_{\mathrm{ps}}=0.45,\eta_{\mathrm{ss}}=0.8,\eta_{\mathrm{pf}}=0.65,s_{\mathrm{p}}=3.0a_{\mathrm{s}},h=3.0a_{\mathrm{s}},N=9,m=4)$

图6-20　双排桩无量纲位移振幅随排桩数量变化的曲线

（5）布置方式的影响

为了更好地进行对比和分析，将桩数改为8，仅改变桩的布置方式，其他条件相同。如图6-21所示，入射波的位置不处于中心，等高线的位置出现偏移，截取$-8\leqslant x/a_{\mathrm{s}}\leqslant20$，$30\leqslant y/a_{\mathrm{s}}\leqslant500$，图6-21（a）和图6-21（b）呈现的等高线图基本一样，但矩形布置无量纲位移最小值达到0.2时，能够隔离80％的入射波，而梅花形布置只能够隔离60％的入射波。当隔振效果相同时，隔振的区域分别为$-6\leqslant x/a_{\mathrm{s}}\leqslant16$，$50\leqslant y/a_{\mathrm{s}}\leqslant400$和$0\leqslant x/a_{\mathrm{s}}\leqslant18$，$100\leqslant y/a_{\mathrm{s}}\leqslant400$。对于饱和土中排桩对P波的多重散射，矩形布置方式的隔振效果比梅花形的好。

（6）桩土剪切模量之比的影响

桩土剪切模量之比是评价弹性桩隔振效果不可忽略的关键因素。如图6-22所示，当桩土剪切模量比等于10，排桩屏障在$0\leqslant x/a_{\mathrm{s}}\leqslant20$，$30\leqslant y/a_{\mathrm{s}}\leqslant100$时，隔振效果最好，是隔振的最佳区域，能够隔离50％的入射波；当桩土剪切模量增加10倍时，隔振效果降低20％；若继续增加，隔振效果降低15％，最佳隔离区的范围变化较小；当桩土剪切模量增大到无穷大时，无量纲位移幅值接近1，起不到很好的隔振效果。散射重数达到四重时，随着剪切模量的增加，隔振效果越来越差，这是由于多重散射考虑了入射波和散射波的相干相位关系。相对于空腔屏障，剪切模量虽很小，但隔振效果反而更好。在饱和土体中，剪切模量之比越小，隔振效果越好。

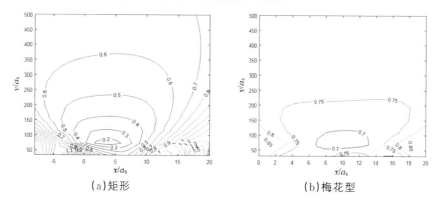

(a)矩形 （b)梅花型

$(\eta_{ps}=0.45,\eta_{ss}=0.8,\eta_{pf}=0.65,s_p=3.0a_s,h=3.0a_s,N=8,m=4)$

图6-21 双排桩屏障后无量纲位移振幅随布置方式变化的等高线

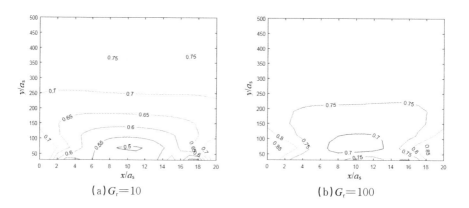

(a)$G_r=10$ （b)$G_r=100$

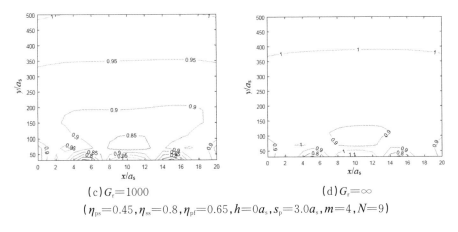

(c)$G_r=1000$　　　　　　　　　　(d)$G_r=\infty$

($\eta_{ps}=0.45,\eta_{ss}=0.8,\eta_{pf}=0.65,h=0a_s,s_p=3.0a_s,m=4,N=9$)

图 6-22　弹性桩屏障隔振剪切模量比变化的无量纲位移等高线

6.5　本章小结

　　本章基于 Biot 饱和土波动理论，采用波函数展开法，引入弹性波散射理论，首先计算了 P 波在单个圆柱体表面的散射，随后提出一种计算饱和土中任意排列、任意半径圆柱形散射体对弹性波散射的分析模型。本章依据波散射理论，建立了散射波函数、透射波函数；列举了土骨架与孔隙流体的应力应变条件以及不同桩体与土体的位移和应力边界条件；以及根据 Graf 加法定理，将坐标轴转换到研究对象的坐标下，通过迭代关系，以其中一个散射系数为例，推导了第一重散射系数与第 m 重散射系数之间的关系，进而得到饱和土中任意排列排桩屏障对 P 波多重散射的矩阵方程式。通过对诸多学者在饱和土中排桩隔振对 P 波的多重散射进行分析总结，得到如下成果与结论。

　　（1）将圆柱形散射体转化成圆柱形空腔，空腔屏障对 P 波散射的隔振效果，随着空腔间距的增大，无量纲位移值逐渐增大，隔振效果越来越差；双排空腔的隔振效果比单排空腔的好，对于双排空腔屏障而言，随着排间距的增大，隔振效果降低 15%；随着空腔数量的增加，无量纲位移最小值向后推移，即隔振最佳的区域增大。梅花形空腔屏障能够隔离 55% 的入射波，而矩形屏障隔离的最佳区域面积很小，能够隔离约 45% 的入射波，即梅花形屏障的隔振效果比矩形的好。

（2）将圆柱形散射体转化成弹性圆柱桩，入射波散射的隔振效果受弹性桩的排间距以及多排桩的排间距影响很大。不是桩间距越大隔振效果越好，而是在桩半径的3～3.5倍时隔振效果较好。对弹性桩屏障而言，桩土剪切模量之比对隔振效果的影响不可忽略。对饱和土中弹性桩屏障而言，桩土剪切模量之比越小，隔振效果越好。随着间距的增大，位移振幅先逐渐减小，最后趋于稳定。排桩数量超过10根时，隔离效果的最佳区域变化比较明显。在有交通荷载通过的区域进行排桩设计时，可以增加屏障的宽度。在排桩数量一致条件下，梅花形布置方式的隔振效果比矩形布置效果好。

（3）在多重散射条件下，随着散射重数增加，无量纲位移幅值变化很小，说明算例分析结果收敛。桩间距的大小需要控制在三倍桩径，适当增加排桩数量可以提高排桩屏障的隔振效果，故可根据被保护物的位置不同，选择合适的布置方式。

第7章

CHAPTER 7

隧道不均匀沉降影响分析及地铁轨道振动加速度实测

不均匀沉降是轨道交通面临的一个重要问题，尤其是在西部黄土和南方软黏土地区，铁路轨道在列车荷载的作用下常常产生变形，直接影响乘客乘车舒适度，为列车行驶安全埋下隐患，同时也对铁路轨道的服役性能有所损害。目前国内关于这一问题的研究大多集中在地面铁路，而关于城市地铁不均匀沉降的研究，所取得的成果还比较少。本章基于列车-隧道耦合动力分析模型，对各种沉降条件下隧道不均匀沉降引发的车轨动力响应进行计算。考虑沉降波波形（包括波长和波幅）及沉降位置等参数变化对车轨动力响应的影响后，对比分析有无剪力铰作用下沉降区车轨动力响应的区别，最后根据《地铁设计规范》（GB 50157—2013）中关于车体加速度和轮重减载率的规定，对不同车速下列车的行驶安全性进行分析。同时，以杭州地铁列车振动实测数据为基础，引入轨道线形和隧道埋深因素的修正，提出基于多因素分析的预测模型，并应用该模型预测杭州地铁1号线某区间段的振动影响，对其可靠度进行验证分析。

7.1 模型参数取值分析

地铁列车通常分为A、B、C三种车型，其中B型列车使用较为广泛，故本章算例中，列车参数取值均基于B型列车的实际参数标准确定。然而不同地区的B型列车车体参数也不尽相同，统计已有研究中B型列车参数取值后发现，动力学计算中关于列车质量体（车体、转向架及轮对）参数的取值比较相近，而对悬挂弹簧参数的取值却有较大的不同。表7-1是选取的六组典型悬挂弹簧参数组合。

表7-1 各文献车辆悬挂弹簧参数表

文献	涂勤明[164]	王俊杰[165]	金皖锋[72]	魏金成[166]	魏一夫[167]	冯军和[168]
K1/（MN/m）	1.70	1.70	1.40	1.50	1.04	1.05
C1/（kN·s/m）	10	5	30	50	5～9	24
K2/（MN/m）	0.450	0.275	0.580	0.250	0.400	0.600
C2/（kN·s/m）	60	30	580	30	6～10	10

本节采用第4章中的车轨参数模型，悬挂质量体参数依次取表7-1中六组不同的参数组合，在车速为20m/s且不均匀沉降为30mm/20m（波幅为30mm，波长为20m，下同）的余弦波下，计算车轨耦合系统动力响应。分析计算结果后发现，列车悬挂弹簧参数的改变对轨道部分的动力响应影响不大，但对车体部分的动力响应比较大，考虑到实际工程中车体部分的动力响应更为关键，因此下面就六种参数下车体的动力响应进行分析介绍。

在六组悬挂弹簧参数下计算得到的车体竖向加速度和车体竖向位移幅值如图7.1所示。可以看到，基于金皖锋[72]悬挂弹簧参数计算得到的车体竖向加速度幅值最大。《地铁设计规范》（GB 50157—2013）中有规定，地铁列车运行过程中，竖向加速度不能超过13%的重力加速度。因此本章算例应选择最不利于列车在不均匀沉降下运行的悬挂弹簧参数组合，即选择车体竖向加速度最大的那一组参数。

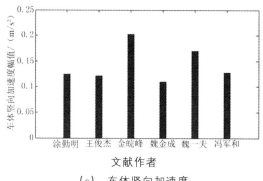

（a）车体竖向加速度

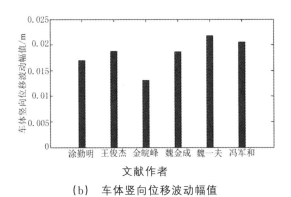

（b）　车体竖向位移波动幅值

图 7-1　不同悬挂参数下车体动力响应幅值

7.2　沉降发生位置及剪力铰的影响

由于浮置板板长的限制，钢弹簧浮置板轨道刚度沿线路方向呈周期性变化，即轨道刚度在沿线路方向上分布不均匀。当地铁隧道产生不均匀沉降时，轨道原本刚度上的不均匀分布和新形成的空间不均匀沉降相互叠加构成激励荷载，引发车轨系统产生动力响应。本节基于列车-隧道耦合动力分析模型，考虑不均匀沉降波中心分别位于板中和板端两种情况，比较两种工况下车轨动力响应；对比浮置板板端加入剪力铰前后不均匀沉降引发的车轨动力响应，分析剪力铰对不均匀沉降下车轨振动的弱化作用。本节算例选定不均匀沉降波形为30mm/20m的余弦不均匀沉降波，列车行车速度为20m/s。

7.2.1　沉降位置的影响

隧道不均匀沉降示意见图7-2，不均匀沉降波分别位于浮置板板中和板端位置时的轨道变形见图7-3，板端均不设剪力铰。采用前述理论模型计算车轨各部分动力响应，图7-3（a）和图7-3（b）为两种工况下钢轨和浮置板的初始变形位移。当沉降波位于板端位置时，钢轨和浮置板竖向最大位移变形分别为29.43mm和30.93mm；当沉降波位于板中位置时，钢轨和浮置板最大竖向位移变形分别为23.97mm和23.98mm；变形最大值点均对应不均匀沉

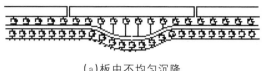

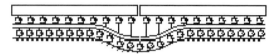

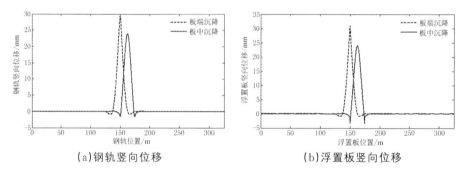

降波波心位置。

（a）板中不均匀沉降

（b）板端不均匀沉降

图 7-2　隧道不均匀沉降下示意（无剪力铰）

（a）钢轨竖向位移

（b）浮置板竖向位移

图 7-3　轨道在不均匀沉降下的变形（无剪力铰）

　　考虑两种不均匀沉降工况下车轨动力响应，此时轨道不设置剪力铰。图 7-4（a）为两种沉降工况下车体加速度时程曲线，板端沉降引起车体加速度峰值为 0.4451m/s²，板中沉降引起的车体加速度峰值为 0.1916m/s²，两者方向均为竖直向上，且前者约为后者的 2.3 倍；图 7-4（b）为两种沉降工况下轮轨接触力时程曲线，板端沉降和板中沉降下轮轨接触力峰值为 139kN 和 124.5kN，前者比后者高出约 11.65％；由图 7-4（c）和图 7-4（d）可以看出，在算例模型参数下，与没有沉降时相比，无论是板端沉降还是板中沉降，对下部轨道结构振动响应的影响均不大。

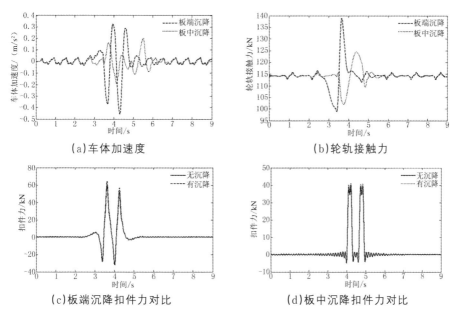

(a)车体加速度　　　　　　　　　(b)轮轨接触力

(c)板端沉降扣件力对比　　　　　(d)板中沉降扣件力对比

图7-4　不均匀沉降下车轨动力响应(无剪力铰)

7.2.2　剪力铰的影响

隧道不均匀沉降示意见图7-5，图7-6考虑不均匀沉降波分别位于浮置板板中和板端位置轨道变形，此时板端设置剪力铰，抗剪单元刚度为1×10^{10}N/m、抗弯单元刚度为1×10^{9}N/m。采用前述理论模型计算车轨各部分动力响应。图7-6（a）和图7-6（b）为两种工况下钢轨和浮置板的初始变形位移图。当沉降波位于板端位置时，钢轨和浮置板最大竖向位移变形分别为24.97mm和25.63mm，较不设剪力铰时各自减小了15.15％和17.14％；当沉降波位于板中位置时，钢轨和浮置板最大竖向位移变形分别为23.22mm和23.23mm，较不设剪力铰时都减小了3.13％。

(a)板中不均匀沉降

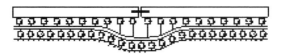

（b）板端不均匀沉降

图7-5 隧道不均匀沉降下示意（有剪力铰）

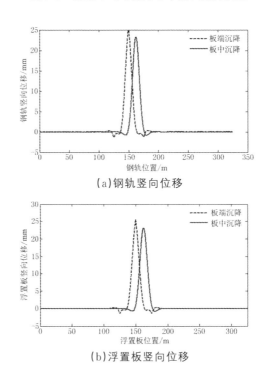

（a）钢轨竖向位移

（b）浮置板竖向位移

图7-6 轨道在不均匀沉降下的变形（有剪力铰）

板端设置剪力铰后两种沉降工况下车轨动力的响应见图7-7。图7-7（a）为有无剪力铰下板端沉降引起车体竖向加速度时程曲线，可以看出，设置剪力铰比不设置剪力铰车体竖向加速度峰值减小51.97％。由图7-7（b）可以得到，板中沉降下设置剪力铰比不设剪力铰车体竖向加速度峰值减小30.15％。由图7-7（c）和图7-7（d）可以看出，两种工况下，设置剪力铰比不设剪力铰的轮轨接触力峰值变化情况：板端沉降时为8.63％，板中沉降时为0.90％。由图7-7（e）和图7-7（f）可以看出，设置剪力铰比不设剪力铰扣件峰值变化情况：板端沉降时为37.24%，板中沉降时基本不变。

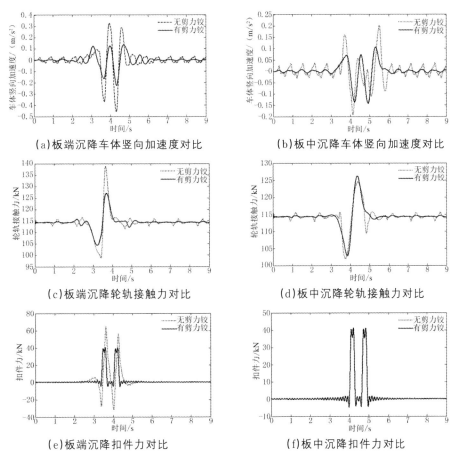

(a)板端沉降车体竖向加速度对比　　　　(b)板中沉降车体竖向加速度对比

(c)板端沉降轮轨接触力对比　　　　(d)板中沉降轮轨接触力对比

(e)板端沉降扣件力对比　　　　(f)板中沉降扣件力对比

图7-7　不均匀沉降下车轨动力响应对比(有无剪力铰)

综上所述，可以得到以下结论。

（1）板端不均匀沉降对车体振动响应的影响大于板中不均匀沉降。

（2）设置剪力铰对两种沉降工况下轨道变形及车轨动力响应均有一定改善作用，且剪力铰对板端不均匀沉降下车轨响应的改善作用大于对板中不均匀沉降下车轨响应的改善作用。

7.3 沉降波形及行车速度的影响

本节在板端不设剪力铰情况下，计算不同沉降波幅及不同沉降波长下板端不均匀沉降引起的车轨动力响应，从列车行驶安全性及乘客乘坐舒适度这两个角度评价不同沉降波参数变化对列车行驶状态的影响。

《地铁设计规范》（GB 50157—2013）综合列车安全性及乘客乘坐舒适度指标规定：

$$a_z \leqslant 0.13g; \Delta P/\dot{P} \leqslant 0.6$$

其中，a_z 为车体竖向加速度；g 为重力加速度，取 9.8m/s^2；ΔP 为轮重减载量，轮轨接触力与平均运轮重差值；$\dot{P}$ 为车轮平均轮重，本章以轮对静轮重代替。为满足轮重减载率要求，可计算得到轮轨接触力上、下限值为 51.7kN 和 206.7kN。

7.3.1 沉降波长的影响

分析不均匀沉降波长对车轨动力响应的影响时，取不均匀沉降波幅为 20mm，不均匀沉降波长分别为 5m，10m，15m，20m，25m 的五组算例参数计算车轨动力响应值，列车车速为 20m/s。车体部分的动力响应见图 7-8，图 7-8（a）为车体竖向加速度时程曲线，随着沉降波长的逐渐增大，车体竖向加速度有先增大再减小的变化趋势，波长为 10m 时加速度幅值最大，波长为 25m 时加速度幅值最小；图 7-8（b）为五种波长下轮轨接触力时程曲线，随着波长增大，轮轨接触力有先增大后减小的变化规律，波长为 15m 时接触力幅值最大，波长为 5m 时接触力幅值最小。

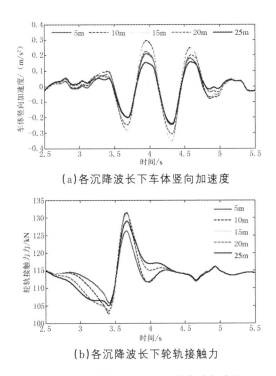

(a)各沉降波长下车体竖向加速度

(b)各沉降波长下轮轨接触力

图7-8 波幅为20mm下车体动力响应

7.3.2 沉降波幅的影响

分析不均匀沉降波幅对车轨动力响应的影响，取不均匀沉降波长为20m，不均匀沉降波幅分别为5mm，10mm，15mm，20mm，25mm，30mm的六组算例参数计算车轨动力响应，列车车速为20m/s。图7-9为车体动力响应图，图7-9（a）为车体竖向加速度时程曲线，可以看到，随沉降波幅不断增大，车体竖向加速度也一直在不断增大，加速度幅值与沉降波幅度大小呈正相关；图7-9（b）为轮轨接触力时程曲线，轮轨接触力同车体竖向加速度一样与沉降波幅大小呈正相关。

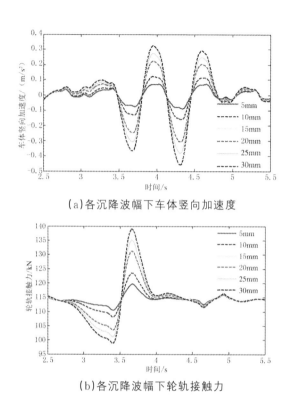

(a)各沉降波幅下车体竖向加速度

(b)各沉降波幅下轮轨接触力

图7-9　波长为20m下车体动力响应

7.3.3　不均匀沉降限值分析

取不均匀沉降波长分别为5m，10m，15m，20m，25m，沉降波幅分别为5mm，10mm，15mm，20mm，25mm，30mm，共计30组算例参数计算不均匀沉降下车轨动力响应。基于《地铁设计规范》（GB 50157—2013）中的限值标准，判断在各不均匀沉降波参数下列车的行驶状态是否超过限值标准。

不同沉降波幅及沉降波长下车体竖向加速度及轮轨接触力幅值见图7-10。可以看到，在任意固定沉降波长下，车体竖向加速度及轮轨接触反力最大值均随沉降波幅增大而增大。图7-10（a）为各波形参数下车体竖向加速度幅值曲线，当波幅一定时，随着沉降波长增大，车体竖向加速度先增大后减小，且六种沉降波幅下，车体竖向加速度峰值点均位于10~15m的波长范围内；图7-10（b）和图7-10（c）为轮轨接触力最大值曲线和最小值曲线，随着沉降波长增大，接触力最大值也有先增大后减小的变化规律，但峰值所在区域波长范围为15~20m。当沉降波长为15m沉降波幅为30mm时，车体加速度最大，值为0.5398m／s^2，且此时接触力幅值也是最大，为127.1kN；当沉降波长为20m、沉降波幅为30mm时，接触力最小值也是所有参数取值情况下最小，为98.88kN。无论是车体竖向加速度还是轮轨接触力，在所有算例情况下均未超出《地铁设计规范》（GB 50157—2013）中的限制标准。

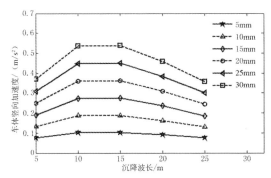

(a)各波形参数下车体竖向加速度

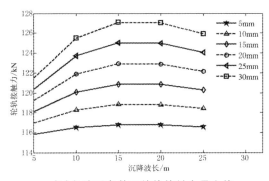

(b)各波形参数下轮轨接触力最大值

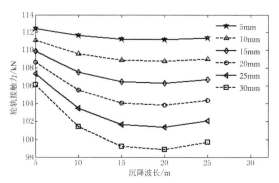

(c)各波形参数下轮轨接触力最小值

图 7-10　不均匀沉降下车体动力响应

综上所述，得到以下结论。

（1）沉降波长一定时，车体竖向加速度幅值及轮轨接触力幅值均随沉降波幅增大而增大。

（2）沉降波幅一定时，随着不均匀沉降波长增大，车体竖向加速度幅值及轮轨接触力幅值均有先增大后减小的趋势，且波长为10～15m时，车体加速度幅值最大，波长为15～20m时，轮轨接触力幅值最大。

（3）算例取参范围内，车体竖向加速度及轮轨接触力均未超出限制标准，列车的行驶状态满足列车安全性及乘客乘坐舒适度指标。

7.3.4　行车速度的影响

地铁列车在本章所取模型和正常运行车速下（不超过80km/h），不均匀沉降波形引起的车体竖向加速度及轮轨接触力均未超过相关规范限制标准，因此行驶状态是比较安全的。但在提速情况下，地铁运营安全可能会遇到挑战。本节基于前述不均匀沉降计算模型，分析在不行驶速度下板端不均匀沉降对车轨动力的影响。

算例选取20m/s，40m/s，60m/s，80m/s四种不同车速，不均匀沉降波幅为5mm，10mm，15mm，20mm，25mm，30mm，不均匀沉降波长为5m，10m，15m，20m，25m。计算上述取值范围内所有参数组合下的车轨动力响应，并基于计算结果统计分析车速变化对车轨动力响应的影响。

当沉降波幅固定为15mm时，不同车速及不同沉降波长下车体动力响应见图7-11。图7-11（a）为车体竖向加速度幅值曲线，图7-11（b）为轮轨接触力幅值曲线。可以看到，随着行车速度增大，车体竖向加速度和轮轨接触力一起增大。同时也可以发现，随着行车速度增大，车体竖向加速度和轮轨接触力峰值点对应沉降波长也一直在增大，这和车体本身的自振频率是相关的。当车速与沉降波长的比值等于车体自振频率时，车体振动加速度达到最大，因此当车速增大时，对应的自振沉降波长也会跟随一起增大。

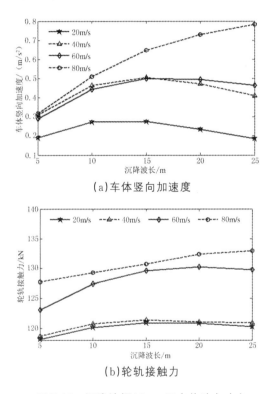

（a）车体竖向加速度

（b）轮轨接触力

图7-11　沉降波幅15mm下车体动力响应

车速为80m/s时，不同沉降波长及不同沉降幅值下车体竖向加速度及轮轨接触力最值曲线见图7-12。对于车体竖向加速度而言，只有三个参数组合超过了车体竖向加速度控制限值1.3g，三个波形参数组合分别为25mm/25m，

30mm/20m，30mm/25m；而对于轮轨接触力而言，所有算例参数组合范围内，轮轨接触力始终处于67.99～161.3kN，未超过由轮重减载率计算所得的轮轨接触力上下限值。

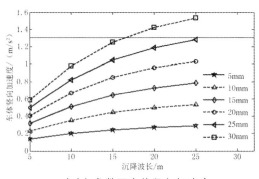

(a)各参数下车体竖向加速度

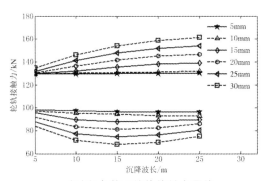

(b)各参数下轮轨接触力最值

图7-12　车速80m/s下车体动力响应

为进一步考虑更高行车速度下高速隧道不均匀沉降问题，下面进一步选取80m/s，85m/s，90m/s，95m/s，100m/s五个车速，以《地铁设计规范》（GB 50157—2013）中的规定限值为判定指标，选定5m，10m，15m，20m，25m五个沉降波长，选择不同梯度的不均匀沉降波幅进行计算，得到不同车速和不同沉降波长下不均匀沉降波幅限值，见表7-2。

表7-2　不均匀沉降限值表

沉降波长	车速				
	80m/s	85m/s	90m/s	95m/s	100m/s
5m	>30mm	>30mm	>30mm	>30mm	>30mm
10m	>30mm	>30mm	>30mm	>30mm	>30mm
15m	>30mm	29mm	28mm	27mm	27mm
20m	28mm	25mm	24mm	23mm	23mm
25m	25mm	23mm	22mm	22mm	22mm

表中不均匀沉降计算限值均根据车体竖向振动加速度限值标准求得，在算例所有取值范围内，轮轨接触力始终没有超出限值标准。同地面铁路不均匀沉降研究成果相比，本章关于不均匀沉降的研究成果偏保守。这与隧道独有的结构形式有关，相比地面铁路而言，隧道管壁结构比地面混凝土垫板结构具有更大的抗弯性，因而产生的振动响应比较小；同时也因为本章模型的参数取值，如剪力铰结构参数取值、轨道和车体部分参数取值可能与实际状况存在一定的差距。

7.4　地铁轨道震动加速度实测

7.4.1　工程概况

杭州地铁1号线始建于2007年3月28日，于2012年11月24日开通运营，是杭州市第一条地铁线路。该地铁线路向南延伸至湘湖站，往北从客运中心站分成两条支线，分别通向文泽路站和临平站。全线里程长度达53km，共设站点31座，沿线地形情况较复杂，两次跨越钱塘江，四次穿越京杭大运河。

杭州地区大多是软弱土质环境，因此控制好地铁沉降变形和减少地铁运营振动是一项重要的任务。杭州地铁1号线设计之初就针对不同区间段的土质情况选用了不同的轨道形式进行减振设计。根据减振等级共分成四种轨道形式：一般减振采用整体式道床、中等减振采用压缩型减振扣件、高等减振采用减振垫浮置板、特殊减振采用钢弹簧浮置板。杭州地铁1号线穿越杭州市主城区，且部分区间段还经过医院、学校等重要场所，因此在地铁运营期间进行振动监测是十分有必要的。

　　本章选定的监测区段（西湖文化广场至打铁关）盖有大量的建筑群，减振要求较高，因此选用的轨道形式为特殊减振和中等减振。区间线路全长1.3km，待测主站为西湖文化广场站，其中特殊减振段为K16＋520.000～K17＋030.000，本次监测在此区段开展，经过分析，选择K16＋647.726为监测断面（对应环数为NO.748环），布线长度约为200m，此外还选用两个备用断面K16＋745.000（NO.660环）和K16＋949.714（NO.236环），如图7-13所示。

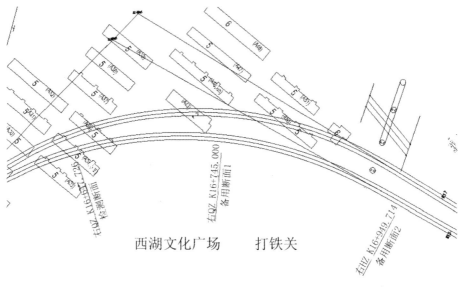

图7-13　监测断面布置

　　监测断面隧道埋深20.32m，地下水位在地表以下14.8m处，根据杭州市地质勘查资料显示，隧道周围土层为全新统下段浅海相沉积层，密度为1.76～1.81g/cm³，土体剪切波速约为180m/s，实测标贯击数为1.6～5击，平均值为3.5击。静力触探锥尖阻力平均值为0.65MPa，侧壁阻力平均值为9.80kPa，是具有中等强度、高压缩性、高灵敏度的淤泥质粉质黏土。

7.4.2　测试方法及测试内容

（1）光纤光栅振动测试原理

本次监测采用光纤光栅传感测试技术，与传统的电学传感测试技术相比，光纤光栅传感测试技术抗辐射、抗电磁干扰能力强，具有广泛的应用领域；光纤光栅结构精巧，适于多类型传感器的结构设计与二次开发；光纤光栅性能稳定，在测量范围内的测量重复性高；光纤光栅传感器现场无须供电，安全可靠；光纤光栅传感器的信号采集和输出都为光学信号，可以实现长距离的监测。

由于地铁区间管道空间有限，不可能在隧道区间段内安装所有的测试仪器，故只能在测试点安装传感器后由传输缆线将测试信号传送至地铁站，然后再对数据进行采集。但是传统的电学传感器经过长距离的线路传输后信号衰减较大，测试精度不高，且地铁运营过程处于一直通电状态，电磁干扰较大，因此将光纤光栅传感测试技术运用至地铁振动测试是更为合适的一种选择。

采用光纤光栅传感测试技术对轨道振动进行监测，需组建一套地铁振动监测系统。振动监测系统结构示意见图7-14，共包括光纤光栅传感器组、一分八光分路盒、光纤光栅解调仪、监控主机及传输光纤等部件。监测系统的作用机理为，解调仪发出各种波长的入射光波，经传输光纤传送至光分路盒，光分路盒将光波分成若干份，经支路光纤传送至各个传感器中。传感器内安装有布拉格光栅结构的光芯，入射光经纤芯布拉格光栅结构产生投射和反射，当入射光波长不满足匹配条件时，光栅面的反射光相位错乱，从而相互抵消；当入射光波长满足匹配条件时，光栅面的反射光相位一致，反射光逐步累积加强，汇聚形成反射峰。反射光经过原路返回传送至光纤光栅解调仪中，解调仪对反射光波长进行识别，再将识别后波长数据传送至监控主机，监控主机基于各测点传感器参数将波长数据换算为实时加速度，如此即可实现对于待测结构的振动监测。

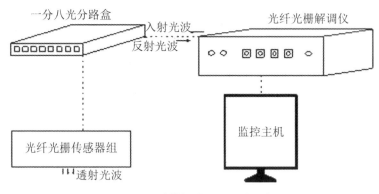

图 7-14　地铁振动监测系统示意

（2）仪器安装及数据采集

本次监测共布置三个监测点，两个布置在浮置板上，一个布置在隧道衬砌管片上，如图 7-15 所示。其中，测点 A1 传感器安装在浮置板末端，测点 A2 传感器安装在浮置板中间位置，单块浮置板总长 25m。测试线路为上行线，列车由 A2 测点开向 A1 测点。衬砌上测点 B 传感器与 A2 传感器布置在同一横断面内。图中 C 点为一分八光分路盒，A1，A2，B 与 C 之间通过支路光纤连接，C 通过干路光纤与安装在车站的解调仪相互连接。传输光纤外套有塑料套管，并使用扎带与隧道内原有钢管绑扎固定。

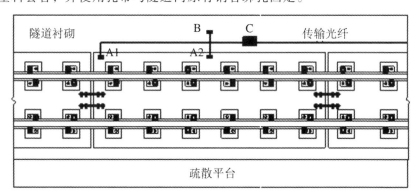

图 7-15　传感器纵向布点示意

三个传感器各项参数值见表 7-3，本次监测采用 JPFBG-1100 光纤光栅解调仪，解调仪各项参数情况见表 7-4。传感器横断面布点示意见图 7-16，其中，隧道衬砌上的B传感器通过三角钢固定在隧道壁上，如图7-17所示，三脚钢预留有螺丝孔通过膨胀螺丝锚固在隧道管片上，A1，A2传感器也使用膨胀螺丝固定在浮置板上。现场安装的解调仪和监控主机见图7-18。

表7-3　各测点传感器参数

测点位置	中心波长/nm	灵敏度/$(m \cdot s^{-2} \cdot nm^{-1})$	3dB带宽	反射率%
B	1549.7	69.942	≤0.25	≥90
A1	1541.9	512.21	≤0.25	≥90
A2	1559.1	181.89	≤0.25	≥90

表7-4　光纤光栅解调仪参数

产品型号	JPFBG-1100	光学接口	FC/APC
通道数	4	测量距离	100km
波长范围	1525～1565nm	通信接口	100M以太网
分辨率	1pm	电源	220VAC
动态范围	＞50dB	重量	2.5kg
测量频率	1100(1±3%)Hz	工作环境	−10～50℃
扫描方式	通道并行	外形尺寸	483mm×300mm×89mm

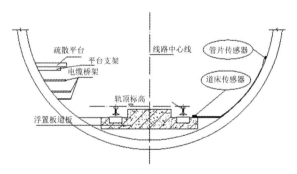

图7-16　传感器横断面布点示意

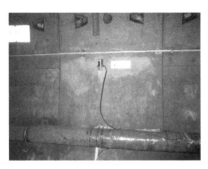 

图7-17 隧道衬砌上的B传感器　　　　图7-18 解调仪和监控主机

7.4.3 测试成果分析

使用上述地铁振动测试系统对各监测点进行24h连续监测。分析数据后发现，列车经过时各监测点会产生剧烈振动，列车行驶过后振动逐渐平息，下面选取列车经过测点的任意一时间段进行分析。

（1）浮置板振动

①A1测点

列车经过时，A1测点振动加速度最大可达 3.675m/s²，如图 7-19 和图 7-20 所示。产生的振动加速度在 0～600Hz 均有较好分布，频谱密度极值点主要出现在 101Hz，208Hz，382Hz 等位置。382Hz 处谱密度值最大，达 $0.1176m/(s^2 \cdot Hz)$。

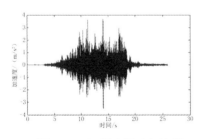 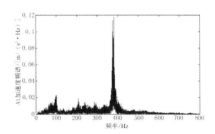

图7-19 A1测点振动加速度　　　　图7-20 A1测点加速度频谱

②A2测点

A2测点产生的振动加速度最大达到了 $6.336m/s^2$，如图7-21和图7-22所示。振动加速度在0~700Hz均有较好分布，频谱密度极值点主要出现在78Hz，238Hz，304Hz等位置，在600Hz处有频谱密度极值产生。

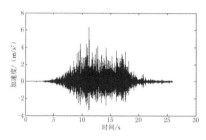 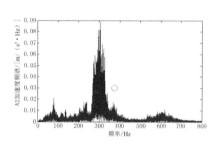

图7-21 A2测点振动加速度   图7-22 A2测点加速度频谱

对比A1，A2两个测点的加速度时程曲线和频谱曲线可以看出，A1测点的加速度比A2测点的加速度小，且A1测点频谱峰值点高于A2处的频谱峰值点。这是因为A1测点位于浮置板板端，而A2测点居于浮置板中间。在无剪力铰工况下，浮置板板端的振动响应会高于板中位置振动响应，同时由于板端位置刚度减弱，其振动频谱曲线峰值频率也会低于板中位置。但是设置剪力铰后，特别是考虑了剪力铰抵抗弯曲变形的能力后，板端位置轨道刚度反而会比板中位置还要大，因而板端A1测点的振动加速度会大于A2测点的振动加速度，且A1测点峰值频率高于A2测点峰值频率。

基于理论模型计算发现，如果单独考虑剪力铰为抗剪单元构件，则计算所得的板端振动加速度会大于板中振动加速度，只有在考虑剪力铰具有抵抗板端转角变形的作用后，板端振动加速度才有可能小于板中振动加速度，因此本章测得A1测点振动加速度幅值小于A2测点振动加速度幅值，也佐证了前文关于剪力铰模型分析的正确性。

（2）隧道衬砌振动

隧道衬砌B测点竖向振动加速度时程曲线见图7-23，可以看到，振动曲线存在较严重的长波抖动，这可能是由B传感器下三角钢振动变形所导致的，因此需对该加速度曲线进行趋势项消除处理，本章采用最小二乘法消除曲线中存在的多项式趋势项。

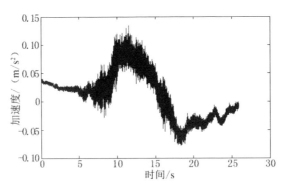

图 7-23　B 测点加速度实测曲线

　　消除趋势项后所得的隧道衬砌加速度时程曲线见图 7-24，可以看到，新得到的振动曲线峰值加速度为 0.052m/s²。基于图 7-24 时程曲线变换后所得的隧道衬砌频谱见图 7-25，可以看到，隧道衬砌加速度在 0～800Hz 均有分布，主要谱密度集中在 0～400Hz，振动峰值点出现在 68.85Hz 处。相比于 A2 测点，B 测点振动加速度幅值减小了将近 1/100，这也说明了钢弹簧浮置板轨道确实有良好的减振效果。

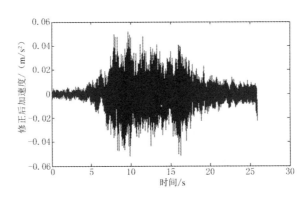

图 7-24　修正后 B 测点加速度

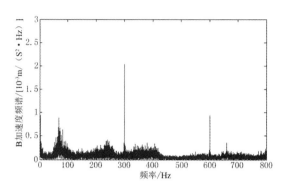

图7-25 修正后B测点加速度频谱

（3）实测与理论计算结果对比

基于监测断面实际情况确定车轨参数后，采用前述理论模型计算所得的浮置板板中位置处浮置板和衬砌振动加速度时程曲线及频谱密度曲线见图7-26至图7-29。可以看到，无论是浮置板还是衬砌，其振动加速度均比A2测点和B测点的实测值要小一些。从浮置板板中加速度频谱密度曲线看，理论计算值和实测值均在100Hz以内、300～400Hz及600～700Hz外出现振动峰值；不同之处在于，理论计算所得谱密度大多集中在200Hz以内，而实测结果则集中在300～400Hz。

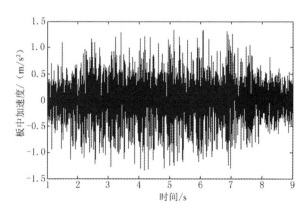

图7-26 理论计算板中加速度

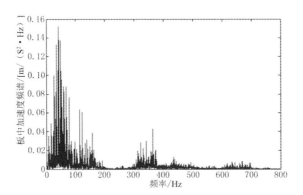

图7-27　理论计算板中加速度频谱

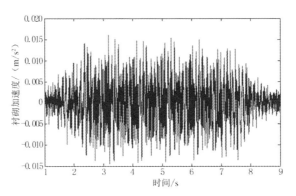

图7-28　理论计算衬砌加速度

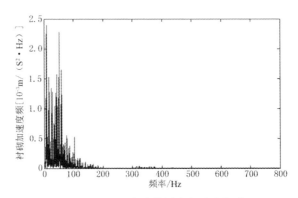

图7-29　理论计算衬砌加速度频谱

　　总的来说，理论模型计算结果与实测值有较为相似的地方，对于剪力铰作用，两者可以得到统一的结论。但理论计算结果较实测值仍偏小，且振动加速度在高频频域范围内的分布，理论计算值要比实测值小很多。导致这种差距的原因是多方面的，可以概括如下。

　　首先，车轨参数的选取与实际情况会存在较大的误差，如在剪力铰刚度选取上国内尚没有文献报道，也没有针对地铁轨道的随机不平顺谱函数等，这些因素很难确定，需要学者们进一步研究；其次，本章构建的模型也存在一定的缺陷，实际情况中非线性情况都等效线性化，如轮轨接触、支承元件参数等，另外，本章模型是二维模型，无法准确考虑实际三维体每一个点的实际振动情况，这两点都限制模型计算的准确度；最后，本章振动测试结果也会不可避免存在一些测量误差，这一因素也会对理论计算结果和实测曲线的相似度产生影响。

7.5　不同轨道结构减振措施效果实测分析

　　郝珺等[169]通过在地铁隧道中布置测力应变片传感器和加速度传感器，采集列车运行过程中传感器接收的信号，研究浮置板轨道、弹性扣件和弹性支撑块的减振效果。安置浮置板的轨道传感器布置如图7-30所示。安置弹性扣件（或弹性支撑块）轨道传感器布置图如图7-31所示。

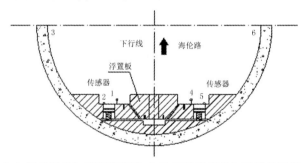

1,4:钢轨振动加速度传感器;2,5:浮置板振动加速度传感器;
3,6:隧道壁振动加速度传感器

图7-30　隧道浮置板轨道传感器布置

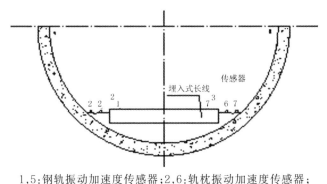

1,5:钢轨振动加速度传感器;2,6:轨枕振动加速度传感器;
3,7:道床振动加速度传感器;4,8:隧道壁振动加速度传感器

图7-31 隧道弹性扣件(或弹性支撑块)传感器布置

测力应变片产生的信号和加速度传感器产生的信号经NISCXI机箱放大后,由特定数据分析处理软件采集。加速度波形采样频率为10000Hz,故取时间间隔Δ_t=0.0001s,测得钢轨、道床、隧道壁的加速度以及时程曲线。根据《城市区域环境振动标准》(GB 10070-88)中的计算方法定义振动加速度级,对各测点的时域信号进行分析。

振动加速度级V_{AL}可按下式定义:

$$V_{AL} = 20\lg\frac{a}{a_0} \tag{7-1}$$

其中,a为振动加速度有效值,单位为m/s²;a_0为基准加速度,a_0=10^{-5}m/s²。

隧道壁的实测情况见表7-5。根据测试结果可知,在该采样条件下,弹性扣件轨道的加速度振级数值最大;弹性支撑块轨道比较弹性扣件轨道,最大加速度振级无变化,最小加速度振级约比后者低5dB;浮置板轨道比较弹性扣件轨道,加速度振级平均比后者低15dB。

表7-5 隧道壁的实测结果

轨道结构	加速度/(m·s⁻²)	加速度振级/dB
弹性扣件轨道	0.090~0.100	79.08~80.00
弹性支撑块轨道	0.050~0.100	73.98~80.00
浮置板轨道	0.016~0.022	64.17~66.90

对实测得到的隧道壁加速度信号，利用计算机程序进行1/3倍频程分析，获得1/3倍频程曲线，见图7-32。由图可知，轨道均在某一中心频率达到加速度振级的最大值，该频率值与布置减振措施后的钢轨固有频率有关；在中心频率范围10~250Hz内，浮置板轨道的振动加速度振级比其他两种轨道的加速度振级小5~20dB，且振动加速度振级峰值比其他两种轨道小10dB以上，可见浮置板轨道具有更好的减振效果。

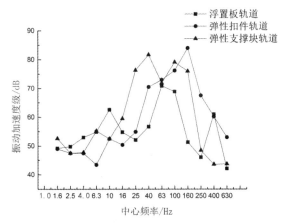

图7-32　浮置板轨道、弹性扣件轨道和弹性支撑块轨道的
1/3倍频程振动加速度振级比较

7.6　本章小结

基于前述隧道不均匀沉降理论分析模型，我们首先对B型车悬挂弹簧参数进行比选，选择合适悬挂弹簧参数后对各种不均匀沉降工况下车轨动力响应进行计算分析，从车体振动加速度和轮轨接触力两个物理量判别隧道内列车的运营状态。考虑到部分高铁运行环境和地铁隧道同地铁隧道间比较接近，对不同列车运行速度下隧道不均匀沉降控制限值进行计算分析。另外，基于光纤光栅传感测试技术，我们对杭州市地铁1号线进行振动测试，共安装三个加速度传感器，分别布置在浮置板板端、板中间及隧道衬砌上，测得浮置板及隧道壁的实时振动加速度值。另外，我们结合地铁实际情况选取车

轨参数，采用前述理论模型进行计算，将理论计算结果与实测结果进行比较，得到以下结论。

（1）在对不同悬挂参数下地铁列车车体的振动分析中发现，二系悬挂弹簧的参数对车体振动加速度的影响更大，在车体减振设计时需重点关注。

（2）板端不均匀沉降引起的车轨动力响应比板中不均匀沉降引起的车轨动力响应更大；板端加入剪力铰后，对车轨系统轨道整体的变形及减振有较大改善作用，且剪力铰对板端不均匀沉降的改善作用相比于对板中不均匀沉降的改善作用更显著。

（3）目前地铁运营速度下，车体竖向振动加速度和轮轨接触力幅值均随不均匀沉降波幅增大而增大，且随不均匀沉降波长增大，有先增大后减小的变化趋势，车体振动幅度峰值点所在波长区间为10~15m，轮轨接触力峰值所在波长区间为15~20m。

（4）基于本章模型计算参数，可得到地铁列车在正常行车速度范围内，列车动力响应在算例各种不均匀沉降波形参数下均没有超出规定安全指标，满足列车行车安全和乘客乘坐舒适度。

（5）考虑高铁隧道与地铁隧道的类似性，对列车车速为80m/s，85m/s，90m/s，95m/s及100m/s五种工况进行动力计算分析，根据车体竖向加速度限值标准，得到沉降波长分别为5m，10m，15m，20m，25m五种工况下的沉降波幅限值。

（6）实测结果表明浮置板板端加速度小于板中加速度，这与理论模型计算分析得到的结论一致，说明剪力铰在抵抗板端竖向位移差的同时也能限制板端转角变形，佐证了本章剪力铰模型的正确性。

（7）理论计算结果与实测值在一定程度上具有相似性，但是由于诸多附加因素的影响以及本章模型自身存在的缺陷，计算结果与实测值仍存在一定差别，主要表现在，理论计算所得隧道和衬砌加速度较实测结果偏小；在高频频域内，理论计算所得的加速度要比实测结果小很多。

参考文献

[1] 金学松,温泽峰,张卫华,等.世界铁路发展状况及其关键力学问题全国结构工程学术
     会议特邀报告[J].工程力学,2004,21(s1): 90-104.

[2] 曹小曙,林强.世界城市地铁发展历程与规律[J].地理学报,2008,63(12):1257-1267.

[3] 孙晓静.地铁列车振动对环境影响的预测研究及减振措施分析[D].北京:北京交通大
     学,2008.

[4] 夏禾,曹艳梅.轨道交通引起的环境振动问题[J].铁道科学与工程学报, 2004,1(1):
     44-51.

[5] 吴磊.地铁车辆-钢弹簧浮置板轨道耦合动态行为的研究[D].成都:西南交通大学,
     2012.

[6] 张向东,高捷,闫维明.环境振动对人体健康的影响[J].环境与健康杂志,2008,25(1):
     74-76.

[7] 夏禾,吴萱,于大明.城市轨道交通系统引起的环境振动问题[J].北京交通大学学报,
     1999,23(4):1-7.

[8] 聂晗,闫维明,高小旺,等.地铁交通诱发邻近建筑物振动的实测与分析[J].铁道科学
     与工程学报,2008,5(1):51-58.

[9] 孙晓静,刘维宁,郭建平,等.地铁列车振动对精密仪器和设备的影响及减振措施[J].
     中国安全科学学报,2005,15(11):78-81.

[10] 李俊岭.地铁钢弹簧浮置板轨道对环境振动的影响分析[D].成都:西南交通大学,
     2011.

[11] 守田荣.振动篇:公害防止管理者国家实验讲座[M].东京:日本工业新闻出版社,1988.

[12] 蒋崇达.内置式钢弹簧浮置板轨道动力特性分析[D].南昌:华东交通大学,2013.

[13] Grootenhuis P. Floating track slab isolation for railways[J]. Journal of Sound & Vibra-
     tion, 1977, 51(3): 443-448.

[14] Wilson G P, Saurenman H J, Nelson J T. Control of ground-borne noise and vibration [J]. Journal of Sound & Vibration, 1983, 87(2):339-350.

[15] Forrest J A. Modelling of ground vibration from underground railways [J]. University of Cambridge, 1999, 8(2): 139-145.

[16] 赵磊. 高速铁路 CRTS Ⅱ 型板式无砟轨道结构失效分析与伤损试验研究[D]. 南京: 东南大学, 2017.

[17] Fryba L. History of winkler foundation[J]. Vehicle System Dynamics, 1995, 24(sup1): 7-12.

[18] 谢天辅. 铁路轨道结构静力计算问题[M]. 北京: 人民铁道出版社, 1979.

[19] Timoshenko. 工程中的振动问题[M]. 北京: 人民铁道出版社, 1978.

[20] 张文超. 不平顺状态下路基-无砟轨道-车辆耦合系统振动研究[D]. 成都: 西南交通大学, 2016.

[21] Lyon D. The Calculation of Track Forces Due to dipped Rail Joints, Wheel Flats and Rail Welds[C]//Second ORE Colloquium on Technical Computer Programs, 1972.

[22] Jenkins H H. The effect of track and vehicle parameters on wheel/rail vertical dynamic forces[J]. Railway Engineering Journal, 1974, 3(1):2-16.

[23] Sato Y. Abnormal Wheel Load of Test Train[M]. Tokyo: Permanent way, 1973,(14): 1-8.

[24] Ahlbeck D R, Meacham H C, Prause R H. The Development of Analytical Models for Railroad Track Dynamics[M]. Railroad Track Mechanics & Technology, Pergamon Press, 1978, 7(12):239-263.

[25] Clark R A, Dean P A, Elkins J A, et al. An investigation into the dynamic effects of railway vehicles running on corrugated rails[J]. ARCHIVE Journal of Mechanical Engineering Science 1959—1982 (vols1-23), 1982, 24(2): 65-76.

[26] Grassie S L, Gregory R W, Harrison D, et al. The dynamic response of railway track to high frequency vertical/lateral/longitudinal excitation[J].Journal of Mechanical Engineering Science, 1982, 24(2): 77-102.

[27] Grassie S L, Gregory R W, Harrison D, et al. The behaviour of railway wheelsets and track at high frequencies of excitation[J]. Journal of Mechanical Engineering Science, 1982, 24(2): 103-110.

[28] Grassie S L, Cox S J. The dynamic response of railway track with flexible sleepers to high frequency vertical excitation[J]. Proceedings of the Institution of Mechanical Engineers Part D Journal of Automobile Engineering, 1984, 198(2): 117–124.

[29] Grassie S L. Dynamic modelling of railway track andwheelsets[J]. Mathematical Models, 1984, 24(2):103–112.

[30] 翟婉明. 车辆-轨道耦合动力学[M]. 北京: 中国铁道出版社, 1997.

[31] 翟婉明. 车辆-轨道垂向系统的统一模型及其耦合动力学原理[J]. 铁道学报, 1992(3): 10–21.

[32] 胡用生, 谭复兴. TBDS轮轨耦合模型的仿真验证及其应用[J]. 铁道学报, 1996(3):29–36.

[33] 陈果, 翟婉明, 左洪福. 车辆-轨道耦合系统随机振动响应特性分析[J]. 交通运输工程学报, 2001, 1(1):13–16.

[34] 王开云, 翟婉明, 蔡成标. 车辆在弹性轨道结构上的横向稳定性分析[J]. 铁道车辆, 2001, 39(7):1–4.

[35] 李军世, 李克钏. 高速铁路路基动力反应的有限元分析[J]. 铁道学报, 1995(1):66–75.

[36] Wu S F, Zhou Z. Simulation of vehicle pass-by noise radiation transactions of the ASME [J]. Journal of Vibration & Acoustics, 1999, 121(2): 197–203.

[37] 娄平, 曾庆元. 移动荷载作用下连续黏弹性基础支承无限长梁的有限元分析[J]. 交通运输工程学报, 2003, 3(2):1–6.

[38] Drozdziel J, Sowinski B, GrollW. The effect of railway vehicle-track system geometric deviationits dynamics in the turnout zone[J]. Vehicle System Dynamics, 1999, 33:641–652.

[39] 张昀青. 地铁列车振动响应及轨道结构参数影响分析[D]. 北京: 北京交通大学, 2004.

[40] 王娅娜. 浮置板轨道结构振动力学特性分析的研究[D]. 北京: 北京交通大学, 2006.

[41] [德]Eisenmann J. 减少噪声和震动的地铁及快速交通系统轨下基础[C]//诺丁汉铁路轨道新技术国际会议论文集. 北京:铁道部科学技术情报研究所, 1998.

[42] Grootenhuis P. Structural damping using a four laycr sandwich[J]. Journal of Engineering for Industry, 94(1): 81.

[43] Wilson G P, Saurenman H J, Nelson J T. Control of ground: Borne noise and vibration [J]. Journal of Sound and vibration, 1988, 26(2): 39–50.

[44] Nelson J T.Recent development in ground-borne noise and vibration control[J]. Journal of Sound and Vibration,1996,193(1):367-376.

[45] Cui F , Chew C H. The effectiveness of floating slab track system-Part 1. Receptance methods[J]. Applied Acoustics, 2000, 61(4): 441-453.

[46] Crockett A R,Pyke J R. Viaduct design for minimization of direct and structure-radiated train noise[J]. Journal of Sound and Vibration,2000,231(3):883-897.

[47] Lombaert G , Degrande G , Vanhauwere B , et al. The control of ground-borne vibrations from railway traffic by means of continuous floating slabs[J]. Journal of Sound and Vibration, 2006, 297(3): 946-961.

[48] Hussein M F M, Hunt H E M. Modeling of floating-slab tracks with continuous slabs under oscillating moving loads[J]. Journal of Sound and Vibration, 2006, 297(1-2): 37-54.

[49] Hussein M F M, Hunt H E M. Modeling of floating-slab track with discontinuous slab Part 1: Response to oscillating moving loads[J]. Journal of Low Frequency Noise, Vibration& Active Control, 2006,25(1): 23-39.

[50] Hussein M F M, Hunt H E M. Modeling of floating-slab track with discontinuous slab Part 2: Response to moving trains[J]. Journal of Low Frequency Noise, Vibration& Active Control, 2006,25(2): 111-118.

[51] Hussein M F M, Hunt H E M. A numerical model for calculating vibration due to a harmonic moving load on a floating-slab track with discontinuous slabs in an underground railway tunnel[J]. Journal of Sound and Vibration, 2009, 321(1): 363-374.

[52] Galvin P,Françoisa S,Schevenelsa M. A 2.5D coupled FE-BE model for the prediction of railway induced vibrations[J]. Soil Dynamics and Earthquake Engineering, 2010, 30 (12): 1500-1512.

[53] 李增光,吴天行.浮置板轨道动柔度计算方法及隔振性能研究[J].振动工程学报,2007,20(3):207-212.

[54] 李增光,吴天行.浮置板轨道参数激励振动研究[J].振动与冲击,2010, 29(2):17-20,30.

[55] 李增光,吴天行.浮置板轨道二维建模及隔振性能分析[J].铁道学报,2011,33(8):93-98.

[56] 吴天行.轨道减振器与弹性支承块或浮置板轨道组合的隔振性能分析[J].振动工程学报,2007,20(5):489-493.

[57] 王炯,吴天行.浮置板轨道隔振兴能研究[J].上海交通大学报,2007,41(6):1021-1025.

[58] 苏云,吴天行.浮置板轨道横向振动的谐响应分析[J].噪声与振动控制,2012,32(4):11-15,19.

[59] 吴川,刘学文,黄醒春,等.短型浮置板轨道系统隔振性能研究[J].振动与冲击,2008,(8):74-76,101,103.

[60] 刘学文,吴川,谢军,等.长型浮置板轨道隔振系统理论分析(Ⅰ):弥散曲线及临界速度[J].计算力学学报,2009,26(6):919-923.

[61] 刘学文,吴川,谢军,等.长型浮置板轨道隔振系统理论分析(Ⅱ):传递率[J].计算力学学报,2009,26(6):924-927.

[62] 袁俊,胡卫兵,孟昭博,等.浮置板轨道结构类型比较及其隔振性能分析[J].振动、测试与诊断,2011,31(2):223-228.

[63] 袁俊,吴敏哲,孟昭博,等.基于双层Euler-Bernoulli梁理论的浮置板轨道隔振研究[J].西安建筑科技大学学报(自然科学版),2009,41(5):683-688.

[64] 马龙祥,刘维宁,刘卫丰.移动谐振荷载作用下浮置板轨道的动力响应[J].工程力学,2012,29(12):334-341.

[65] 马龙祥,刘维宁,刘卫丰.移动荷载作用下周期支撑轨道结构振动研究[J].中国铁道科学,2013,(1):1-7.

[66] Kuo C, Huang C, Chen Y, Vibration characteristics of floating slab track[J]. Journal of Sound and Vibration,2008,61(4):441-453.

[67] 宋欢平.高速列车和板式轨道动力相互作用理论和实测分析[D].杭州: 浙江大学,2011.

[68] 李钢.地铁列车-钢弹簧浮置板轨道耦合系统的理论与实测研究[D].杭州:浙江大学,2015.

[69] Yang Y B, Hung H H, Chang D W. Train-Lnduced wave propagation in layered soils using finite/infinite element simulation[J]. Soil Dynamics and Earthquake Engineering, 2003, 23(4): 263-278.

[70] 边学成,陈云敏.基于2.5维有限元方法分析列车荷载产生的地基波动[J].岩石力学与工程学报,2006,25(11):2335-2342.

[71] 边学成,陈云敏,胡婷.基于2.5维有限元方法模拟高速列车产生的地基振动[J].中国科学(G辑),2008,38(5):600-617.

[72] 金皖锋.浅谈沉井在软土地基中的设计要点[D].杭州:浙江大学,2013.

[73] 程翀.高速铁路非平顺无砟轨道动力响应研究[D].杭州:浙江大学,2015.

[74] 孙晓静,刘维宁,翟辉,等.钢弹簧浮置板低频隔振兴能的研究[C]//2005年全国博士生学术论坛(交通运输工程学科论文集).北京:中国铁道出版社,2005.

[75] 孙晓静,刘维宁,张宝才,等.浮置板轨道结构在城市轨道交通减振降噪上的应用[J].中国安全科学学报,2005,15(8):65-69.

[76] 吴磊.张拉顺序对粘结预应力多层框架的影响[D].成都:西南交通大学,2012.

[77] 蒋崇达,雷晓燕.钢弹簧浮置板轨道结构谐响应分析[J].城市轨道交通研究,2013,16(11):25-31.

[78] Nielsen J C O, Igeland A. Vertical dynamicinteraaction between train and track influence of wheel and track imperfections[J]. Journal of Sound & Vibration, 1995, 187(187): 825-839.

[79] 赵坪锐,刘学毅.双块式无砟轨道开裂支承层的折减弹性模量[J].西南交通大学学报,2008,43(4):459-464.

[80] 肖新标,金学松,温泽峰.轨下支承失效对直线轨道动态响应的影响[J].力学学报,2008,40(1):67-78.

[81] 朱剑月.轨下扣件支承失效对轨道结构动力性能的影响[J].振动工程学报,2011,24(2):158-163.

[82] 余关仁,沈景凤,陈侃,等.轨道支撑失效对钢弹簧浮置板动力响应特性的影响[J].噪声与振动控制,2015,35(6):78-81.

[83] 张重王.CRTSI型板式轨道的动力特性及损伤影响研究[D].成都:西南交通大学,2015.

[84] Ling L, Li W, Shang H, et al. Experimental and numerical investigation of the effect of rail corrugation on the behaviour of rail fastenings[J]. Vehicle System Dynamics, 2014, 52(9):1211-1231.

[85] 尚红霞.地铁扣件系统静动力分析研究[D].成都:西南交通大学,2014.

[86] 朱胜阳.高速铁路无砟轨道结构伤损行为及其对动态性能的影响[D]. 成都:西南交通大学,2015.

[87] 陆建飞,王建华.土中的任意形状孔洞对弹性波的散射[J].力学学报,2002,34(6): 904-913.

[88] 徐平.多排柱腔构成的非连续屏障对SV波的隔离[J].振动与冲击,2009,28(12):84- 87.

[89] 徐平.多排柱腔列对P波和SH波的隔离[J].工程力学,2011,28(5):78-83.

[90] 徐平.多排桩非连续屏障对平面弹性波的隔离[J].岩石力学与工程学报,2012,31(S1): 3159-3166.

[91] 谢伟平,常亮,杜勇.中南剧场隔振措施分析[J].岩土工程学报,2007,29(11):1720- 1725.

[92] Tsai P, Feng Zh, Jen T. Three-Dimensional analysis of the screening effectiveness of hollow pile barriers for foundation-induced vertical vibration[J]. Computers and Geotechnics, 2008, 35(3): 489-499.

[93] Massarsch R, Sanaee F. Vibrationsisolering mad hjalp av kalkeementpelare[J]. Jounal of Applied Mechanics, 1969, 36(3): 523-527.

[94] Twersky V. Multiple scattering of radiation by an arbitrary configuration of parallel cylinders[J]. Journal of the Acoustical Society of America, 1952, 24(1): 42-46.

[95] 丁光亚.饱和土中非连续屏障对弹性波的隔离[D].杭州:浙江大学,2008.

[96] 邱畅.连续屏障和非连续屏障远场被动隔振三维分析[D].上海:同济大学,2003.

[97] Cai Y Q, Ding G Y, Xu C J. Screening of plane S waves by an array of rigid piles inporoelastic soil[J]. Journal of Zhejiang University, Science A, 2008, 9(5): 589-599.

[98] Cai Y Q, Ding G Y, Xu C J. Amplitude reduction of elastic waves by a row of piles in poroelastic soi[J]. Computers and Geotechnics, 2009, 36(3): 463-473.

[99] Cai Y Q, Ding G Y, Xu C J, et al. Vertical amplitude reduction of Rayleigh waves by a row of piles in a poroelastic half-space[J]. International Journal for Numerical and Analytical Methods in Geomechanics, 2009, 33(16): 1799-1821.

[100] 夏唐代,孙苗苗,陈晨.SH波入射下多重散射的改进算法及任意桩布置形式的隔振研 究[J].振动工程学报,2010,23(4): 409-414.

[101] 夏唐代,孙苗苗,华伟南.双排弹性桩隔振屏障对平面SH波的多重散射[J].世界地震 工程,2011,27(1): 142-147.

[102] Hwang R N, Lysmer J. Response of buried structures to traveling waves[J]. Journal of Geotechnical Engineering, ASCE, 1981, 107(2):183-200.

[103]　马胜龙.地铁振动荷载对地裂缝场地动力响应及长期沉降分析[D].西安:长安大学，2014.

[104]　高广运,姚啸峰,杨成斌.2.5D有限元分析列车荷载引起非饱和土地面振动[J].哈尔滨工业大学学报,2019,51(6):101-109.

[105]　冯青松,雷晓燕.基于2.5维有限元-边限元分析轨道随机不平顺影响下的铁路地基振动[J].振动与冲击,2013,32(23):14-19.

[106]　边学成,曾二贤,陈云敏.列车交通荷载作用下软土路基的长期沉降[J].岩土力学,2008,11:2990-2996.

[107]　刘维宁,夏禾,郭文军.地铁列车振动的环境响应[J].岩石力学与工程学报,1996,15(1):586-593.

[108]　赵晗竹,隋杰英,李耀.基于ANSYS的地铁列车运行对周围环境的振动分析[J].青岛理工大学学报,2019,40(3):50-56.

[109]　马晓磊,巴振宁,高愈辉,等.滨海软土地区地铁运营对沿线建筑物振动影响分析[J].岩土工程学报,2019,41(2):177-180.

[110]　Lopes P, Costa P A, Ferraz M, et al. Numerical modeling of vibrations induced by railway traffic in tunnels: From the source to the nearby buildings[J]. Soil Dynamics and Earthquake Engineering, 2014, 61: 269-285.

[111]　袁宗浩,蔡袁强,曾晨.地铁列车荷载作用下轨道系统及饱和土体动力响应分析[J].岩石力学与工程学报,2015,34(7):1-10.

[112]　袁万,蔡袁强,史吏,等.基于2.5维有限元饱和土地基中空沟隔振性能研究[J].岩土力学,2013,34(7):2111-2118.

[113]　巴振宁,梁建文,王靖雅.空沟对层状饱和地基中列车移动荷载的隔振性能研究[J].岩土工程学报,2017,39(5):848-858.

[114]　曹志刚,蔡袁强,徐长节.空沟对列车运行引起的地基振动隔振效果研究[J].岩土力学,2012,33(8):2373-2382.

[115]　金皖锋.地铁列车引起的地基振动及浮置板减振研究[D].杭州:浙江大学,2013.

[116]　陈功奇,高广运.层状地基中填充沟对不平顺列车动荷载的隔振效果研究[J].岩石力学与工程学报,2014,33(1):144-153.

[117]　Yang Y B, Hung H H. A 2.5D finite/infinite element approach for modelling visco-elastic bodies subjected to moving loads[J]. International Journal for Numerical Methods in Engineering, 2001, 51(11): 1317-1336.

[118] Yang Y B, Hung H H. Train-Induced wave propagation in layered soils using finite/infinite element simulation[J]. Soil Dynamics and Earthquake Engineering, 2003, 23: 263–278.

[119] Hung H H, Yang Y B. Analysis of ground vibrations due to underground trains by 2.5D finite/infinite element approach[J]. Earthquake Engineering and Engineering Vibration, 2010, 9(3): 327–335.

[120] 周彪,谢雄耀,李永盛,等.基于2.5维有限元算法的边界处理及网格划分[J].同济大学学报(自然科学版),2012,40(10):1463–1468.

[121] 陈云敏,边学成.轨道交通隧道结构和路基沉降与控制[C]//国际工程科技发展战略高端论坛,2017.

[122] 蒋红光,边学成,陈云敏,等.高速铁路轨道-路基列车移动荷载模拟的全比尺加速加载试验[J].土力工程学报,2015,8:85–95.

[123] Bian X C, Chao C, Jin W F, et al. A 2.5D finite element approach for predicting ground vibrations generated by vertical track irregularities[J]. Journal of Zhejiang University: Science A, 2011, 12(12): 885–894.

[124] Bian X C, Jiang H G, Chao C, et al. Track and ground vibrations generated by high-speed train running on ballastless railway with excitation of vertical track irregularities [J]. Soil Dynamics and Earthquake Engineering, 2015, 76: 29–43.

[125] 李佳,高广运,赵宏.基于2.5维有限元法分析横观各向同性地基上列车运行引起的地面振动[J].岩石力学与工程学报,2013,32(1):78–87.

[126] 曾二贤.交通动荷载引起的软土地基长期沉降[D].杭州:浙江大学,2008.

[127] Francois S, Schevenels M, Galvin P, et al. A 2.5D coupled FE-BE methodology for the dynamic interaction between longitudinally invariant structures and a layered half-space[J]. Comput. Methods Appl. Mech. Engrg, 2010, 199(23–24): 1536–1548.

[128] Galvin P, Francois S, Schevenels M et al. A 2.5D coupled FE-BE model for the prediction of railway induced vibrations[J]. Soil Dynamics and Earthquake Engineering, 2010, 30: 1500–1512.

[129] 冯青松,雷晓燕,练松良.高速铁路路基-地基系统振动响应分析[J].铁路科学与工程学报,2010,1:1–6.

[130] 陈功奇,高广运,赵宏.不平顺条件下高速列车运行引起的地基振动[J].岩石力学与工程学报,2013,32(增2):4123–4129.

[131] 陈功奇.基于现场测试的列车引起地基振动分析[J].岩石力学与工程学报,2015,34(3):601-611.

[132] Lopes P, Costa P A, Ferraz M, et al. Numerical modeling of vibrations induced by railway traffic in tunnels: From the source to the nearby buildings[J]. Soil Dynamics and Earthquake Engineering, 2014, 61: 269-285.

[133] Paulo A M, Pedro A C, Luis M C G, et al. 2.5D MFS-FEM model for the prediction of vibrations due to underground railway traffic[J]. Engineering Structures, 2015, 104: 141-154.

[134] Sheng X, Jones C J C, Thompson D J. Prediction of ground vibration from trains using the wavenumber finite and boundary element methods[J]. Journal of Sound and Vibration, 2006, 293(3): 575-586.

[135] Hung H H, Yang Y B, Chang D W. Wave barriers for reduction of train-induced vibrations[J]. Journal of Geotechnical and Geoenvironmental Engineering, 2004, 130(12): 1283-1291.

[136] 胡婷.列车移动荷载引起的路堤－地基振动与减振[D].杭州:浙江大学,2007.

[137] 陈功奇,高广运,张博.列车荷载下竖向非均匀地基波阻板主动隔振分析[J].振动与冲击,2013,22:57-62.

[138] Barbosa J, Pedro A C, Rui C. Abatement of railway induced vibrations: Numerical comparison of trench solutions[J]. Engineering Analysis with Boundary Elements, 2015, 55: 122-139.

[139] Hung H H, Chen G H, Yang Y B. Effect of railway roughness on soil vibrations due to moving trains by 2.5D finite / infinite element approach[J]. Engineering Structures, 2013, 57: 254-266.

[140] Gao G Y, Chen Q S, He J F, et al. Investigation of ground vibration due to trains moving on saturated multi-layered ground by 2.5D finite element method[J]. Soil Dynamics and Earthquake Engineering, 2012, 40: 87-98.

[141] 高广运,何俊锋,杨成斌,等.2.5维有限元分析饱和地基列车运行引起的地面振动[J].岩土工程学报,2011,33(2):234-241.

[142] 高广运,李宁,何俊锋,等.列车移动荷载作用下饱和地基的地面振动特性分析[J].振动与冲击,2011,30(6):86-92.

[143] 李绍毅,高广运,顾晓强.孔隙水压力对高铁路基动力响应的影响[J].地震工程学报,2014,36(4):881-886,891.

[144] 李绍毅,高广运.列车运行引起的非饱和路基动力响应分析[J].地下空间与工程学报,2014,10(增2):1771-1776.

[145] 袁宗浩,蔡袁强,史吏,等.移动简谐荷载下饱和土体中圆形轨道结构的动力分析[J].岩石工程学报,2016,6:311-322.

[146] 高广运,何俊锋,李宁,等.饱和地基上列车运行引起的地面振动隔振分析[J].岩土力学,2011,32(7):2191-2198.

[147] 袁万,曹志刚.多荷载下饱和地基动力响应的2.5维有限研究[C]//2015年江苏省地基基础联合学会.2015,28-36.

[148] Eason G. The stresses produced in a semi-infinite solid by a moving surface force[J]. International Journal of Engineering Sciences, 1965, 2: 581-609.

[149] 边学成.高速列车运动荷载作用下地基和隧道的动力响应分析[D].杭州:浙江大学,2005.

[150] Woods R D. Screening of surface waves in soils[J]. Journal of the Soil Mechanics and Foundations Division, American Society of Civil Engineering, 1968, 94(4): 951-979.

[151] 向俊,王阳,赫丹,等.城市轨道交通列车-浮置板式轨道系统竖向振动模型[J].中南大学学报(自然科学版),2008,39(3):596-601.

[152] 廖少明.圆形隧道纵向剪切传递效应研究[D].上海:同济大学,2002.

[153] 杨茜.盾构隧道纵向长期不均匀沉降及实时监测方法研究[D].北京: 北京交通大学,2013.

[154] 王田友.地铁运行所致环境振动与建筑物隔振方法研究[D].上海:同济大学,2007.

[155] 张宏亮.隧道内钢弹簧浮置板轨道结构振动特性及其对环境影响的研究[D].北京:北京交通大学,2007.

[156] Novak M. Dynamic stiffness and damping of piles[J]. Canadian Geotechnical Journal, 1974, 11:574-598.

[157] 李再帏,练松良,李秋玲,等.城市轨道交通轨道不平顺谱分析[J].华东交通大学学报,2011,28(5):83-87.

[158] 蒋崇达,雷晓燕.地铁运营下钢弹簧浮置板轨道减振分析[J].华东交通大学学报,2012,5:23-28.

[159] 陈果,翟婉明.铁路轨道不平顺随机过程的数值模拟[J].西南交通大学报,1999,34(2): 138-142.

[160] 王永安.地铁钢弹簧浮置板轨道振动及隧道不均匀沉降影响分析[D]. 杭州:浙江大 学,2016.

[161] 赵成刚,高福平,崔杰波.在饱和多孔介质与弹性固体介质交界面上的界面效应地震 [J].工程与工程振动,1999,19(1):1-6.

[162] 李伟.高广运二维层状地基空沟主动隔振分析[J].地下空间,2004,24(3):391-394.

[163] Abramowitz M, Stegun I A. Handbook of Mathematical Functions with Formulas, Graphs, and Mathematical Tables[M]. New York: Dover, 1964.

[164] 涂勤明.地铁列车引起的环境振动及减振技术研究[D].南昌:华东交通大学,2014.

[165] 王俊杰.钢弹簧浮置板轨道动力特性研究[D].成都:西南交通大学, 2011.

[166] 魏金成.地铁运营对环境的振动影响研究[D].北京:北京交通大学, 2012.

[167] 魏一夫.地铁列车荷载作用下单元板式无砟轨道和隧道的动力分析[D].长沙:中南大 学,2013.

[168] 冯军和.地铁列车-轨道系统的动力耦合及诱发的环境振动[D].北京:北京工业大学, 2007.

[169] 郝珺,耿传智,朱剑月.不同轨道结构减振效果测试分析[J].城市轨道交通研究, 2008,(4):68-71.

附录Ⅰ a, Q数值

$$a_{11} = \alpha_{1s} \sum_{n=-\infty}^{+\infty} H_n{}'\left(\alpha_{1s}a_s\right)$$

$$a_{12} = 0$$

$$a_{13} = -\frac{n}{a_s} \sum_{n=-\infty}^{+\infty} H_n\left(\beta_s a_s\right)$$

$$a_{14} = \alpha_{1p} \sum_{n=-\infty}^{+\infty} J_n{}'\left(\alpha_{1p}a_s\right)$$

$$a_{15} = 0$$

$$a_{16} = \frac{n}{a_s} \sum_{n=-\infty}^{+\infty} J_n\left(\beta_p a_s\right)$$

$$a_{21} = \frac{in}{a_s} \sum_{n=-\infty}^{+\infty} H_n\left(\alpha_{1s}a_s\right)$$

$$a_{22} = 0$$

$$a_{23} = -\beta_s \sum_{n=-\infty}^{+\infty} H_n{}'\left(\beta_s a_s\right)$$

$$a_{24} = -\frac{in}{a_s} \sum_{n=-\infty}^{+\infty} J_n\left(\alpha_{1p}a_s\right)$$

$$a_{25} = 0$$

$$a_{26} = \beta_p \sum_{n=-\infty}^{+\infty} J_n{}'\left(\beta_p a_s\right)$$

$$a_{31} = 0$$

$$a_{32} = \alpha_{2s} \sum_{n=-\infty}^{+\infty} H_n{}'\left(\alpha_{2s}a_s\right)$$

$$a_{33} = -\frac{n}{a_s} \sum_{n=-\infty}^{+\infty} H_n\left(\beta_s a_s\right)$$

$$a_{34} = 0$$

$$a_{35} = -\alpha_{2p} \sum_{n=-\infty}^{+\infty} J_n{}'\left(\alpha_{2p} a_s\right)$$

$$a_{36} = \frac{n}{a_s} \sum_{n=-\infty}^{+\infty} J_n\left(\beta_p a_s\right)$$

$$a_{41} = \lambda_1 \left[\alpha_{1s}^2 \sum_{n=-\infty}^{+\infty} H_n{}''\left(\alpha_{1s} a_s\right) + \frac{\alpha_{1s}}{a_s} \sum_{n=-\infty}^{+\infty} H_n{}'\left(\alpha_{1s} a_s\right) - \frac{n^2}{a_s^2} \sum_{n=-\infty}^{+\infty} H_n\left(\alpha_{1s} a_s\right)\right]$$

$$a_{42} = \eta M_1 \left[\alpha_{2s}^2 \sum_{n=-\infty}^{+\infty} H_n{}''\left(\alpha_{2s} a_s\right) + \frac{\alpha_{2s}}{a_s} \sum_{n=-\infty}^{+\infty} H_n{}'\left(\alpha_{2s} a_s\right) - \frac{n^2}{a_s^2} \sum_{n=-\infty}^{+\infty} H_n\left(\alpha_{2s} a_s\right)\right]$$

$$a_{43} = 2G_1 \left[\beta_s^2 \sum_{n=-\infty}^{+\infty} H{}''_n\left(\beta_s a_s\right) + \frac{in\beta_s}{a_s} \sum_{n=-\infty}^{+\infty} H_n{}'\left(\beta_s a_s\right) - \frac{in}{\beta_s^2} \sum_{n=-\infty}^{+\infty} H_n\left(\beta_s a_s\right)\right]$$

$$a_{44} = -\lambda_2 \left[\alpha_{1p}^2 \sum_{n=-\infty}^{+\infty} J{}''_n\left(\alpha_{1p} a_s\right) + \frac{\alpha_{1p}}{a_s} \sum_{n=-\infty}^{+\infty} J_n{}'\left(\alpha_{1p} a_s\right) - \frac{n^2}{a_s^2} \sum_{n=-\infty}^{+\infty} J_n\left(\alpha_{1p} a_s\right)\right]$$

$$a_{45} = -\eta M_2 \left[\alpha_{2p}^2 \sum_{n=-\infty}^{+\infty} J{}''_n\left(\alpha_{2p} a_s\right) + \frac{\alpha_{2p}}{a_s} \sum_{n=-\infty}^{+\infty} J_n{}'\left(\alpha_{2p} a_s\right) - \frac{n^2}{a_s^2} \sum_{n=-\infty}^{+\infty} J_n\left(\alpha_{2p} a_s\right)\right]$$

$$a_{46} = -2G_2 \left[\beta_p^2 \sum_{n=-\infty}^{+\infty} J_n{}''\left(\beta_p a_s\right) + \frac{in\beta_p}{a_s} \sum_{n=-\infty}^{+\infty} J_n{}'\left(\beta_p a_s\right) - \frac{in}{\beta_p^2} \sum_{n=-\infty}^{+\infty} J_n\left(\beta_p a_s\right)\right]$$

$$a_{51} = G_1 \left[\frac{2in\alpha_{1s}}{a_s} \sum_{n=-\infty}^{+\infty} H_n{}'\left(\alpha_{1s} a_s\right) - \frac{2in}{a_s^2} \sum_{n=-\infty}^{+\infty} H_n\left(\alpha_{1s} a_s\right)\right]$$

$$a_{52} = 0$$

$$a_{53} = G_1 \left[-\beta_s^2 \sum_{n=-\infty}^{+\infty} H_n{}''\left(\beta_s a_s\right) + \frac{\beta_s}{a_s} \sum_{n=-\infty}^{+\infty} H_n{}'\left(\beta_s a_s\right) - \frac{n^2}{a_s^2} \sum_{n=-\infty}^{+\infty} H_n\left(\beta_s a_s\right)\right]$$

$$a_{54} = -G_2 \left[\frac{2in\alpha_{1p}}{a_s} \sum_{n=-\infty}^{+\infty} J_n{}'\left(\alpha_{1p} a_s\right) - \frac{2in}{a_s^2} \sum_{n=-\infty}^{+\infty} J_n\left(\alpha_{1p} a_s\right)\right]$$

$$a_{55} = 0$$

$$a_{56} = G_2 \left[-\beta_p^2 \sum_{n=-\infty}^{+\infty} J_n{}''\left(\beta_p a_s\right) + \frac{\beta_p}{a_s} \sum_{n=-\infty}^{+\infty} J_n{}'\left(\beta_p a_s\right) - \frac{n^2}{a_s^2} \sum_{n=-\infty}^{+\infty} J_n\left(\beta_p a_s\right)\right]$$

$$a_{61} = \eta M_1 \left[\alpha_{1s}^2 \sum_{n=-\infty}^{+\infty} H_n{}''\left(\alpha_{1s} a_s\right) + \frac{\alpha_{1s}}{a_s} \sum_{n=-\infty}^{+\infty} H_n{}'\left(\alpha_{1s} a_s\right) - \frac{n^2}{a_s^2} \sum_{n=-\infty}^{+\infty} H_n\left(\alpha_{1s} a_s\right)\right]$$

$$a_{62} = M_1 \left[\alpha_{2s}^2 \sum_{n=-\infty}^{+\infty} H_n{}''\left(\alpha_{2s} a_s\right) + \frac{\alpha_{2s}}{a_s} \sum_{n=-\infty}^{+\infty} H_n{}'\left(\alpha_{2s} a_s\right) - \frac{n^2}{a_s^2} \sum_{n=-\infty}^{+\infty} H_n\left(\alpha_{2s} a_s\right)\right]$$

$$a_{63} = 0$$

$$a_{64} = -\eta M_2 \left[\alpha_{1p}^2 \sum_{n=-\infty}^{+\infty} J{}''_n\left(\alpha_{1p} a_s\right) + \frac{\alpha_{1p}}{a_s} \sum_{n=-\infty}^{+\infty} J_n{}'\left(\alpha_{1p} a_s\right) - \frac{n^2}{a_s^2} \sum_{n=-\infty}^{+\infty} J_n\left(\alpha_{1p} a_s\right)\right]$$

$$a_{65} = -M_2\left[\alpha_{2p}^2\sum_{n=-\infty}^{+\infty}J_n''(\alpha_{2p}a_s) + \frac{\alpha_{2p}}{a_s}\sum_{n=-\infty}^{+\infty}J_n'(\alpha_{2p}a_s) - \frac{n^2}{a_s^2}\sum_{n=-\infty}^{+\infty}J_n(\alpha_{2p}a_s)\right]$$

$$a_{66} = 0$$

$$Q_{11} = -\alpha_{1s}\times e^{i\alpha_{s1}r_{0s}(\theta_0+\theta_{0s})}\sum_{n=-\infty}^{+\infty}J_n'(\alpha_{1s}a_s)e^{in\left(\theta_0+\frac{\pi}{2}\right)}$$

$$Q_{21} = -\frac{in}{a_s}\times e^{i\alpha_{s1}r_{0s}(\theta_0+\theta_{0s})}\sum_{n=-\infty}^{+\infty}J_n(\alpha_{1s}a_s)e^{in\left(\theta_0+\frac{\pi}{2}\right)}$$

$$Q_{31} = 0$$

$$Q_{41} = -\lambda_1\Big[\alpha_{1s}^2 e^{i\alpha_{s1}r_{0s}(\theta_0+\theta_{0s})}\sum_{n=-\infty}^{+\infty}J_n''(\alpha_{1s}a_s)e^{in(\theta_0+\frac{\pi}{2})} + \frac{\alpha_{1s}}{a_s}e^{i\alpha_{s1}r_{0s}(\theta_0+\theta_{0s})}$$

$$\sum_{n=-\infty}^{+\infty}J_n'(\alpha_{1s}a_s)e^{in(\theta_0+\frac{\pi}{2})} - \frac{n^2}{a_s^2}e^{i\alpha_{s1}r_{0s}(\theta_0+\theta_{0s})}\sum_{n=-\infty}^{+\infty}J_n(\alpha_{1s}a_s)e^{in(\theta_0+\frac{\pi}{2})}$$

$$Q_{51} = -G_1\left[\frac{2in\alpha_{1s}}{a_s}e^{i\alpha_{s1}r_{0s}(\theta_0+\theta_{0s})}\sum_{n=-\infty}^{+\infty}J_n'(\alpha_{1s}a_s)e^{in(\theta_0+\frac{\pi}{2})}\right.$$

$$\left. - \frac{2in}{a_s^2}e^{i\alpha_{s1}r_{0s}(\theta_0+\theta_{0s})}\sum_{n=-\infty}^{+\infty}J_n(\alpha_{1s}a_s)e^{in(\theta_0+\frac{\pi}{2})}\right]$$

$$Q_{61} = -\eta M_1\left[e^{i\alpha_{s1}r_{0s}(\theta_0+\theta_{0s})}\alpha_{1s}^2\sum_{n=-\infty}^{+\infty}J_n''(\alpha_{1s}a_s)e^{in\left(\theta_0+\frac{\pi}{2}\right)} + \frac{1}{a_s}e^{i\alpha_{s1}r_{0s}(\theta_0+\theta_{0s})}\alpha_{1s}\right.$$

$$\left.\sum_{n=-\infty}^{+\infty}J_n'(\alpha_{1s}a_s)e^{in\left(\theta_0+\frac{\pi}{2}\right)} - \frac{n^2}{a_s^2}e^{i\alpha_{s1}r_{0s}(\theta_0+\theta_{0s})}\sum_{n=-\infty}^{+\infty}J_n(\alpha_{1s}a_s)e^{in\left(\theta_0+\frac{\pi}{2}\right)}\right]$$

附录Ⅱ b, Y数值

$$b_{11} = \alpha_{1s} \sum_{n=-\infty}^{+\infty} H_n{'}\left(\alpha_{1s}a_s\right)$$

$$b_{13} = -\frac{n}{a_s} \sum_{n=-\infty}^{+\infty} H_n\left(\beta_s a_s\right)$$

$$b_{14} = \alpha_{1p} \sum_{n=-\infty}^{+\infty} J_n{'}\left(\alpha_{1p}a_s\right)$$

$$b_{16} = \frac{n}{a_s} \sum_{n=-\infty}^{+\infty} J_n\left(\beta_p a_s\right)$$

$$b_{21} = \frac{in}{a_s} \sum_{n=-\infty}^{+\infty} H_n\left(\alpha_{1s}a_s\right)$$

$$b_{23} = -\beta_s \sum_{n=-\infty}^{+\infty} H_n{'}\left(\beta_s a_s\right)$$

$$b_{24} = -\frac{in}{a_s} \sum_{n=-\infty}^{+\infty} J_n\left(\alpha_{1p}a_s\right)$$

$$b_{26} = \beta_p \sum_{n=-\infty}^{+\infty} J_n{'}\left(\beta_p a_s\right)$$

$$b_{32} = \alpha_{2s} \sum_{n=-\infty}^{+\infty} H_n{'}\left(\alpha_{2s}a_s\right)$$

$$b_{33} = -\frac{n}{a_s} \sum_{n=-\infty}^{+\infty} H_n\left(\beta_s a_s\right)$$

$$b_{35} = -\alpha_{2p} \sum_{n=-\infty}^{+\infty} J_n{'}\left(\alpha_{2p}a_s\right)$$

$$b_{36} = \frac{n}{a_s} \sum_{n=-\infty}^{+\infty} J_n\left(\beta_p a_s\right)$$

$$b_{41} = \lambda_1 \left[\alpha_{1s}^2 \sum_{n=-\infty}^{+\infty} H_n''(\alpha_{1s}a_s) + \frac{\alpha_{1s}}{a_s} \sum_{n=-\infty}^{+\infty} H_n'(\alpha_{1s}a_s) - \frac{n^2}{a_s^2} \sum_{n=-\infty}^{+\infty} H_n(\alpha_{1s}a_s) \right]$$

$$b_{42} = \eta M_1 \left[\alpha_{2s}^2 \sum_{n=-\infty}^{+\infty} H_n''(\alpha_{2s}a_s) + \frac{\alpha_{2s}}{a_s} \sum_{n=-\infty}^{+\infty} H_n'(\alpha_{2s}a_s) - \frac{n^2}{a_s^2} \sum_{n=-\infty}^{+\infty} H_n(\alpha_{2s}a_s) \right]$$

$$b_{43} = 2G_1 \left[\beta_s^2 \sum_{n=-\infty}^{+\infty} H_n''(\beta_s a_s) + \frac{in\beta_s}{a_s} \sum_{n=-\infty}^{+\infty} H_n'(\beta_s a_s) - \frac{in}{\beta_s^2} \sum_{n=-\infty}^{+\infty} H_n(\beta_s a_s) \right]$$

$$b_{51} = G_1 \left[\frac{2in\alpha_{1s}}{a_s} \sum_{n=-\infty}^{+\infty} H_n'(\alpha_{1s}a_s) - \frac{2in}{a_s^2} \sum_{n=-\infty}^{+\infty} H_n(\alpha_{1s}a_s) \right]$$

$$b_{53} = G_1 \left[-\beta_s^2 \sum_{n=-\infty}^{+\infty} H_n''(\beta_s a_s) + \frac{\beta_s}{a_s} \sum_{n=-\infty}^{+\infty} H_n'(\beta_s a_s) - \frac{n^2}{a_s^2} \sum_{n=-\infty}^{+\infty} H_n(\beta_s a_s) \right]$$

$$b_{61} = \eta M_1 \left[\alpha_{1s}^2 \sum_{n=-\infty}^{+\infty} H_n''(\alpha_{1s}a_s) + \frac{\alpha_{1s}}{a_s} \sum_{n=-\infty}^{+\infty} H_n'(\alpha_{1s}a_s) - \frac{n^2}{a_s^2} \sum_{n=-\infty}^{+\infty} H_n(\alpha_{1s}a_s) \right]$$

$$b_{62} = M_1 \left[\alpha_{2s}^2 \sum_{n=-\infty}^{+\infty} H_n''(\alpha_{2s}a_s) + \frac{\alpha_{2s}}{a_s} \sum_{n=-\infty}^{+\infty} H_n'(\alpha_{2s}a_s) - \frac{n^2}{a_s^2} \sum_{n=-\infty}^{+\infty} H_n(\alpha_{2s}a_s) \right]$$

$$Y_{11} = -\alpha_{1s} \cdot e^{i\alpha_{s1}r_{0s}(\theta_0 + \theta_{0s})} \sum_{n=-\infty}^{+\infty} J_n'(\alpha_{1s}a_s) e^{in\left(\theta_0 + \frac{\pi}{2}\right)}$$

$$Y_{21} = -\frac{in}{a_s} \cdot e^{i\alpha_{s1}r_{0s}(\theta_0 + \theta_{0s})} \sum_{n=-\infty}^{+\infty} J_n(\alpha_{1s}a_s) e^{in\left(\theta_0 + \frac{\pi}{2}\right)}$$

$$Y_{41} = -\lambda_1 \left[\alpha_{1s}^2 e^{i\alpha_{s1}r_{0s}(\theta_0 + \theta_{0s})} \sum_{n=-\infty}^{+\infty} J_n''(\alpha_{1s}a_s) e^{in\left(\theta_0 + \frac{\pi}{2}\right)} + \frac{\alpha_{1s}}{a_s} e^{i\alpha_{s1}r_{0s}(\theta_0 + \theta_{0s})} \right.$$

$$\left. \sum_{n=-\infty}^{+\infty} J_n'(\alpha_{1s}a_s) e^{in\left(\theta_0 + \frac{\pi}{2}\right)} - \frac{n^2}{a_s^2} e^{i\alpha_{s1}r_{0s}(\theta_0 + \theta_{0s})} \sum_{n=-\infty}^{+\infty} J_n(\alpha_{1s}a_s) e^{in\left(\theta_0 + \frac{\pi}{2}\right)} \right.$$

$$Y_{51} = -G_1 \left[\frac{2in\alpha_{1s}}{a_s} e^{i\alpha_{s1}r_{0s}(\theta_0 + \theta_{0s})} \sum_{n=-\infty}^{+\infty} J_n'(\alpha_{1s}a_s) e^{in\left(\theta_0 + \frac{\pi}{2}\right)} \right.$$

$$\left. -\frac{2in}{a_s^2} e^{i\alpha_{s1}r_{0s}(\theta_0 + \theta_{0s})} \sum_{n=-\infty}^{+\infty} J_n(\alpha_{1s}a_s) e^{in\left(\theta_0 + \frac{\pi}{2}\right)} \right]$$

$$Y_{61} = \eta M_1 \left[e^{i\alpha_{s1}r_{0s}(\theta_0 + \theta_{0s})} \alpha_{1s}^2 \sum_{n=-\infty}^{+\infty} J_n''(\alpha_{1s}a_s) e^{in\left(\theta_0 + \frac{\pi}{2}\right)} + \frac{1}{a_s} e^{i\alpha_{s1}r_{0s}(\theta_0 + \theta_{0s})} \alpha_{1s} \right.$$

$$\left. \sum_{n=-\infty}^{+\infty} J_n'(\alpha_{1s}a_s) e^{in\left(\theta_0 + \frac{\pi}{2}\right)} - \frac{n^2}{a_s^2} e^{i\alpha_{s1}r_{0s}(\theta_0 + \theta_{0s})} \sum_{n=-\infty}^{+\infty} J_n(\alpha_{1s}a_s) e^{in\left(\theta_0 + \frac{\pi}{2}\right)} \right]$$

附录Ⅲ　r数值

$$r_{11} = \sum_{s=0, s=s}^{N'} \sum_{n=-\infty}^{+\infty} \iint \alpha_{1s} J_n' \left(\alpha_{1s} a_s \right)$$

$$r_{12} = 0$$

$$r_{13} = \sum_{s=0, s=s}^{N'} \sum_{n=-\infty}^{+\infty} \iint \frac{n}{a_s'} J_n (\beta_s a_s)(\beta_s a_{ss'})$$

$$r_{21} = \sum_{s=0, s=s}^{N'} \sum_{n=-\infty}^{+\infty} \iint \frac{in}{a_s'} J_n \left(\alpha_{1s} a_s \right)$$

$$r_{22} = 0$$

$$r_{23} = \sum_{s=0, s=s}^{N'} \sum_{n=-\infty}^{+\infty} \iint i\beta_s J_n' (\beta_s a_s)$$

$$r_{31} = 0$$

$$r_{32} = \sum_{s=0, s=s}^{N'} \sum_{n=-\infty}^{+\infty} \iint - \alpha_{2s} \left(\alpha_{2s} a_{ss'} \right) J_n' \left(\alpha_{2s} a_s \right)$$

$$r_{33} = \sum_{s=0, s=s}^{N'} \sum_{n=-\infty}^{+\infty} \iint \frac{n}{a_s'} J_n (\beta_s a_s)$$

$$r_{41} = \sum_{s=0, s=s}^{N'} \sum_{n=-\infty}^{+\infty} - \lambda_1 \iint \left[\alpha_{1s}^2 \left(\alpha_{1s} a_{ss'} \right) J_n'' \left(\alpha_{1s} a_s \right) + \frac{\alpha_{1s}}{a_s'} \left(\alpha_{1s} a_{ss'} \right) J_n' \left(\alpha_{1s} a_s \right) - \frac{n^2}{a_s'^2} J_n \left(\alpha_{1s} a_s \right) \right]$$

$$r_{42} = \sum_{s=0, s=s}^{N'} \sum_{n=-\infty}^{+\infty} - \eta M_1 \iint \left[\alpha_{2s}^2 \left(\alpha_{1s} a_{ss'} \right) J_n'' \left(\alpha_{2s} a_s \right) + \frac{\alpha_{1s}}{a_s'} \left(\alpha_{2s} a_{ss'} \right) J_n' \left(\alpha_{1s} a_s \right) - \frac{n^2}{a_s'^2} J_n \left(\alpha_{2s} a_s \right) \right]$$

$$r_{43} = \sum_{s=0, s=s}^{N'} \sum_{n=-\infty}^{+\infty} - 2 \iint G_1 \left[i\beta_s^2 \left(\beta_s a_{ss'} \right) J_n'' \left(\beta_s a_s \right) + \frac{n\beta_s}{a_s'} \left(\beta_s a_{ss'} \right) J_n' \left(\beta_s a_s \right) - \frac{n^2}{a_s'^2} J_n \left(\beta_s a_s \right) \right]$$

$$r_{51} = \sum_{s'=0, s'=s}^{N'} \sum_{n'=-\infty}^{+\infty} -2in G_1 \iint \left[\frac{\alpha_{1s}}{a_{s'}} \left(\alpha_{1s} a_{ss'} \right) J_n^{'} \left(\alpha_{1s} a_s \right) - \frac{1}{a_{s'}^2} J_n \left(\alpha_{1s} a_s \right) \right]$$

$$r_{52} = 0$$

$$r_{53} = \sum_{s'=0, s'=s}^{N'} \sum_{n'=-\infty}^{+\infty} i G_1 \iint \left[\beta_s^{\ 2} \left(\beta_s a_{ss'} \right) J_n^{''} \left(\beta_s a_s \right) - \frac{\beta_s}{a_{s'}} \left(\beta_s a_{ss'} \right) J_n^{'} \left(\beta_s a_s \right) + \frac{n^2}{a_{s'}^2} J_n \left(\beta_s a_s \right) \right]$$

$$r_{61} = \sum_{s'=0, s'=s}^{N'} \sum_{n'=-\infty}^{+\infty} -\eta M_1 \iint \left[\alpha_{1s}^{\ 2} \left(\alpha_{1s} a_{ss'} \right) J_n^{''} \left(\alpha_{1s} a_s \right) + \frac{\alpha_{1s}}{a_{s'}} \left(\alpha_{1s} a_{ss'} \right) J_n^{'} \left(\alpha_{1s} a_s \right) - \frac{n^2}{a_{s'}^2} J_n \left(\alpha_{1s} a_s \right) \right]$$

$$r_{62} = \sum_{s'=0, s'=s}^{N'} \sum_{n'=-\infty}^{+\infty} -M_1 \iint \left[\alpha_{2s}^{\ 2} \left(\alpha_{1s} a_{ss'} \right) J_n^{''} \left(\alpha_{2s} a_s \right) + \frac{\alpha_{1s}}{a_{s'}} \left(\alpha_{2s} a_{ss'} \right) J_n^{'} \left(\alpha_{1s} a_s \right) - \frac{n^2}{a_{s'}^2} J_n \left(\alpha_{2s} a_s \right) \right]$$